Linguistik und Hermeneutik
Sprachtheoretische Aufsätze

Sprachwissen 5

Die Grüne Reihe
herausgegeben von Bernd Ulrich Biere

Bernd Ulrich Biere

Linguistik und Hermeneutik

Sprachtheoretische Aufsätze

mykum
Taschenbuch

Bibliografische Information der Deutschen Nationalbibliothek

Die Deutsche Nationalbibliothek verzeichnet diese Publikation in der Deutschen Nationalbibliografie; detaillierte bibliografische Daten sind im Internet über http://dnb.dnb.de abrufbar.

Auf der Bornau 29
D-56321 Brey

Druck und Endverarbeitung:
Books on Demand (BoD) GmbH
In de Tarpen 42
22848 Norderstedt

Printed in Germany

ISBN 978-3-9819884-5-1

Inhalt

Vorwort

In vorliegendem Band ‚Sprachtheorie und Sprachdidaktik' habe ich eine Reihe meiner *sprachtheoretischen Aufsätze* zusammengestellt, die in den letzten Jahren in verschiedenen Sammelbänden, Tagungsbänden oder Festschriften erschienen sind, die nicht immer leicht zugänglich sind, weil sie z.B. nicht in Deutschland oder in weniger verbreiteten Reihen erschienen sind. Für die zusätzliche Aufnahme eines Beitrags älteren Datums (Kapitel 1) habe ich mich entschieden, weil sie den thematischen Grundtenor dieses Bandes m.E. abrunden. Gleichzeitig erscheinen als Band ‚Sprachwissen 6' *sprachdidaktische Reflexionen*, die größtenteils aus den in Band 5 entwickelten sprachtheoretischen Positionen als ‚didaktische Reduktionen' abgeleitet werden können.

Dies gilt auch dann, wenn Sprach*theorie* und Sprach*didaktik* relativ weit voneinander entfernt zu sein scheinen, zumal wir die Sprachdidaktik oft als eine Art ‚Praxiswissenschaft' verstehen. Gleichwohl bedarf doch gerade auch die Sprachdidaktik einer (sprach)theoretischen Grundlegung, denn sie ist ja keine theorieunabhängige ‚Praxis', sondern eine Wissenschaft, die mit sprachlichen Vermittlungsprozessen befasst ist, die möglichst gut begründbar adäquat ausgestaltet sein sollten (s. ‚Sprachwissen 6').

Was es in solchen Vermittlungsprozessen zu vermitteln gilt („Die Schüler sollen…"), welche Kompetenzen und welches Wissen Schüler aus welchen Gründen erwerben sollen, ist Gegenstand didaktischer Reflexionen und Entscheidungen. Dabei kann keineswegs darauf verzichtet werden, sich mit dem Unterrichts*gegenstand* zunächst auf der Höhe der jeweiligen fachwissenschaftlichen Diskussion auseinanderzusetzen, also das zu leisten, was auch die Didaktiker an den Anfang jeder Unterrichtsplanung stellen: die Sachanalyse.

So sollten die Lehrer und Lehrerinnen in allen Schulformen und auf allen Klassenstufen auch in ihren täglichen Unterrichtsvorbereitungen, zumindest aber in der Planung größerer Unterrichtssequenzen oder –reihen tatsächlich nicht unterstellen, sie könnten, wenn die Zeit knapp wird, am ehesten darauf verzichten, sich mit dem Unterrichtsgegenstand so auseinanderzusetzen, wie er Gegenstand aktueller fachwissenschaftlicher Diskussionen ist.

Einerseits wird (gerüchteweise) verbreitet, man höre am Anfang der Referendarzeit gelegentlich den Rat, alles zu vergessen, was man auf der Uni gelernt habe (was wirklich völlig ungebrachte Polemik gegen die akademische Ausbildung von Lehrkräften wäre), andererseits liest man in fachdidaktischer Literatur, dass Unterrichtsversuche in der Referendarzeit tatsächlich zum größten Teil daran scheiterten, dass keine angemessene Sachanalyse durchgeführt worden sei, dass die Lehrer also letztlich fachlich bzw. fachwissenschaftlich nicht kompetent genug seien. Vielleicht kann ich mit der Zusammenstellung der vorliegenden fachwissenschaftlichen (mehr oder weniger sprachtheoretischen) Beiträge dazu anregen, sich auch im Hinblick auf die kompetente Durchführung von Deutschunterricht (immer wieder) mit dem jeweiligen Stand der entsprechenden fachwissenschaftlichen Diskussion, mit den jeweiligen sprachtheoretischen Grundlagen, vertraut zu machen.

Dies bedeutet keineswegs, dass die unreflektierte Übernahme bestimmter Theorieansätze und deren Transposition in den Deutschunterricht propagiert werden soll, wohl aber, dass jeder Versuch didaktischer Transformation oder Reduktion wissen muss, was es denn ist, das jeweils reduziert werden soll (und muss).

Gleichwohl sind die hier versammelten sprachtheoretischen Beiträge nicht nur für ‚Didaktiker' von Interesse, sondern für alle sprachtheoretisch, linguistisch und germanistisch Interessierten, für Fachkollegen und -kolleginnen ebenso wie für Studierende in den philologischen und kulturwissenschaftlichen Fächern und schließlich auch für sprachinteressierte ‚Laien', die sich der Mühe unterziehen wollen, Einblicke in den primär fachinternen Diskurs zu gewinnen.

Die Beiträge sind teilweise leicht bearbeitet an Stellen, an denen mir Inkonsistenzen oder ungeschickte Formulierungen aufgefallen sind, auf eine durchgängige Aktualisierung, etwa durch Anführen von jeweils aktuellen Beispielen, habe ich jedoch verzichtet.

Demjenigen, der sich zwar auf eine Reflexion über seine eigene Sprache ‚Deutsch' einlassen möchte, dies jedoch lieber anhand einer eher populärwissenschaftlichen Gesamtdarstellung tun möchte, darf ich meine ebenfalls im mykum Verlag erschienene Monographie empfehlen (B.U. Biere: *Deutsch. Eine Sprache – Viele Sprachen.* Brey: mykum 2014), sowie einige darauf aufbauenden Taschenbuch-Bände (s. Schriftenverzeichnis).

Beide Bände, der sprachtheoretische erste (‚Sprachwissen 5') wie der sprachdidaktische zweite Band (‚Sprachwissen 6), der 2018/19 erscheinen wird, sind unahängig voneinander verständlich.

Brey, im Sommer 2018 Bernd Ulrich Biere

1 Verstehen und Beschreiben von Dialogen

Verstehen, Beschreiben, Erklären

Stellt man die Frage nach dem Zusammenhang von Verstehen und Beschreiben an den Anfang eines Bandes, der im ersten Teil sprachtheoretische Fragestellungen im Kontext der germanistischen Linguistik fokussiert, so legt dies die Vermutung nahe, dass wir hierin einen Zusammenhang von grundsätzlicher theoretischer wie methodologischer Bedeutung sehen.

Wie grundsätzlich dieser Zusammenhang tatsächlich ist bzw. wie grundsätzlich er in der jüngsten Vergangenheit behandelt worden ist, lässt sich u.a. daran ablesen, wie leidenschaftlich und ausdauernd entsprechende erkenntnis- und wissenschaftstheoretische bzw. methodologische Kontroversen um die theoretische und methodische Rolle des Verstehens seit dem ausgehenden 19. Jahrhundert geführt worden sind. Die alte Streitfrage nach dem Verhältnis von Naturwissenschaften und Geisteswissenschaften wird durch die Frage nach der Stellung der im 20. Jahrhundert aufkommenden Sozialwissenschaften schließlich neu belebt und gipfelt in den 60-er Jahren im bekannten ‚Methodenstreit' zwischen Neopositivismus bzw. Kritischem Rationalismus auf der einen und Kritischer Theorie der Frankfurter Schule auf der anderen Seite.

Eine der Grundannahmen des Positivismus, die sich im Kritischen Rationalismus fortsetzt, ist der „methodologische Monismus", der die ‚Einheit der Wissenschaften' jenseits der Verschiedenartigkeit der einzelwissenschaftlichen Gegenstände über eine einheitliche wissenschaftliche Methode sicherzustellen versucht. Das dabei unterstellte Methodenideal ist freilich ein szientifisches, das sich am methodologischen Standard der sog. exakten Wissenschaften orientiert. Der einheitswissenschaftlichen Konzeption zufolge wären an diesem Standard auch die methodologischen Konzeptionen in den Geistes- und Sozialwissenschaften zu messen. Mehr noch, wäre damit schließlich auch die Frage verknüpft, ob und in welchem Sinn die Geistes- und Sozialwissenschaften übehaupt den Anspruch erheben könen, ‚wissenschaftliche' Beschreibungen ihres Gegenstandsbereichs zu liefern. Ein derartiger ‚Unwissenschaftlichkeitsverdacht' ist wiederum begründet in einer weiteren Grundannahme des Positivismus, die als ‚wissenschaftliche Erklärung' nur einen Erklärungstyp akzeptieren möchte, der mit hypothetisch-deduktiven bzw. nomologischen Schlussverfahren arbeitet und somit im Wesentlichen ‚kausal' bestimmt ist. Kausale Erklärungen bestehen schlicht „in der Subsumption individueller Sachverhalte unter hypothetisch angenommene allgemeine Naturgesetze" (v. Wright 1974, 18), wobei für die Humanwissenschaften entsprechende ‚Gesetze' der menschlichen Natur zu unterstellen wären.

Zugleich ist seit dem ausgehenden 19. Jahrhundert von namhaften Historikern und Sozialwissenschaftlern (z.B. Droysen, Dilthey, Simmel und Max Weber) jedoch auch die antipositivistische Position vertreten worden, dass es einen fundamentalen Gegensatz gebe „zwischen jenen Wissenschaften, die wie die Physik, Chemie oder Physiologie auf Generalsierungen über reproduzierbare und prognostizierbare Phänomen abzielen, und jenen, die wie die Geschichtswissenschaft die individuellen und spezifischen Merkmale ihrer Gegenstände erfassen wollen" (v. Wright 1974, 19). Während die sog. exakten Wissenschaften Erklärungen liefern, deren Wert in der Prognostizierbarkeit von Ereignissen und damit in der „technischen Verfügung über vergegenständlichte Prozesse" (Habermas 1968, 157) liegt, haben es die Geschichtswissenschaften mit dem Verstehen von tradiertem und auf die je eigene Welt des Interpreten applizierten Sinn zu tun. Im Unterschied zum technischen Erkenntnisinteresse der empirisch-analytischen Wissenschaften verfolgen die historisch-hermeneutischen Wissenschaften ein praktisches Erkenntnisinteresse, insofern sich ‚Sinnverstehen' „seiner Struktur nach auf möglichen Konsensus von Handelnden im Rahmen eines tradierten Selbstverständnisses" richtet (Habermas 1968, 158).

‚Hermeneutisches Bewusstsein' stellt nicht nur das ‚objektivistische Selbstverständnis' der traditionellen historischen Geisteswissenschaften (Historismus) in Frage, sondern kann auch in den Sozialwissenschaften das Augenmerk auf die (theoretischen und methodologischen) Probleme der Konstitution ihrer je spezifischen Art von ‚Daten' richten. Die ‚Daten' des Sozialwissenschaftlers sind nicht in irgendeiner natürlichen Weise ‚gegeben', sondern werden von handelnden Subjekten, z.B. in Form sprachlicher Äußerungen, intentional hervorgebracht. Dies gilt selbst für Daten, die die Soziologen oft als schlicht ‚gegeben' betrachten. Auch wenn solche Daten in der Regel in einer Form vorliegen, die sie tatsächlich einer quantitativen Auswertung zugänglich macht, sind sie doch ihrerseits bereits Ergebnis „vielfältiger Perzeptionen und Interpretationen, die in die Zusammenstellung dieser Daten eingingen", sie sind „Produkt bürokratisch organisierter Aktivitäten, zum Beispiel von Volkszählungsämtern, Standesämtern, Straforganen, Wohlfahrtsstellen und Gewerbeaufsichtsämtern (Cicourel 1964; 1974, 60).

Wenn es die empirische Sozialforschung demnach mit Untersuchungsgegenständen zu tun hat, die entweder selbst Handlungs- und Prozesscharakter haben oder ihrerseits als Ergebnis von Handlungen zu interpretieren sind, so muss sie sich zwangsläufig mit der Frage auseinandersetzen, wie ihr diese spezifische Art von Daten methodisch zugänglich ist, bzw. wie sie zu relevanten (!) Beschreibungen dieser Art von Daten gelangen kann.

Auf dem Hintergrund der wissenschaftstheoretischen Kontroversen der 60-er Jahre und ihrer methodologischen Konsequenzen gilt es auch für die Dialoganalyse abzuwägen, welche Art theoretisch-methodologischer Konzeption den Anforderungen gerecht zu werden vermag, die wir aufgrund der Art unseres Untersuchungsgegenstandes und unseres spezifischen analytischen Interesses erfüllt sehen möchten. – Welche Art von Beschreibungen kann und will die Dialoganalyse liefern, und welche Methoden sind ihren Zielen angemessen?

Wenn wir uns im Folgenden der Frage nach dem Verstehen und Beschreiben von Dialogen zuwenden, und dabei auch die Frage nach dem Zusammenhang von Verstehen und Auslegen (Interpretieren) berücksischtigen wollen, gehen wir davon aus, dass ‚Verstehen' (in welchem Sinn auch immer) eine methodisch relevante Rolle für die Dialoganalyse, zumindest für die Analyse authentischer Dialoge, spielt. Auch wenn dies aus kritisch-rationalistischer Sicht nicht bestritten würde, wäre dort ‚Verstehen' lediglich im heuristischen Prozess (im ‚context od discovery'), nicht jedoch als relevanter Aspekt der eigentlichen Forschungslogik von Bedeutung. Wir werden also in der Tat die Frage beantworten müssen, ob ‚Verstehen' eine positive Methode sein kann oder lediglich ein heuristisches Verfahren darstellt, das in der ‚Psychologie der Forschung' (und damit eben nicht in der ‚Forschungslogik') zu verorten ist. Um dies leisten zu können, müssen wir uns zunächst über den Begriff des Verstehens selbst verständigen. Dies werden wir aus einer hermeneutischen Perspektive tun, die nicht primär von der Verstehen-Erklären-Opposition ausgeht, sondern eher auf die Unterscheidung von ‚Verstehen' und ‚Auslegen' (‚Deuten', ‚Interpretieren') abzielt, die sich m.E. gerade für die Dialoganalyse als relevant erweisen könnte.

Verstehen und Interpretieren

Wilhelm Dilthey (1900; 1974, 324) siedelt die „endliche Konstituierung“ der Hermeneutik im 16. Jahrhundert an. Dort sei erstmals versucht worden, „die bis dahin gefundenen Interpretationsregeln“ zu einem „Lehrgebäude“ zu verbinden, welches die Hermeneutik nunmehr in den Rang einer Kunstlehre bzw. einer Theorie des Interpretierens, mithin in den Rang einer Wissenschaft treten lasse. Die in einer natürlichen Fertigkeit begründete Auslege-Kunst leitet durch Regelgebung zu einem methodisch-disziplinierten Auslegungsverfahren an. Wird ‚Auslegen', wie in der Aufklärung etwa bei J.M. Chladenius, als eine Art sprachlichen Handelns in didaktischer Absicht verstanden, so setzt dies voraus, dass der Ausleger das, was er (für einen Schüler) auslegend verständlich zu machen versucht, selbst bereits verstanden hat. Im Akt des Auslegens macht er dem Schüler „gewisse dunckele Stellen“ (Chladenius 1742, § 166) deutlich und versucht ihn so vom „Gar-Nicht-Verstehen“ zum „Vollkommen-Verstehen“ hinzuführen. Nach Chladenius verstehen wir eine Stelle deshalb noch nicht vollkommen, weil uns „noch einige von diesen Begriffen fehlen, die zum vollkommenen Verstande gehören“ (Chladenius 1742, § 159). Gelingt es dem Ausleger, seinem Schüler diese fehlenden „Begriffe“ – und das heißt für Chladenius entsprechendes (in der Regel historisches) Wissen – beizubringen, so hat er seine Aufgabe in diesem konkreten Fall allerdings erst dann erfüllt, wenn er gleichzeitig die Gültigkeit des zu vermittelnden und von ihm bereits ‚gewussten' „wahren Verstandes“ argumentativ begründen kann. Denn der Schüler kann im Zeichen der Aufklärung durchaus einen anderen „Beweis [...] des wahren Verstandes“ als den in der Autorität des Lehrers liegenden, eben eine (argumentative) „Rechtfertigung der Auslegung“ verlangen (Chladenius 1742, § 659).

In moderner Terminologie unterscheidet Chladnius also zwischen dem Auslegen als zum Verstehen anleitendes, verständlichmachendes sprachliches Handeln und dem Verstehen im Sinn eines vorgängigen Verständnisses der auszulegenden Textstelle. Diese partner- bzw. schülerorientierte Auslegung lässt den Schüler jedoch zu einem (neuen) Verständnis gelangen, zu dem er ohne Intervention des Lehrers (Auslegers) nicht gelangt wäre. So finden wir hier im Grunde bereits eine dreifach gestufte Begrifflichkeit, nämlich einerseits den Begriff des Auslegens und andererseits zwei unterschiedliche Verstehensbe-griffe: Verstehen als Voraussetzung der Auslegung und Verstehen als Ziel der Ausllegung. Wie werden sehen, dass in diesem, hier bereits auf eine dialogische Situation bezogenen Weg vom Verstehen (Verständnis) eines Partners X über den Akt der expliziten Auslegung zum Verstehen (Verständnis) eines Partners Y ein Grundmuster auch für den Zusammenhang von Verstehen und Beschreiben im Kontext der Dialoganalyse liegen könnte.

Das beim Ausleger angenommene Verständnis ist hier allerdings tatsächlich als der von diesem ‚gewusste' „wahre Verstand", als das ‚richtige' Verständnis begriffen, das von der Auslegung nicht mehr affiziert wird. Auslegung ist aufgrund des Kompetenzgefälles zwischen Lehrer und Schüler demnach nur noch der didaktisch-vermittelnde Akt, durch den der Schüler zu einem mit dem des Auslegers idealiter identischen Verstehen geführt werden kann. Gerade die hiermit unterstellte, tief im Vernunftglauben der Aufklärung verwurzelte Idee des identischen „wahren Verstands" eines Textes muss in der romantischen Hermeneutik des 19. Jahrhunderts verständlicherweise problematisch werden. So entwickelt Friedrich D. Schleiermacher als Konsequenz aus der grundsätzlichen Anerkennung der Individualität des Denkens, die selbst im allgemeinen Medium der Sprache nur ‚approximativ' aufgehoben sein kann, eine

Hermeneutikkonzeption, die den Auslegungsbegriff des Chladenius zwangsläufig in die Rhetorik verweisen muss.

Betrachtet die Aufklärungshermeneutik das Verstehen in keiner Weise als einen eigenen oder gar den Analysegegenstand der Hermeneutik, so wird nun – wie Dilthey (1900; 1974, 327), Gadamer (1965, 172ff.) und Szondi (1975, 160f.) übereinstimmend zeigen – die einfache „Tatsache des Verstehens" (Schleiermacher 1838; 1974, 156) und der Gedanke einer inneren Einheit von Verstehen und Auslegen zum Kernstück einer neuen ‚universalen' Hermeneutik. In dem Maße, in dem eine im Sinne der subtilitas explicandi als ‚Darlegung des Verständnisses' begriffene Auslegung in die ‚Kunst der Darstellung' verwiesen wird, verschmelzen der Begriff des Auslegens und der Begriff des Verstehens nun in der Tat zu jener von Gadamer (1965, 366) apostrophierten „inneren Einheit": Alles Verstehen ist Auslegung.

Dennoch ist das Verhältnis der beiden Begriffe bei Schleiermacher selbst m.E. letztlich nicht befriedigend geklärt. Wird in den „Akademiereden" von 1829 „alles Verstehen fremder Rede" als „Auslegen" bezeichnet, so grenzt Schleiermacher in „Hermeneutik und Kritik" (1838) das „unmittelbare und augenblickliche Verstehen" doch von einem „kunstmäßige(n) Verfahren in der Auslegung" ab (Schleiermacher 1838; 1977, 326). Attribute wie sicher, vollkommen, unmittelbar, augenblicklich erinnern an eine ‚verlorengegangene' Qualität unmittelbaren Verstehens, das nur in der „Auflösung des gesamten Denkens in die Sprache" möglich erscheint. Zu diesem ursprünglichen Verstehen über den Weg der kunstmäßigen Auslegung gleichsam zurückzufinden, erscheint nun als das Ziel des Auslegens. Erst in der hermeneutischen Reflexion kann derjenige, der seine „philologische Unschuld verloren hat", zu einer neuen, den alltagsprachlichen Glauben an gelingende Verständigung allerdings konterkarierenden Gewissheit finden, dass nämlich „das Nicht-Verstehen sich niemals gänzlich auflösen will",

„weil jede Seele in ihrem einzelnen Sein das Nichtsein der anderen ist“ (Kimmerle (Hrsg.) 1974, 144).

Im Hinblick auf die Dialoganalyse ist nicht zuletzt Schleiermachers Behandlung von Rede und Schrift von besonderem Interesse. Einerseits betont er die prinzipielle Auslegungsbedürftigkeit auch der Rede, andererseits räumt er aber ein, dass „der mündlichen Rede in der Regel vieles zu Hilfe kommt, wodurch ein unmittelbares Verständnis gegeben wird“ so dass sich die „Kunst der Auslegung [...] mehr auf Schrift als auf Rede bezieht“ (Schleiermacher 1838; 1977, 91). Ähnlich hatte bereits Chladenius argumentiert, wenn er betonte, die Reden seinen für das Auslegen „als dann erst beträchtlich, wenn sie aufgeschrieben werden“ (Chladenius 1742, § 28), denn sie seien durch die „Stimme der Redenden, durch die Gebärden, durch die Umstände der Zeit, des Ortes und der redenden Personen verständlich“ (Chladenius 1742, § 12). Hier deutet sich bereits das methodische Dilemma der Dialoganalyse an, dass sie die Gespräche per Transkription im Medium der Schrift repräsentieren muss, um sie einer kontrollierbaren Interpretation allererst zugänglich zu machen, während sie diese dadurch gleichzeitig soweit ‚verfremdet’, dass ein unmittelbares situationsgestütztes Redeverständnis nicht mehr möglich scheint. Über den Weg der Auslegung ist einerseits nur noch eine „jenem unmittelbaren Verstehen m ö g l i c h s t gleiche Befriedigung“ erreichbar, andererseits kann jedoch ein übberprüfbarer Grad an Objektivität erzielt werden, „wenn die Objektivation in dauerhafter Form festgehalten ist, derart, daß sie dem Interpreten ermöglicht, immer wieder auf sie zurückzugreifen“ (Betti 1967, 193). Ähnlich wie schon bei Dilthey mit zunehmender Abkehr von der Psychologie der Be-griff der Objektivation (Hegel) immer mehr in den Vordergrund rückt, sieht auch Betti (1967) in der ‚dauerhaften Form’ eine entscheidene Voraussetzung dafür, dass das methodische, auf intersubjektive Überprüfbarkeit zielende Moment auslegenden

Handelns überhaupt zum Tragen kommen und damit seinen Rang als methodisch kontrolliertes wissenschaftliches Handeln behaupten kann.

Wenn E. Betti ‚Auslegen' als Handlung charakterisiert, kann er dementsprechend ‚Verstehen' als Erfolg oder Ergebnis des auslegenden Handelns, mithin als eine Art Zustand begreifen. Damit nähert er sich der sprachkritischen Analyse Wittgensteins, der verstehen einerseits nicht als Handlungsprädikat, andererseits aber auch nicht als eine Art psychologisches Prädikat begreift, das auf irgendeinen inneren Vorgang oder seelischen Zustand verweist (vgl. Biere 1989, 15ff.). Wenn Wittgenstein meint, wir könnten vom ‚Verstehen eines Satzes' in dem Sinne reden, „in welchem er durch einen anderen ersetzt werden kann“ (Wittgenstein 1967, § 531), so ist hier einerseits eine Art Operationalisierung des Verstehensbegriffs angedeutet (Paraphrasierbarkeit), die andererseits aber zugleich wieder in Zweifel gezogen wird. Denn das Bilden einer Paraphrase ist kein artikulierter Vorgang „wie das Sprechen eines Satzes“ (Wittgenstein 1973, 50), es ist das Artikulieren eines Satzes, in dem sich mein Verständnis zeigt.

Die Paraphrase könnte allerdings durchaus am Anfang eines expliziten Interpretationsprozesses stehen, wenn sie ein, wie auch immer gewonnenes vorläufiges Verständnis expliziert, das anschließend methodisch zu rekonstruieren versucht werden und in ein argumentativ plausibilisierbares, d.h. intersubjektiv nachvollziehbares Verstehen überführt werden kann.

Somit wäre ein mögliches Verständnis (ein erstes unmittelbares Verständnis) als hypothetischer Ausgangspunkt für explizite Interpretationsbemühungen anzusetzen, an deren Ende dann ein methodisch rekonstruiertes, argumentativ abgesichertes Verständnis stehen könnte. Auch dieses wäre allerdings nicht mehr als eine neue, wenn auch methodisch legitimierte Verstehenshypothese, die an die Stelle der vormethodischen Gewissheit den grundsätzlichen methodischen Zweifel an der Identität des Verstehens setzt und sich damit selbst einmal mehr als vorläufig erweist.

Während hier ,Verstehen' als Zustand gedeutet wird, der sowohl Ausgangspunkt als auch Ergebnis interpretativer Handlungen sein kann, dem selbst also kein Handlungscharakter zuzusprechen ist, wird in der kognitionspychologisch orientierten ,Psychologie der Textverarbeitung', aber auch in neueren textwissenschaftlichen Ansätzen, ,Verstehen' in der Regel als Prozess der Text- bzw. Informationsverarbeitung aufgefasst. Dabei scheint die Frage nach einer Explikation dessen, wie Sprachteilhaber Texte verstehen, welche Verstehensstrategien sie anwenden, welches Wissen sie aktivieren, um etwa Kohärenz (aktiv) herzustellen, um Implizites zu erschließen (inferences), die alte hermeneutische Frage nach dem Wesen des Verstehens neu zu beleben. So wird das Interesse am ,Verstehen' an einer wissenschaftsparadigmatischen Stelle neu geweckt, an der die Vermittlung mit der philologischen Tradition kaum mehr stattfinden kann.

Auch wenn mit der Abkehr vom behavioristischen Paradigma die verschüttete Dimension des Kognitiven wiederentdeckt wird, so kann diese nunmehr lediglich szientifisch bzw. unter einem technischen Erkenntnisinteresse konzeptualisiert werden. Dies wird besonders deutlich in der KI-Forschung (artificial intelligence), die im Hinblick auf automatische Textanalysen oder maschinelle Übersetzungen letztlich genau das theoretisch zu modellieren versucht, was das natürliche Textverstehen ausmacht. Wie entsprechende Modelle aussehen könnten, wird in der kognitiven Psychologie einerseits empirisch-experimentell zu validieren versucht, während andererseits die schlichte Implementierbarkeit eines Modells als zumindest vorläufiges Indiz für dessen Validität zu gelten scheint. So sind mentale Modelle des Textverstehens gleichzeitig Modelle natürlich-kognitiver Prozesse wie theoretische Repräsentationen dessen, was an expliziten verstehensrelevanten Informationen für das künstlich-intelligente textverstehende System benötigt wird, damit das System erfolgreich natürliche Verstehensprozesse simulieren kann. Dabei ist in den letzten Jahren immer mehr die Frage nach möglichen Formaten der expliziten Repräsentation des Wissens in den Vordergrund gerückt, über das der natürliche Sprachteilhaber in der Regel intuitiv verfügt und das ihn in die Lage versetzt, beliebige sprachliche Äußerungen semantisch und pragmatisch angemessen zu interpretieren.

In unserem Zusammenhang ist von besonderem Interesse, dass die kognitionstheoretischen Modelle der Textverarbeitung von ‚kognitiv-aktiven' Lesern ausgehen, deren Verstehensprozesse zwar einerseits textgeleitet (‚bottom up'), andererseits aber auch schemageleitet (‚top down') sind, so dass sich das Verständnis eines Textes erst im Zusammenspiel von bottom-up- und top-down-Prozessen und damit letztlich interaktiv bzw. dialogisch erschließt. Dementsprechend gelangt auch die moderne experimentelle Psychologie zu der aus hermeneutischer Sicht kaum überraschenden Einsicht, dass Leser aufgrund unterschiedlicher Voraussetzungen durchaus zu einem unterschiedlichen Verständnis eines Textes gelangen können. Zumindest für bestimmte Bereiche der Dialoganalyse dürfte sich eine solche kognitive Orientierung als fruchtbar erweisen. Als kognitiv-aktiver Prozess des Rezipienten vorgestellt, erweist sich ‚Verstehen' einmal mehr als bedeutungs- bzw. sinnkonstituierender und somit keineswegs als rein reproduktiver Prozess. Genau diese Einsicht spiegelt Gadamers Formel wider, dass Verstehen ‚immer schon' Auslegen sei, das im explizit verbalisierten, argumentativen Prozess des Interpretierens den Charakter methodisch reflektierten Handelns gewinnt, dessen Ziel es ist, ein vorgängiges, in der unhinterfragten alltagspraktischen Gewissheit begründetes Verständnis zunächst qua hermeneutischer Reflexion zu ‚de-konstruieren', um es zugleich als notwendigen Ausgangspunkt auf dem Weg einer nunmehr methodisch angeleiteten Rekonstruktion zu begreifen.

Fragen wir nun danach, welches Verstehen denn in der Beschreibung von Dialogen eigentlich rekonstruiert wird, so muss die Antwort relativ komplex ausfallen. Während in Bezug auf monologische Texte allenfalls metaphorisch von einem ‚Dialog' oder von einer ‚Interaktion' des Lesers mit dem Text die Rede sein kann, hat es die Dialoganalyse tatsächlich in einem doppelten Sinn mit einem interaktiven Verstehen zu tun: mit dem Verstehen der Partner in der zu beschreibenden Interaktion ebenso, wie mit dem Verständnis der Interaktion durch den Beschreibenden.

Verstehende Analyse von Dialogen

Obwohl bereits bei Chaldenius und Schleiermacher auch Gespräche, wenn auch mit Einschränkungen, als Gegenstandsbereiche des Auslegens bzw. der Hermeneutik konzipiert werden, ist dort das Verstehen in seiner doppelten Struktur m.E. noch nicht hinreichend expliziert worden. Auch wenn Schleiermacher „dem Ausleger schriftlicher Werke dringend" anrät, die „Auslegung des bedeutsameren Gesprächs fleißig zu üben", bleibt das Verstehen von Gesprächen doch dem Modell des Verstehens schriftlicher Texte verhaftet. Unmittelbares Partnerverstehen gilt zunächst schlicht als „Teil des gebildeten Lebens" (Schleiermacher 1892; 1976, 137) und somit nicht als Gegenstand philologischer Studien. Demgegenüber ist derjenige, der einen Dialog ‚ex post' analysiert, d.h. zu einem nach Abschluss des Dialogs liegenden Zeitpunkt in einer aufgezeichneten oder auch bereits transkribierten Form, in einer grundlegend anderen Verstehens- bzw. Analysesituation, die wir als Beobachterverstehen charakterisieren wollen. Dieses hat zwar gemeinsame Merkmale mit dem Verstehen schriftlicher Texte, denn auch der dialogische Text ist als transkribierter ebenso wie der monologische Text von den Bedingungen seiner Konstitution abgelöst und dem Interpreten als ‚Objektivation' gegeben. Der dialogische Text ist jedoch in bestimmter Hinsicht komplexer, denn die transkribierten sprachlichen Äußerungen müssen auch in ihrem Bezug aufeinander verstanden werden.

Der Beschreibende muss nicht nur einen Text als Produkt verstehen, sondern er muss verstehen, wie aufgrund der Verständigungsorientierung der Partner der Dialog sich allererst konstituiert, er muss verstehen, wie die Partner (kooperativ oder auch kompetitiv) an der Konstituierung eines gemeinsamen ‚Textes' arbeiten und dabei selbst bereits eine Art Einverständnis hinsichtlich der Deutung einzelner Züge im ‚Dialogspiel' zu erzielen versuchen müssen. Der Beschreibende muss demnach einen dialogischen Prozess rekonstruieren, in dem das Produkt ‚Gespräch' (bzw. dann auch ‚Text') allererst konstituiert wird. Überdies gilt es zu reflektieren, dass dieses zunächst ‚flüchtige' Produkt erst über Aufzeichnung und Transkription überhaupt zum Gegenstand von Dialoganlayse werden kann und somit quasi doppelt konstituiert und nicht zuletzt aus der je eigenen Deutungsperspektive des Beschreibenden rekonstruiert ist.

Aufgrund der Analyse ‚ex post' ist der Beschreibende einerseits in einer methodisch günstigeren Position als die Dialogteilnehmer: Er kann den Dialog als ganzen überblicken, er kann einzelne ‚Züge' (turns) nicht nur unter Bzeug auf zeitlich vorangegangene turns oder Sequenzen interpretieren, sondern auch unter Bezug auf zeitlich nachfolgende turns oder Sequenzen; er kann – und diese Möglichkeit bietet ihm tatsächlich erst die transkribierte Form eines Dialogs – wie in einem Text vor- und zurückblättern. Andererseits ist er aber auch in einer weniger günstigen Verstehenssituation als die unmittelbaren Teilnehmer: So kann er den Situationsbezug überhaupt nur soweit rekonstruieren, wie ihm die

Transkription in einem Kommentar verbalisierte Situationsmerkmale (begleitende nonverbale Handlungen, Gestik, Mimik, Intonation etc.) tendenziell erschließbar macht. Während die Dialogpartner in der Situation in spezifischer Weise ge- bzw. befangen sind, ihnen also eine erst methodisch zu erzwingende Distanz fehlt, hindert eben diese Distanz den Beschreibenden tendenziell daran, zu einem angemessenen Situationsverständnis zu gelangen. Wenn wir uns hier in einer ähnlichen Paradoxie wie bei der teilnehmenden Beobachtung befinden, muss die Frage erlaubt sein, inwieweit sich das Dialogverständnis des Beschreibenden aufgrund weitgehend objektivierbarer methodischer Schritte der verstehenden Rekonstruktion vom spontan situativen Verstehen qualitativ abhebt, bzw. inwieweit das wie auch immer gewonnene Verständnis des Beschreibenden auch nicht mehr darstellt als ein weiteres Verständnis neben den aus der Situation gewonnenen Deutungen der Interaktionspartner. In der Tat hat auch der Beschreibende zunächst nicht mehr als ein mögliches Verständnis, eben sein individuelles Verständnis einzelner Sequenzenen des Dialogs. Es ‚liest' den dialogischen Text als Kette aufeinander bezogener sprachlicher Äußerungen mehr oder weniger wie ein naiver Leser, der dabei zwar mehr oder weniger intuitiv bereits gewisse ‚Methoden' (Routinen) des Tetxverstehens praktizieren mag, dies aber nicht zum Gegenstand methodologischer Reflexion macht.

Solange dieses Verständnis methodisch (noch) nicht reflektiert bzw. expliziert ist, könnte man der neopositivistischen Sehweise zustimmen, ‚Verstehen' sei gar keine wissenschaftliche Methode und mithin auch nicht Teil der Forschungslogik, sondern vielmehr ein heuristisches Verfahren, um zur Formulierung von Hypothesen zu gelangen. Diese müssten dann aber Gegenstand eines hypothetisch-deduktiven Überprüfungsverfahrens sein, bei dem die Frage, wie es zur Bildung von Hypothesen gekommmen ist, unerheblich ist. Somit wäre die ‚Psychologie' von der ‚Logik' der

Forschung definitiv abgekoppelt, so dass auch die Geistes- und Sozialwissenschaften trotz der Spezifik ihres Objektbereichs in gleicher Weise hypothetisch-deduktiv verfahren könnten wie die Naturwissenschaften.

Obwohl wir gerade auch auf dem Hintergrund hermeneutischer Reflexion ‚Verstehen' in der Tat als hypothetisch, unser Verständnis eines Textes oder einer Dialogsequenz als Verstehenshypothese begreifen müssen, ist es fraglich, ob wir entsprechend der einheitswissenschaftlichen Konzeption den wissenschaftlichen Prozess tatsächlich in einen der Psychologie zuzurechnendnen ‚context of discovery' und einen davon abgelösten ‚context of justification' aufspalten können, wobei letzterer zudem auf eine reine Falsifikationsprozedur kritisch-rationalistischer Prägung reduziert würde (vgl. Abel 1953). Einer solchen Trennung entsprechend wäre der Prozess der Hypothesenbildung als induktives Schlussverfahren, der Prozess der Hypothesenüberprüfung dagegen als deduktives Schlussverfahren anzusetzen.

Folgen wir dagegen der Peirce'schen Argumentation (Peirce 1965-67, Vol. 5, 171), so ist das, was einerseits wie ein induktiver Schluss auf ein Gesetz aussieht, unter welches dann wiederum einzelne ‚Fälle' subsumiert werden können, in Wirklichkeit ein Schluss komplexerer Art, eine Art von Schluss nämlich, der Elemente beider Schlussverfahren sozusagen kombiniert: ein Schluss, durch den im Forschungsprozess selbst das Gesetz hypothetisch erzeugt und der beobachtete Sachverhalt gleichzeitig als ‚Fall' dieses Gesetzes gedeutet wird. Diese spezifische Form des Schließens, die Peirce ‚Abduktion' nennt, involviert ein nicht durch Regeln determinierbares ‚kreatives' Moment, das konstitutiv für die Hervorbringung von Wissen und mithin als Teil der Forschungslogik zu behandeln ist.

Auch Eco (1985) unterscheidet dementsprechend mit Peirce ebenfalls „Induktion", „Deduktion" und ‚Abduktion", wobei die methodische Herausforderung abduktiven

Schließens nicht darin liegt, „ob man zuerst den Fall oder zuerst das Gesetz findet, sondern darin, Gesetz und Fall zugleich zu erkennen […] (Eco 1985, 295).

Aufgrund des ‚Schlusscharakters' des sprachlichen Zeichens, den Eco (1985) in der Auseinandersetzung mit dem traditionellen Äquivalenzmodell noch einmal deutlich herausgearbeitet hat, können Verstehenshypothesen, selbst wenn wir deren Bildung als eine nicht der Forschungslogik zuzurechnende, quasi psychologische Entdeckungsprozedur auffassen wollten, prinzipiell nicht hypothetisch-deduktiv falsfiziert werden. Denn die Überprüfung von Verstehenshypothesen, d.h. die Entscheidung, ob eine gegebene Äußerung (als ‚Resultat') tatsächlich einen ‚Fall' darstellt, der unter das hypothetisch angenommene ‚Gesetz' (hier: die Verstehenshypothese) subsumierbar ist, setzt einmal mehr voraus, dass das Resultat allererst als Fall des entsprechenden Gesetzes gedeutet werden muss. Hierfür können zwar methodisch aufweisbare ‚Indizien' als ‚Argumente' angeführt werden, diese sind jedoch ihrerseits als ‚Zeichen' gedeutete Entitäten, die somit die Hypothese zwar stützen, d.h. plausibilisieren können, die sie jedoch in keinem Fall im hypothetisch-deduktiven Sinn verifizieren bzw. falsifizieren können.

Wenn eine abduktiv oder, wie Schleiermacher sagen würde, ‚divinatorisch' gewonnene Verstehenshypothese notwendiger Ausgangspunkt für das Beschreiben von Dialogen ist, so ist das Beschreiben selbst damit noch keineswegs ein deduktives Schlussverfahren zur Überprüfung dieser Hypothese, sondern eher der Versuch einer methodischen Explikation, Spezifikation und gegebenenfalls Modifikation eines bestimmten (hypothetischen) Verständnisses. Es ist stets der Versuch, in einer argumentativ begründeten ‚Darlegung' des Verständnisses dieses methodisch abzusichern, d.h. nachvollziehbar und damit verständlich zu machen. Eine solche ‚Darlegung' des Verständnisses hat im Sinne von Chladenius den kommunikativen Sinn, (den Schüler) zum besseren

Verständnis (eines Dialogs) hinzuführen. Im späteren Hermeneutikverständnis Schleiermachers steht dagegen nicht nur eine einzelne stellenbezogene Verstehenshypothese, sondern die Idee ‚richtigen' Verstehens überhaupt zur Disposition.

Demnach wäre das Beschreiben von Dialogen zunächst einmal ein Verfahren, den interpretativen, d.h. hypothetischen Charakter jeglichen Verstehens zu verdeutlichen. Dies kann dadurch geleistet werden, dass der Beschreibende sein Verständnis eines gegebenen Dialogs in dem Sinn hermeneutisch reflektiert, dass er diese explizit macht und ‚Indizien' zu finden versucht, die seine zunächst vormethodisch-intuitive Interpretation zu stützen vermögen oder die es ihm ermöglichen, begründete Interpretationsalternativen zu entwickeln. Ziel eines solchen Verfahren könnte es sein, die gegebene Dialogsequenz ‚besser' zu verstehen bzw. ‚verständlich' zu machen. Dies bedeutet allerdings auch, alternative Deutungsmöglichkeiten aufzuzeigen und diese argumentativ abzuwägen. ‚Besser verstehen' muss also nicht unbedingt heißen, ein Verständnis als einzig mögliches, richtiges, angemessenes, resp. als nicht mögliches, falsches, unangemessenes Verständnis auszuweisen, das durch ein anderes, ‚richtiges' Verständnis zu ersetzen ist. ‚Besser verstehen' kann und sollte m.E. in erster Linie heißen, mehrere mögliche Verständnisse als mehr oder weniger plausibel gegeneinander abzuwägen, ohne letzten Endes normativ behaupten zu müssen, wie eine Sequenz definitiv zu verstehen sei.

An die Stelle einer (normativen) ‚Hermeneutik der Reduktion' (Reduktion der Verstehensmöglichkeiten auf ein Verständnis) könnte dann in der Tat eine ‚Hermeneutik der Entfaltung' (Japp 1977, 46f.) treten, deren Ziel nicht in der Reduktion, sondern in der Explikation alternativer Verstehensmöglichkeiten läge. ‚Hermeneutische Reflexion', als methodische Haltung begriffen, könnte damit dem prinzipiell innovatorischen Charakter von Rede (parole) Rechnung tragen, aufgrund dessen Rede nicht als bloße Realisierung eines eines vorgegebenen Sytems (langue), sondern als ein dieses System immer auch modifizierender Akt vorzustellen ist. Obwohl eine solche Auffassung den Verdacht aufkommen lassen könnte, hiermit werde der methodische Anspruch der Dialoganalyse letztlich zugunsten interpretativer Beliebigkeit unterlaufen, dürfte doch unbestritten sein, dass etwa das Phänomen des Sprachwandels nur erklärt werden kann, wenn wir eine ‚dynamische' Wechselbeziehung von parole und langue annehmen. Da diese Dynamik wohl nicht auf der Ebene der langue ihren Ursprung hat und wir es bei der Dialoganalyse mit Einheiten der parole, anders gesagt, mit ‚Sinn' und nicht mit ‚Bedeutung' zu tun haben (vgl. Coseriu 1980, 35 zur Textlinguistik als Hermeneutik), dürfte wohl nur eine ‚dynamische' Konzeption der Beschreibung von Dialogen angemessen sein. Diese ermöglicht es, Dialoge als sinnkonstituierende kommunikative Prozesse zu betrachten, die zwar – vielleicht sogar zu einem nicht geringen Teil - konventionelle Muster zur Anwendung bringen, die jedoch prinzipiell auch neue Verfahren und Muster herausbilden und in diesem Sinn nicht nur reproduktive, sondern produktive Akte sind bzw. prinzipiell sein können.

In gleicher Weise ist auch das Verstehen und Beschreiben von Dialogen nicht nur als Reproduktion von vorgängig von den Dialogpartnern produziertem Sinn zu verstehen, sondern als ein (zweiter) sinnkonstituierender Deutungsprozess. In methodologischer Hinsicht gewinnt damit die Frage zentrale Bedeutung, wie dieser sinnkonstituierende Deutungsprozess intersubjektiv nachvollziehbar, wenn nicht kontrollierbar gemacht werden kann. Welche Art von Information ist dem Beschreibenden zugänglich, über welche Art von Information muss er verfügen und welche Informationen muss er der Kommunikationsgemeinschaft der Wissenschaftler verfügbar machen, um den Beschreibungsprozess im Sinne der Nachvollziehbarkeit kontrollierbar werden zu lassen?

In erster Linie muss Dialoganalyse (und dies ist nicht nur eine ,Vor'-Bedingung, sondern eine der wesentlichen Bedingungen überhaupt) den Prozess der Datenkonstitution explizit reflektieren und so dokumentieren, dass dieser der intersubjektiven Kritik zugänglich ist. Dialoganalyse muss sich dabei prinzipiell alle Informationen, die in irgendeiner Weise für die Beschreibung relevant sein könnten, zugänglich zu machen versuchen und diese, entsprechend dokumentiert bzw. aufbereitet, dem fachwissenschaftlichen Diskurs, ggf. aber auch den Subjekt-Objekten der Beschreibung, d.h. den interagierenden und kommunizierenden Partnern zugänglich machen. Im Folgenden werde ich daher zunächst auf die Probleme der Datenerhebung, der Datenaufbereitung und der Datenrepräsentation näher eingehen, da es in diesem Bereich erfahrungsgemäß besonders schwierig ist, die bereits auf dieser Ebene involvierten interpretativen Entscheidungen so zu dokumentieren, dass sie der intersubjektiven Diskussion zugänglich sind.

Datenerhebung, -aufbereitung und -interpretation

Gegenstand der Analyse authentischer Dialoge ist eine bestimmte Art empirisch erhobener sprachlicher ,Daten'. Bei diesen handelt es sich primär, jedoch nicht ausschließlich um mündliche sprachliche Äußerungen, die von mindestens zwei in einer konkreten Situation miteinander interagierenden und kommunizierenden Partnern intentional hervorgebracht werden. Diese ,Gesprächsdaten' werden durch Aufzeichnung auf Tonträger (ggf. durch Videoaufzeichung) sowie durch eine entsprechende Aufbereitung mithilfe verschiedener Transkriptionsverfahren der linguistischen Analyse zugänglich gemacht.

Die aufgezeichneten und transkribierten Gespräche sollen (möglichst) ,natürlich' sein, d.h. in der Regel nicht experimentell induziert, und (möglichst) nicht durch technische Apparaturen (Tonband, Mikrofon, Kamera) oder durch die Anwesenheit des Beobachters ‚verzerrt' sein. Einerseits kann der Einfluss des technischen Medium auf die Natürlichkeit der aufgezeichneten Gespräche durch bestimmte Maßnahmen relativ gering zu halten versucht werden, andererseits können und müssen mögliche ‚Verzerrungen' in der konkreten ‚Fallanalyse' selbst Gegenstand kontinuierlicher methodischer Reflexion werden. Verdeckte Erhebungsverfahren werfen nicht nur ethische bzw. juristische Probleme auf, sondern auch Analyseprobleme, da die Rekonstruktion des Erhebungskontextes in der Regel nur durch einen teilnehmenden Beobachter geleistet werden kann. Dementsprechend wird die Erhebung von Gesprächsdaten in der Regel in irgendeiner Form von teilnehmender Beobachtung praktiziert, wobei die Meinungen vor allem hinsichtlich der Intensität der Teilnahme des Beobachters an den Aktivitäten der Gruppe bzw. hinsichtlich seiner ‚Involviertheit' in diese Aktivitäten auseinandergehen.

Für den hier diskutierten Zusammenhang von Verstehen und Beschreiben ist charakteristisch, dass die teilnehmende Beobachtung als Verfahren der Datenerhebung einerseits bestimmte methodische Probleme zu minimieren scheint, andererseits aber gerade auch Probleme schafft, deren Reflexion von entscheidender Bedeutung für die Qualität der dialoganalytischen Beschreibung der gewonnenen Gesprächsdaten, d.h. für die Dateninterpretation ist. Einerseits erscheint es unumgänglich, aufgrund teilnehmender Beobachtung gerade diejenigen Elemente des Interaktionskontextes zu dokumentieren, ohne deren Kenntnis die Analyse der verbalen Äußerungen in ihrer transkribierten Form kaum angemessen zu leisten wäre. Andererseits muss man sich fragen, inwieweit die notwendige analytische Distanz durch ein mehr oder weniger aktives Mitwirken des Beschreibenden an der Produktion der Daten, etwa durch seine Involvierung in die Aktivitäten der Gruppe, tendenziell in Frage gestellt wird. Wenn entsprechende Daten ohne eine solche Involvierung schlechterdings nicht zu gewinnen sind oder wenn die Interpretation der Daten einer intimen Kenntnis bestimmter Gruppengepflogenheiten bedarf, kann analytische Distanz wohl nur dadurch wiederhergestellt werden, dass diese Umstände grundsätzlich in die methodische Reflexion einbezogen werden.

Ein besonderes Problem bei der Erhebung von Gesprächsdaten liegt darin, dass bereits in der Erhebungssituation selbst interpretative Entscheidungen getroffen werden müssen. Denn zur Selektivität der Datenaufzeichnung durch das jeweilige technische Medium kommt die selektive Wahrnehmung des sozialen Umfelds durch den teilnehmenden Beobachter hinzu. Dieser muss, um die ‚Daten' anschließend so aufbereiten zu können, dass sie überhaupt interpretierbar sind, auch den nicht-sprachlichen Kontext sowie nicht-sprachliche Handlungen der Interaktions- und Kommunikationspartner, etwa in einem Beobachtungsprotokoll, festhalten. Da nicht-sprachliche Handlungen kein akustisches Korrelat haben (eine nicht-sprachliche Handlung vollziehen wir gerade nicht, indem wir eine sprachliche Äußerung machen), ist das, was im Beobachtungsprotokoll als relevantes Datum festgehalten wird, immer schon die Beschreibung einer als Handlung intepretierten Aktivität der Interaktionspartner. Um eine Aktivität als Handlung beschreiben zu können, muss die Aktivität also intentional gedeutet werden, d.h. sie ist, wie Anscombes (1957) es pointuiert formuliert, intentional ‚unter der gewählten Beschreibung', die sie als in dieser oder jener Weise intentional interpretiert.

Selbst wenn die Erfassung solcher ‚Daten' entsprechend standardisiert werden kann, indem z.B. ein Katalog von Handlungsmustern vorgegeben wird, impliziert selbst die schlichte ‚Zuordnung' einer beobachteten Aktivität die interpretative kategoriale Entscheidung, dass eine Handlung nach diesem oder jenem Muster zu verstehen ist. Da die im Protokoll beschriebenen nicht-sprachlichen Handlungen letztlich für das Verständnis der sprachlichen Äußerungen, also für die Analyse des eigentlichen verbalen Dialogs relevant sein sollen, muss ihre (mögliche) Relevanz ein Selektionskriterium dafür sein, was dokumentiert wird und was nicht. Dies wiederum bedeutet, dass auch die sprachlichen Äußerungen bereits in der Erhebungssituation mehr oder weniger spontan in ihrem Zusammenhang mit entsprechenden nicht-sprachlichen Handlungen verstanden werden müssen. Bereits die Phase der Datenerhebung involviert also notwendigerweise interpretative Prozesse bzw. ein spontanes Verständnis sprachlicher wie nicht-sprachlicher Handlungen und ihres Zusammenhangs. Sie ist mithin kein mechanisches, sondern ein interpretatives, Daten konstituierendes Verfahren.

Zwischen Datenerhebung, Datenaufbereitung und Dateninterpretation verläuft an keiner Stelle eine strikte Trennung von nicht-interpretativen und interpretativen Phasen des Forschungsprozesses. Vielmehr müssen die genannten Teilprozesse als stufenweise Explikation, Reformulierung, Modifizierung und vor allem Koordinierung unseres Verstehens stets aufeinander beziehbar bleiben. Vom Standpunkt der zeitlich jeweils nachfolgenden Explikationsstufe ergibt sich allerdings das Problem, dass das jeweils vorgängige Verständnis in dem Maße nur noch ‚retrospektiv' verfügbar ist, in dem die ursprünglich in die Handlunsgsituation eingebetteten, ein bestimmtes Situationsverständnis quasi insinuierenden Elemente des sozialen Feldes sich tendenziell von der Situation ablösen und mehr oder weniger verselbständigen bzw. schlicht nicht mehr verfügbar sind. So wird Datenaufbereitung und Dateninterpretation wesentlich zu einer Datenintegration, die analog zum Begriff der ‚retrospektiven Beobachtung' bei Schwartz und Schwartz (1955) als der Versuch verstanden kann, „to re-create the social field […]

in all ist dimensions, on a perceptual and feeling level“ (345). Dies ist zwangsläufig ein retrospektiver Prozess:

> Since not all aspects of an event are observed simultaneously, the ‚filling out’ or bringing into awareness of the components of an event, as well as the field within it took place, becomes unavoidably a retrospective process (Schwartz/ Schwartz 1955, 344).

In diesem datenintegrierenden, das ‚Feld’ retrospektiv neu erschaffenden Prozess können die vorhergehenden Daten zwar ggf. unverändert aufrechterhalten werden, es können aber auch

> signifikante Aspekte des Ereignisses zum Vorschein kommen, die vorher übergangen wurden; und Verbindungen zwischen Segmenten des Ereignisses und zwischen diesem Ereignis und anderen können sichtbar werden, die vorher nicht erkannt wurden (Cicourel 1964; 1970, 72).

Diese im Hinblick auf soziologische Daten getroffene Feststellung gilt gleichermaßen für die Beschreibung von Dialogen. In der verstehenden Rekonstruktion der komplexen Dialog- und Interaktionssituation, in der fortschreitenden Analyse etwa des Zusammenhangs von zeitlich nicht unmittelbar aufeinander folgenden Dialogsequenzen, in der fortschreitenden Explikation von (alternativen) Verstehenshypothesen und deren argumentativer Absicherung liegt das methodische Potential der Dialoganalyse. Sie basiert auf einem vorgängigen, mehr oder weniger spontanen (impliziten) Verständnis zunächst einzelner Äußerungen oder unmittelbar zusammenhängender Sequenzen. In der methodischen, hermeneutischen Rekonstruktion wird versucht, ein zunehmend explizites und argumentativ plausibel zu machendes Verständnis zu erzielen. Es wird eine Beschreibung des Dialogverlaufs entwickelt, deren Leistung vor allem darin besteht, dass sie uns Möglichkeiten aufzeigt, einen Dialog in dem Sinn ‚besser' zu verstehen, dass die Gewissheit und ursprüngliche Sicherheit unseres spontanen Verstehens gewissermaßen ‚destruiert' wird und an ihre Stelle methodisch begründete Verstehensalternativen gesetzt werden können.

‚Verstehen' und ‚Beschreiben' sind hier also in dem Sinn aufeinander bezogen, dass ‚Beschreiben' als systematische, methodisch reflektierte Explikation und argumentative Entfaltung eines (möglichen) Dialogverständnisses begriffen wird. Während ein spontanes Dialogverständnis Ausgangspunkt des als Interpretationsprozess verstandenen Beschreibens ist, ist ein im Sinn der Entfaltung (und Begründung) alternativer Verstehenshypothesen durch explizite Beschreibung gewonnenes Dialogverständnis eines der möglichen Ziele der Dialoganalyse. Damit ist freilich noch nicht geklärt, wie diese Form des Argumentierens im Zusammenhang der Beschreibung von Dialogen konkret aussehen kann, in welcher analytischen Begrifflichkeit sie geleistet werden kann und in welcher Weise sie über die Verfahren traditionell philologischer Textexegese hinausgehen kann bzw. muss. Da dies alles letztlich abhängig ist von den jeweiligen Zielen der Dialoganalyse und den jeweils gewählten konkreten analytischen Verfahren, konnten wir auf der Ebene allgemeiner methodologischer Reflexion zunächst nur auf die grundlegende Involvierung von Verstehens- bzw. Interpretationsprozessen hinweisen, die, unabhängig vom konkreten methodischen Vorgehen, bei jeder Art von Dialoganalyse, insbesondere allerdings bei der Analyse authentischer Dialoge, in Rechnung zu stellen sind.

Probleme der Transkription

Der skizzierte Zusammenhang von Datenerhebung, Datenaufbereitung und Dateninterpretation wird besonders virulent bei der Verschriftung authentischer (mündlicher) Dialoge. In der Literatur besteht Übereinstimmung darin, dass die Analyse gesprochener Sprache zwar auf entsprechenden Tonaufnahmen basieren muss, dass jedoch die „Tonbandaufnahmen selbst keine geeignete Grundlage für eine praktikable sprachwissenschaftliche Analyse sein können“ (Schank/Schoenthal 1976, 19). Erst die Verschriftung (Transkription) des auf Tonträger gespeicherten Dialogs ermöglicht die

> Überschaubarkeit des Textes als Ganzem, den Rückbezug auf frühere Stellen, den Vorausverweis auf Späteres, die beliebig lang ausdehnbare Beschäftigung mit einer Gesprächsstelle (Ramge 1978, 24).

Mit Hilfe verschiedener Verschriftungsverfahren (Transkriptionssysteme), die als spezifisches Instrumentarium zur ‚Aufbereitung’ verbaler, im weiteren Sinn aber auch zur Dokumentation nonverbaler Daten, verstanden werden können, wird versucht, ein für die je spezifischen Analysezwecke aussagefähiges Transkript zu erstellen. In eher traditionellen, phonetisch-phonologischen oder dialektologischen Analyseansätzen, die in der Regel mit monologischen, in mehr oder weniger standardisierten (Labor-)Situationen elizitierten Sprachdaten arbeiten, werden in der Regel standardisierte Notationsverfahren zur schriftlichen Repräsentation lautsprachlicher Phänomene verwendet (phonetische oder phonologische Umschrift, International Phonetic Alphabet (IPA)), wie sie etwa aus zweisprachigen Wörterbüchern bekannt sind. Daneben findet in der dialektologischen Tradition eine am schriftsprachlichen Alphabet und an der Orthographie orientierte sog. literarische Umschrift Verwendung (Zwirner/Bethge 1958), wie sie in der einen oder anderen Form auch den meisten dialoganalytisch orientierten Transkriptionssytemen zugrunde liegt. Daneben wird gelegentlich auch versucht, in einer Art popularisierter phonetischer

Umschrift die lautlichen Eigenheiten gesprochener Sprache wiederzugeben, wie z.B. in Mundartdichtungen. Die Verwendung einer normativ orthographischen Schrift scheidet für gesprächsanalytische Zwecke in der Regel aus, da sie weder lautgetreu, noch konsequent genug hinsichtlich der Laut-Buchstaben-Korrespondenz ist.

Die angesprochenen Möglichkeiten der Verschriftung sind zunächst im Hinblick auf die Repräsentation der rein verbalen Daten, dann aber auch im Hinblick auf die Erfassung para- und nonverbaler Daten zu beurteilen. Hier wie dort scheint sich der Transkribent in einem Dilemma zu befinden. Einerseits fühlt er sich den Ansprüchen wissenschaftlicher Exaktheit verpflichtet, so dass er die erhobenen Gesprächsdaten per Transkription möglichst exakt in ihrer phonetischen Realisierung erfassen möchte. Andererseits soll die Transkription jedoch für die scientific community und ggf. auch für interessierte Laien ‚lesbar' und auch einigermaßen ökonomisch zu erstellen sein. Beide Ansprüche dürften kaum gleichzeitig optimal realisierbar sein, da die präzisen Transkriptionen relativ schwer lesbar und die lesbaren nicht präzis genug zu sein scheinen. Die Wahl eines Systems mit einem mittleren Differenzierungsgrad wird daher gelegentlich als Kompromiss vorgeschlagen. Tatsächlich ist für ‚Genauigkeit' oder ‚Präzision' kein absolutes Maß vorgegeben.

So sollte die Datenaufbereitung zwar einer Reihe grundlegender Anforderungen an Verlässlichkeit gerecht werden, letztlich ist sie jedoch daran zu messen, inwieweit sie je spezifischen Anforderungen gerecht zu werden vermag, wie sie sich aus den spezifischen Fragestellungen und Beschreibungszielen der jeweiligen Analyse ergeben. (Einen Überblick über verschiedene Transkriptionsverfahren geben u.a. Ehlich/ Switalla 1976 sowie Schaeffer 1979; vgl. auch Brinker/ Sager 1989, sowie Henne/ Rehbock 1982.)

Transkriptionssysteme ermöglichen über die Transliteration der rein verbalen Daten hinaus in der Regel auch die

Repräsentation weiterer für die Analyse/ Interpretation der verbalen Interaktion relevanter non-verbaler Daten. So werden innerhalb des transkribierten Textes etwa Pausen, nichtmorphemisierte Äußerungen (Lachen, Husten etc.), Dehnungen, Emphasen, Sprechgeschwindigkeit, Stimmlage, Intonation u.ä. notiert, soweit diese Daten von grundsätzlicher Bedeutung sind oder für den spezifischen Analysezweck für relevant gehalten werden. Da in dieser Phase der Datenaufbereitung in besonderem Maße interpretative Vorentscheidungen getroffen werden – die Relevanz eines ‚Datums' kann ja im Grunde erst die Analyse erweisen -, sollte man hier unter Abwägung des Arbeitsaufwandes die erhobenen Daten möglichst nicht allzu selektiv repräsentieren, und auch technisch bedingte Auslassungen (Abhörschwierigkeiten) kenntlich machen. Glaubt man schon in der Transkriptionsphase antizipieren zu können, welche Daten für die Analyse tatsächlich benötigt werden, läuft man Gefahr, zirkulär zu argumentieren, d.h. ein bestimmtes Anlayseergebnis bereits dadurch zu insinuieren, dass man die Datenrepräsentation (unbewusst) auf die erwartete Interpretation ‚zuschneidet'.

Die Interpretativität des Prozesses der Datenaufbereitung mithilfe verschiedener Transkriptionsverfahren führt zwangsläufig zu einer Reduktion der als Tonaufnahme vorhandenen Datenbasis (‚Datenverlust'). Diese Reduktion ist hier jedoch nicht mechanisch bedingt, sondern durch interpretative Entscheidungen, die stets auch zum Gegenstand methodischer bzw. hermeneutischer Reflexion werden müssen. So zeigt sich die prinzipielle Gebundenheit der Aufbereitung von Gesprächsdaten an das Verstehen der zu transkribierenden Äußerungen bereits bei der schlichten Wiedergabe des Wortlauts. Diese ist ebenso wie die Notation der intonatorischen Merkmale, die Identifikation der Sprecher usw. nicht zuletzt davon abhängig, wie wir eine Äußerung im gegebenen Kontext verstehen. Insbesondere bei akustisch schwer identifizierbaren Äußerungsteilen ‚hört' der

Transkribent letztlich das, was ihm aufgrund des jeweiligen Handlungskontextes, soweit ihm dieser bekannt ist, am wahrscheinlichsten erscheint. Somit ist bereits die akustische Identifikationsleistung u.U. ein Vorgriff auf ein noch nicht expliziertes Verständnis der betreffenden Äußerungsteile, die zugleich auch noch segmentiert werden müssen. Dies wird besonders deutlich, wenn im Dialog selbst, etwa durch Rückfragen, ein (z.B. akustisches) Missverständnis thematisiert wird. Nehmen wir an, uns läge folgende Transkription vor:

A	können Cowboys springen?
B	rennen?
A	nee springen

Was hat der Transkribent hier eigentlich verstanden? – Hat er anders als Partner B bei der ersten Äußerung von A springen bereits lautlich richtig identifiziert? Oder hat er erst nach der kommunikativen Klärung des akustischen Missverständnisses durch die Partner selbst in der ersten Äußerung springen transkribiert, nachdem er zunächst (wie Partner B wohl auch) rennen verstanden hatte? Kann er ein solches akustisches Verstehensproblem und dessen Lösung in der Transkription überhaupt angemessen repräsentieren? (Vgl. dazu Biere 1978, 30ff.) Diese Problematik zeigt einmal mehr, dass es sinnvoll ist, schon auf der Ebene des Hörverstehens zwischen Partnerverstehen und Beobachterverstehen zu unterscheiden, und das Partnerverstehen, soweit es im Dialog selbst thematisch wird, für die weitere Spezifizierung oder Modifikation des Beobachterverstehens zu nutzen. Noch deutlicher wird die Involvierung interpretativer Prozesse bei der Repräsentation nonverbalen Verhaltens oder Handelns, wie es in allen dialoganalytischen Transkriptionssystemen seinen Platz hat.

Jedes Transkript ist ein vorläufiges Produkt und damit, nicht zuletzt aufgrund seiner Interpretativität, offen für

Spezifikationen und Modifikationen, die sich aufgrund fortschreitender Analyse oder aufgrund von wiederholtem ‚Einhören' in die Bandaufnahme ergeben. Deshalb ist ein Transkriptionsformular stets so zu gestalten, dass zusätzliche Informationen, sofern sie in der Analyse relevant werden (und noch rekonstruierbar sind), ggf. nachgetragen werden können.

Ob sich ein gewähltes Verfahren bewährt, zeigt sich letztlich erst in der Phase der eigentlichen Dateninterpretation, auf die die Datenaufbereitung zwar bereits vorgreift, die jedoch durch die Art der Datenaufbereitung nicht bereits determiniert sein darf. Analytische Umorientierungen müssen also immer noch auf die Transkription zurückwirken können, so dass sich im Idealfall eine Wechselwirkung von Datenaufbereitung und -interpretation ergeben kann. In diesem Sinn ist die Gesamtanlage des Transkripts bzw. eines Transkriptionsformulars nicht nur eine gestaltungstechnische Frage des Layouts. Denn mit der Gesamtanlage ist bereits festgelegt, welche Art von Daten in welcher Form an welcher Stelle erfasst werden kann.

Von entscheidender Bedeutung für die Transkription authentischer dialogischer Äußerungen war schließlich die Entwicklung der sog. Partiturnotation. Diese findet heute fast durchgängig Verwendung bei Gesprächen mit mehr als zwei Teilnehmern, bei häufigem Sprecherwechsel und vor allem bei häufigem parallelem Sprechen der Partner. (Ein Beispiel für die Partiturnotation ist die von Ehlich/ Rehbein 1976 vorgeschlagene ‚Halbinterpretative Arbeitstranskription' (HIAT). Zur Diskussion von sog. *Textnotation* und *Partiturnotation* siehe auch Brinker/Sager 1989, 39-46.)

Qualitative und quantitative Analyse

Ein möglicher Einwand gegen die hier vorgeschlagene hermeneutisch reflektierte Beschreibung von Dialogen könnte sein, dass die geforderte argumentative Explikation von Verstehenshypothesen so aufwändig ist, dass auf diese Weise nur einzelne Dialoge, vielleicht sogar nur ausgewählte Sequenzen beschrieben werden können, nicht aber globalere Muster oder Strategien, die für bestimmte Typen von Dialogen konstitutiv sind. Wir könnten so zwar zu mehr oder weniger reflektierten mikrostrukturellen, jedoch nicht zu makrostrukturellen Analysen gelangen, deren Ergebnisse soweit generalisierbar wären, dass wir Aussagen über Verfahren der Konstituierung von Dialogtypen, über Ablaufmuster und Strategien der Dialogsteuerung machen könnten. Wir könnten somit nur konkret abgelaufene Prozesse, nicht aber die diesen zugrundeliegenden abstrakteren Prozeduren, Regeln oder Strategien beschreiben. Denn dazu müssten größere Datenmengen herangezogen werden, die mit der vorgeschlagenen Art hermeneutischer Reflexion schlechterdings nicht zu bewältigen wären. Auch liege der Auszeichnung solcher Analysen als ‚exemplarisch' kein hinreichend objektivierbares Selektionskriterium zu Grunde. Was exemplarisch sein könne und was nicht, zeige sich schließlich erst in der Analyse größerer Datenmengen. Insofern könnte man mit einigem Recht behaupten, ein unser jeweiliges Verständnis an Fallbeispielen explizierendes Verfahren sei im Grunde nicht mehr als eine Heuristik, um überhaupt zu relevanten analytischen Fragestellungen zu gelangen, unter denen dann größere Datenmengen (ggf. auch quantitativ) zu untersuchen wären.

Es ist natürlich nicht zu bestreiten, dass Dialoganalyse nicht grundsätzlich auf die Analyse von Fallbeispielen beschränkt bleiben muss. Es hat sich aber beispielsweise in der Sozialisationsforschung durchaus gezeigt,

> daß die latenten Sinnstrukturen der sozialisatorischen Interaktion nur durch eine extensive Strukturinterpretation und Sinnauslegung beobachteter Interaktionen sichtbar gemacht werden können [...]. Die sozialisatorische Interaktion läßt sich weder elementaristisch, unter verhaltenstheoretischem Ausschluß der Kategorie Sinn beobachten oder vermessen noch befragen oder psychometrisch testen, sie kann nur beobachtet und als ‚protokollierter Text' einer ihre Bedeutungsmöglichkeiten aufschließenden Sinninterpretation unterzogen werden (Oevermann et al. 1975, 373).

Die Fallanalyse wird damit zum Paradigma qualitativer Sozialforschung. Zwar zielt sie durchaus darauf ab, zu einer über den einzelnen Fall hinausweisenden Analyse sozialisatorischer Prozesse zu gelangen, ein wirklicher Erklärungsansatz kann dabei jedoch nur aus der (exemplarischen) Analyse sozialisatorischer Interaktion gewonnen werden.
Für die linguistische Dialoganalyse ergibt sich hieraus u.a. die Notwendigkeit einer Neubestimmung des Verhältnisses von quantitativer und qualitativer Analyse. Wenn wir unsere ‚Daten' als qualitative Daten charaktersisiert haben, d.h. als ‚Daten', die als Ergebnis sozialen Handelns intentional hervorgebracht werden und nicht auf ‚Verhaltensdaten' reduzierbar sind, schließt dies eine quantitative Analyse zwar nicht aus, relativiert sie jedoch in einem entscheidenden Punkt: Wenn wir etwa daran interessiert sind, welche Sprechakttypen charakteristisch sind für die Dialogeröffnung, für die Übernahme des turns, für die ‚Steuerung' des Dialogs, für bestimmte Strategien der Durchsetzung von Gesprächszielen, für die Herstellung von Konsens usf., so ist das, was wir zählen, nämlich das Vorkommen bestimmter Sprechakttypen, immer schon Ergebnis einer vorgängigen interpretativen, mithin qualitativen Analyse.

Wir müssen sprachliche Äußerungen als Realisierungen eines bestimmten Sprechaktes oder sprachlichen Handlungsmusters ‚identifizieren', wobei wir in einem ‚abduktiven' Schlussverfahren Regelhypothese und Regelbefolgung zugleich ‚erfinden' (oder im Sinne des Schleiermacher'schen Divinationsbegriffs ‚erraten'), um ein Äußerungsresultat als ‚Fall', d.h. als Befolgung der hypostasierten Regel deuten zu können. Solche interpretativen Entscheidungen basieren zwar auch auf vorgängigem ‚Regelwissen', aber selbst dann bleibt die Entscheidung, dass ein Äußerungsresultat als Handeln nach dieser Regel zu verstehen ist, ein interpretativer, nicht mechanisierbarer Akt, in dem einerseits Schemata aktiviert und andererseits sprachliche ‚Daten' gleichzeitig als ‚Instantiierung' dieser Schemata gedeutet werden (Abduktion).

‚Zählbar' scheinen dagegen vorderhand solche Merkmale sprachlicher Äußerungen zu sein, die vor-interpretativ indentifizierbar sind und als Indikatoren für den Vollzug bestimmter sprachlicher Handlungen angesehen werden können. So können gerade auch quantitative Analysen heuristische Funktion in dem Sinn haben, dass etwa ein gehäuftes Vorkommen bestimmter Äußerungsmerkmale eine indikatorische Funktion für bestimmte Interpretationshypothesen haben könnte, die mich überhaupt erst auf den Gedanken bringt, dass hier möglicherweise eine interpretationsrelevante Korrelation bestehen könnte.

Wenn andererseits die qualitative Entscheidung, eine bestimmte sprachliche Äußerung als Realisierung einer bestimmten Art von sprachlicher Handlung zu zählen, als heuristisch im Hinblick auf die quantitative Datenauswertung gesehen worden ist, zeigt sich, dass eine grundsätzliche Trennung von Heuristik und Analyse hier insofern obsolet ist, als die Frage, was zur Heuristik und was zur Analyse gehört, stets abhängig ist von dem jeweils angenommenen Ziel der Dialoganalyse.

Wie auch immer man sich entscheidet, so hat man es doch, wenn auch unterschiedlich gewichtet, an irgendeiner Stelle im Prozess der Dialoganlayse letztlich immer mit dem Verstehen sprachlicher Äußerungen zu tun, d.h. mit einer ‚Datenbasis', in deren Konstitution bereits qualitative, interpretative Entscheidungen eingegegangen sind, gleichgültig, ob man die ‚eigentliche' Analyse in qualitativen oder in quantitativen Parametern fortführt.

(Erstveröffentlichung in: *Handbuch der Dialoganalyse*. Hrsg. von G. Fritz und F. Hundsnurscher. Tübingen: Niemeyer, 1994, 155-175).

2 Sprachwissenschaft als verstehende Wissenschaft

Verstehende Wissenschaft und Verstehenswissenschaft

Die Frage nach angemessenen Methoden linguistischen Arbeitens ist nicht zuletzt eine Frage danach, in welcher Weise wir unsere Gegenstände auffassen, also theoretisch konzeptualisieren. Je nachdem, ob ich Sprache auffasse als ein System generativer Regeln, oder ob ich Sprache auffasse als ein nicht nur Welt repräsentierendes, sondern konstituierendes Medium; je nachdem, wie ich den Begriff des sprachlichen Zeichens oder den Zusammenhang von langue und parole verstehe, ob ich einen statischen oder einen dynamischen Zeichen- und Sprachbegriff zugrunde lege, ob Sprache mich als historisches Phänomen, als soziales oder systemhaftes Gebilde, als individueller Sprachbesitz oder als überindividuelles Medium der Kommunikation interessiert, immer ist es eine bestimmte Sicht auf den Gegenstand Sprache. Eine Sicht oder Perspektive, unter der der scheinbar objektiv gegebene und identische Gegenstand jeweils in einem anderen Licht erscheint, im Licht der jeweiligen Sprachauffassung, der jeweiligen Theorie, unter der ich ihn betrachte, im Licht des jeweiligen (Erkenntnis)interesses.

Ein solcher „Perspektivismus" verweist auf „Unterschiede", macht sie sichtbar: Alterität, Pluralität, Heterogenität – wir verfügen über ein ganzes Feld von Begriffen, um ‚Differenz' sichtbar zu machen und in unterschiedlichen theoretischen Perspektiven zur Geltung zu bringen, aber auch praktisch damit umzugehen vom interkulturellen Lernen bis hin zum ‚diversity management` (vgl. Liebert 2003). Auch die Frage nach dem Verstehen lässt sich in diesem begrifflichen Kontext, im Spannungsfeld von Differenz und Identität, verorten. Wenn ich den weit gespannten Diskussionszusammenhang, in dem die Beziehung von Identität und Differenz philosophiegeschichtlich thematisch wird, hier auch nur andeuten kann, so möchte ich doch die Frage, wie Sprachwissenschaft auf der methodischen Ebene als „verstehende Wissenschaft" und auf der Gegenstandsebene als „Wissenschaft vom (sprachlichen) Verstehen", als „Sprachverstehenswissenschaft", zu begreifen ist, in eben diesem Diskussionszusammenhang zu behandeln versuchen, und damit für die Linguistik einmal mehr den Versuch unternehmen, „am Verstehensdiskurs anderer Verstehenswissenschaften verstärkt teilzunehmen", wie Hermanns/Holly (2006, 491) in ihrer Zusammenfassung der Sektion „Linguistische Hermeneutik" des letzten Münchener Germanistentages 2004 fordern. Dabei geht es mir nicht um eine linguistische Neuauflage des „Positivismusstreits", der in der deutschen Soziologie in den 60-er Jahren des 20. Jahrhunderts als Streit zwischen Neopositivisten/ Kritischen Rationalisten auf der einen und Vertretern der Frankfurter Schule, der „Kritischen Theorie" auf der anderen Seite diskursiv inszeniert worden ist, sondern schlicht darum zu zeigen, dass Sprache und Kommunikation in einer bestimmten Perspektive Gegenstände sprach- und kommunikationswissenschaftlicher Forschung sind, über die wir in einer „Linguistik des Sinns" (Coseriu 1980) nur dann etwas Bedeutsames sagen können, wenn wir uns ihnen (i) mit verstehenden Methoden zuwenden und (ii) das Sprachverstehen der an einer Kommunikation Beteiligten wie unser je eigenes Sprach- bzw. Sinnverstehen als Sinn-Konstruktionen thematisieren und kritisch reflektieren. Im ersten Sinn ist die Linguistik eine „verstehende Wissenschaft", im zweiten Sinn ist sie eine Wissenschaft vom Verstehen, genauer: vom „Sprachverstehen" (Hermanns/Holly 2006, 491).

Sisyphos

Das Verstehen und Interpretieren (von Texten) hat eine lange, eher literatur- als sprachwissenschaftliche Tradition, nämlich in der Hermeneutik. Und seit einigen Jahrzehnten ist das Sprachverstehen bzw. das Verstehen von Texten, wenn auch nicht in einem historisch-hermeneutischen, philologischen Kontext, fast zu so etwas wie einem Forschungsprogramm geworden: in den Kognitionswissenschaften und in der Künstlichen-Intelligenz-Forschung, in einer konstruktivistischen oder auch dekonstruktivistischen Deutung von Verstehensprozessen, und schließlich auch im Kontext interkultureller Verständigung. - „Ein weites Feld“ also. Oder gar eine „unendliche Geschichte“? Mindestens eine „unendliche Aufgabe“. Als solche nämlich hat Friedrich D. Schleiermacher im 19. Jahrhundert das Verstehen charakterisiert. Ob es uns gefällt oder nicht, wir fangen immer wieder neu, wenn nicht von vorn damit an. Heißt das aber, wir erreichen nie das Ziel? Und wäre das Verstehen dann nicht eine Sisyphos-Arbeit? Oder ist es überhaupt keine „Arbeit“, „geschieht“ es uns einfach (vgl. Wittgenstein 1967, § 150ff.)? - Lassen wir uns nicht entmutigen: Wir nähern uns dem Ziel durchaus immer mehr an, ohne es allerdings jemals definitiv zu erreichen. Jedes Verstehen ist „approximativ“. Aber das reicht ja vielleicht schon. Vielleicht in diesem Sinn schreibt Albert Camus in seinem Sisyphos-Essay: „Wir müssen uns Sisyphos als einen glücklichen Menschen vorstellen“ (Camus 1960, 158).

Ob dies die Basis einer Philosophie des Scheiterns, des Absurden oder des Glücks ist, was hat das mit Sprachwissenschaft zu tun? Nun: Unsere linguistisch-hermeneutische Frage ist, wie wir es schaffen können, die „unendliche Aufgabe“, nicht nur Sprache zu verstehen, sondern auch noch ‚Verstehen’ zu verstehen, zu bewältigen. - Brauchen wir dazu eine „linguistische Hermeneutik“ als neue linguistische

Teildisziplin, wie es Hermanns (2003) gefordert hat oder brauchen wir eine „hermeneutische Linguistik“, für die bereits Jäger (1975) eingetreten ist, oder brauchen wir beides im Kontext einer „radikalen Hermeneutik“ im Verbund mit Rhetorik und Dialektik, wofür ich plädiere (s. Biere 2006, 505f.). Da ein solches Programm theoretisch bzw. historisch nicht voraussetzungslos ist, müssen wir uns natürlich auch fragen, aus welchen Strängen der sprachphilosophischen und hermeneutischen Tradition heraus sich ein solches Programm (historisch) begründen ließe?

Meinen und Verstehen

Wenn wir verstehen wollen, was Menschen meinen, wenn sie etwas Bestimmtes sagen, etwas auf diese oder jene Art ausdrücken, dann kommen wir mit deduktiven Verfahren nicht weit, weil es zwar Regelhaftes sein mag, aber nichts Natur-Gesetzmäßiges, dem Menschen in ihrem (auch sprachlichen) Handeln folgen, wohl auch nicht den „Gesetzen“ der menschlichen Natur. Wir hören oder lesen, was Menschen sagen oder schreiben und wir glauben zu wissen, was damit gemeint ist, d.h. wir glauben es (richtig) zu verstehen. In der Regel ziehen wir Schlüsse, bilden Inferenzen oder Analogien. Und auch dabei haben wir durchaus das Gefühl, etwas zu verstehen, zumindest das Nötigste, um unsere kommunikativen Ziele auch unter widrigen Umständen einigermaßen adäquat erreichen zu können. Das gilt in der Regel auch dort, wo wir uns in einer fremden Sprache und Kultur bewegen, in der wir ohne wenn und aber, jedoch mit bitte und danke und ja und nein erstaunlich gut klarkommen, auch wenn wieder einmal niemand Deutsch spricht, wir also offensichtlich nicht auf Mallorca sind.

Wenn ich in Polen ein Bier, piwo, bestelle, weiß die Bedienung zwar sofort, was ich will (auch wenn sie vielleicht meine polnische Aussprache etwas seltsam findet), aber es gibt weiteren Klärungsbedarf. Welche Marke? Verstehe ich nicht? Sie nennt eine. Verstehe ich. *Zywiec? - Tak.* Was jetzt noch? Kopfschütteln. Versteh ich nicht. Sie zeigt es mit den Händen. Aha, ein großes oder kleines. Das bekomme ich geregelt, ohne irgendetwas von dem „verstanden" zu haben, was die Bedienung gesagt hat. Ich habe es geraten:

> Wer in ein fremdes Land kommt, wird manchmal die Sprache der Einheimischen durch hinweisende Erklärungen lernen, die sie ihm geben; und er wird die Deutung dieser Erklärungen oft raten müssen und manchmal richtig raten, manchmal falsch raten (Wittgenstein 1967, § 32).

Aber ich habe auch „verstanden", dass es Fragen waren, auf die die Bedienung eine Antwort erwartete, um die Bestellung zu meiner Zufriedenheit ausführen zu können. Die (Schein-)Kommunikation funktioniert, weil wir das Skript kennen für die in der Fremdsprache zunächst sehr komplex erscheinende (sprachliche) Handlungsfolge ‚ein Bier bestellen'. Aber es ist nicht der Bestellvorgang an sich, der besonders komplex wäre. „Komplex" ist letztlich auch nicht die im engeren Sinn sprachliche Realisierung. Sie erscheint uns nur dann als komplex, wenn wir die betreffende Sprache nicht beherrschen, sie uns ‚fremd' ist. Aber vielleicht müssen wir nicht unbedingt die Wörter verstehen. (Bei den Durchsagen auf deutschen Bahnhöfen verstehe ich meistens auch nicht viel mehr als auf polnischen.) Vielleicht habe ich also gerade in dem Moment „verstanden", in dem mir klar wurde, dass ich nicht die Wörter „verstehen" musste, um kommunikativ erfolgreich zu sein. Ich musste verstehen, nach welchem Muster oder Skript eine bestimmte Art von Kommunikation abläuft. Wenn das Skript ähnlich ist, wie das uns für diese Art von Situation bekannte, dann funktioniert es, wenn es uns zudem noch gelingt, die Frage-Antwort-Kommunikation auf Entscheidungsfragen zu beschränken, wir also nur mit ja oder nein antworten müssen.

‚Verstehen' verstehen

Wollen wir linguistisch beschreiben, wie es einem Partner A in einer fremden Sprache und Kultur gelingt, ein Bier zu bestellen, wie es ihm gelingt, sein kommunikatives Ziel zu erreichen, obwohl er kaum ein Wort in der fremden Sprache spricht und versteht, so fragen wir uns als Beobachter, wie die Kommunikationspartner – hier also (muttersprachige) Bedienung und (fremdsprachiger) Gast – ihre kommunikativen Züge wechselseitig verstehen, welche Verstehenshypothesen sie machen und wie sie „unter diesen Hypothesen" welche weiteren Handlungsschritte anschließen. Wir sehen aber vielleicht auch, wo sie sich eventuell nicht verstehen oder missverstehen, und versuchen auch dies zu beschreiben. Wir versuchen also ihr, wie ich es nennen möchte, „Partnerverstehen" zu rekonstruieren. Genau dies ist ein wesentlicher Aspekt der Beschreibung von Kommunikationen: zu verstehen, wie sich die Partner verstehen, ‚Verstehen' zu verstehen.

Unbeteiligt-Sein ist dabei zwar einerseits entlastend und scheint fast der Garant für so etwas wie „Objektivität" zu sein, andererseits schränkt es unseren „Zugang" zum Partnerverstehen aber auch erheblich ein. Allerdings können wir als Beobachter und Beschreibende die kommunikativen Züge ex post besser überblicken als die in die Kommunikationssituation eingebundenen Partner. Wir können retrospektiv vorausschauen, d.h. wir wissen, wie es weitergeht bzw. weitergegangen ist, „sehen" also ex post mehr, sind aber trotzdem oft unsicher, wie wir es verstehen sollen, d.h. was das überhaupt ist, was wir sehen. So sind wir in gewisser Weise „klüger" und in gewisser Weise „dümmer" als die

Beteiligten. Und dies wohl auch dann, wenn wir uns auf verschiedene Verfahren der teilnehmenden Beobachtung einlassen. Die Aufgabe bleibt letztlich immer, „die Rede zuerst ebenso gut und dann besser zu verstehen als ihr Urheber" (Schleiermacher 1838; 1977, 94). Der Beobachter und Interpret einer Kommunikation versteht „ebenso gut" wie die Partner, wenn er ihr Partnerverstehen (richtig) versteht, und dann „besser", wenn er sein Beobachterverstehen versteht, d.h. dieses begründen und kritisch reflektieren kann. Dazu muss er in der Regel noch einen weiteren methodischen Schritt tun. Er muss für den Zweck der Analyse jene Voraussetzung schaffen, die schon Dilthey (1900) als Bedingung für eine wissenschaftliche Analyse gefordert hat, denn erst wenn die zu verstehende „Lebensäußerung fixiert ist und wir so immer zu ihr zurückkehren können", könne von „Auslegung oder Interpretation" gesprochen werden, d.h. von einem „kunstmäßige[n] Vorgang, in dem ein kontrollierbarer Grad von Objektivität erreicht wird" (Dilthey 1900; 1974, 319). Der Beobachter muss die beobachtete Kommunikation also dokumentieren, sie aufzeichnen, transkribieren, damit er schließlich das tun kann, was den Ausgangspunkt des hermeneutischen Geschäfts bildet: Texte lesen.

Erst wenn wir in diesem Sinn wieder Texte lesen können, sind wir als Beobachter tatsächlich in einer besseren Situation als die Interaktionspartner, erst dann haben wir ein Stück weit jenen Überblick, der den Interaktionspartnern im Eingebundensein in die Kommunikationssituation zwangsläufig fehlt.

Abduktion und Divination

Wer eine solche verstehensorientierte linguistische Analyse von Gesprächen in Angriff nehmen will, hat methodisch sicherlich nicht die Möglichkeit, sein Verständnis einfach aus einer Gesetzeshypothese zu deduzieren. Aber ihm bleiben induktive oder genauer (wie Charles S. Peirce es genannt hat), abduktive Möglichkeiten des Schließens, bei denen gleichermaßen, ja gleichzeitig, induktiv (in der Konstruktion der Regel) und deduktiv (im Akt der Subsumption des Falls unter die Regel) geschlossen wird. Das erscheint zirkulär und ist es auch, im Sinn eben jenes Schlussverfahrens, das Peirce „Abduktion“ nennt:

> Abduction is the process of forming an explanatory hypothesis. It is the only logical operation which introduces any new idea; for induction does nothing but determine a value, and deduction merely evolves the necessary consequences of a pure hypothesis. Deduction proves that something must be; Induction shows that something actually is operative; Abduction merely suggests that something may be (Peirce 1965, 5.171).

Es ist gleichermaßen zirkulär in dem Sinn, in dem wir vom „hermeneutischen Zirkel“ sprechen. Auch aus diesem Zirkel scheint es für Sisyphos keinen Ausweg zu geben. Aber vielleicht eine Art „Ausbruch“. Am Anfang (eines Textes) bedarf es in der Tat jenes „kühnen Entwurfs“, der nach Schleiermacher das „divinatorische“ Moment jedes Verstehens kennzeichnet: Um zu verstehen, was das, was uns zunächst als Einzelnes erscheint als Teil eines Ganzen bedeuten könnte, das wir aber noch nicht kennen, müssen wir dieses Ganze gewissermaßen „erahnen“, hypothetisch antizipieren, „konstruieren“. Daraus leiten wir dann – wiederum hypothetisch konstruierend - ein mögliches Verständnis einer einzelnen Textstelle ab. Auch im Kontext des Divinationsbegriffs bilden wir also die Regelhypothese im gleichen Moment, in dem wir eine Äußerung, eine Textstelle (als Fall dieser Regel) unter sie ‚subsumieren'. In diesem Sinn reflektieren die Begriffe ‚Abduktion' und ‚Divination' das gleiche Problem und auch Peirce umschreibt den Begriff der Abduktion als

„divining“ und als „guesses“ (Peirce 1965, 5.173). Wenn wir diesen divinatorischen Aspekt des Verstehens, letztlich also „Urteilskraft“ im Kant'schen Sinne, in Rechnung stellen, sehen wir, dass weder das (Er)finden der Regel, jener „kühne Entwurf“, noch die Anwendung der Regel auf den Fall eine schlichte „Technik“ ist. Es ist, wie ich unter Bezug auf F. Schleiermacher zu zeigen versucht habe, in einem bestimmten Sinne „Kunst“.

Hermeneutische Tradition

Aus dem Begriff der Divination und dem Moment der Kunstmäßigkeit leitet sich allerdings nicht nur die Staiger'sche, aufgrund des Moments kongenialen Nachvollzugs der Unwissenschaftlichkeit verdächtigte „Kunst der Interpretation“ (Staiger 1951) ab, sondern etwas Substantielleres, das Manfred Frank (1977) in seiner Schleiermacher-Interpretation als das sprachtheoretische Substrat romantischer Hermeneutik freizulegen versucht hat.

Doch nicht nur die romantische Hermeneutik, sondern auch die Aufklärungshermeneutik des 18. Jahrhunderts, ebenso wie die philosophische Hermeneutik des 20. Jahrhunderts, sowie aktuelle konstruktivistische und dekonstruktivistische Ansätze könnten – unter je spezifischen Aspekten - Anknüpfungspunkte für eine verstehende Sprachwissenschaft bzw. für eine Sprachwissenschaft als Verstehenswissenschaft bieten. Werfen wir daher einen kurzen Blick auf die Geschichte der Hermeneutik seit dem 18. Jahrhundert:

Johann M. Chladenius, auf den ich mich als Vertreter der Aufklärungshermeneutik beziehe, hält identisches Verstehen prinzipiell für möglich. Nur einzelne Textstellen, sog. „dunkle Stellen“, sind für einige Leser schwer verständlich, weil ihnen die zum „wahren Verstand“ dieser Stellen notwendigen „Begriffe“ fehlen. Unter „Begriffen“ versteht

Chladenius hier das notwendige (enzyklopädische) Wissen, also z.B. historisches Wissen, das vorausgesetzt werden muss, damit man eine Stelle richtig verstehen kann. – Fehlt dieses Wissen, tritt der Ausleger auf den Plan: er bringt den betreffenden Lesern die fehlenden Begriffe, das erforderliche Sachwissen also, bei und führt die Leser damit zum „wahren Verstand“ dieser Stellen. In diesem Sinn lässt sich die Aufklärungshermeneutik auch als „Stellenhermeneutik“ charakterisieren. Der Ausleger macht die „dunklen Stellen“ verständlich, indem er diese für bestimmte Leser „auslegt“. Das Auslegen ist somit eine individuell didaktische, am Wissen bzw. Nicht-Wissen des jeweiligen Lesers (Schülers!) orientierte Aufgabe der Vermittlung von Wissen, was nicht zuletzt zur Konsequenz hat, dass man sich

> bey der Auslegung nach der Einsicht des Schülers richten, und nach dessen seiner Unwissenheit bald diese bald jene Auslegung gebrauchen“ müsse (Chladenius 1742, § 182).

Friedrich D. Schleiermacher als Vertreter der romantischen Hermeneutik sieht die hermeneutische Aufgabe dagegen primär darin, die grundsätzliche Problematik des Verstehens zu klären, gleichwohl aber auch Anleitung zur (grammatischen wie psychologischen) Auslegung zu geben. Somit ist die Aufgabe der Hermeneutik nunmehr eine doppelte: positiv zum Verstehen anzuleiten, dies aber in der „Analysis des Verstehens“ zugleich als eine „unendliche“ Aufgabe zu erweisen. Als solche ist das Verstehen nun weder beschränkt auf Schrift, noch auf kunstmäßige Rede, erst recht nicht auf einzelne Stellen, Verstehen ist „universal“. Und es hat den Charakter einer „Kunst“, weil es trotz positiver hermeneutischer „Regeln“, die gegeben werden können, nicht auf „Technik“ reduzierbar ist, aus dem schlichten Grund, dass „mit den Regeln nicht auch die Anwendung gegeben ist, d. i. nicht mechanisiert werden kann“ (Schleiermacher 1838; 1977, 81).

Der Auslegungsbegriff, zumindest im didaktischen Sinn des Chladenius, gehört für Schleiermacher nun nicht mehr in die Hermeneutik, sondern in die Rhetorik, denn als adressatenorientierte Vermittlung erzeugt das Auslegen seinerseits wieder rhetorische verfasste Rede. Nur in einem anderen – nicht-rhetorischen, eher epistemologischen Sinn – hat der Begriff des Auslegens noch Platz in der Hermeneutik, nämlich in dem, den H.-G. Gadamer (1965, 380) später auf die prägnante Formel bringt: „Alles Verstehen ist Auslegen".

Hans-Georg Gadamer als Vertreter der philosophischen Hermeneutik des 20. Jahrhunderts begreift das Verstehen seiner Struktur nach als ‚Auslegen': Etwas als etwas zu verstehen, heißt stets, es als etwas auszulegen, indem man es in den gegenwärtigen „Horizont" einrückt. Alles andere wäre ein historistisches Missverständnis. Wir können den zeitgenössischen Horizont (eines Textes) nicht unter völliger Absehung von unserem jeweiligen aktuellen Interesse rekonstruieren, weil uns die Gegenwart prägt und uns ihre Perspektive ein Stück weit „aufzwingt".

Gerade in dem Maße, in dem sich Verstehen hier der aufklärerischen Idee prinzipiell möglicher identischer Konstruktion entzieht, wird es tendenziell „konstruktiv". - Wären dann kognitivistisch-konstruktivistische Theorieansätze vielleicht nur eine (freilich in einer anderen Tradition begründete und dementsprechend anders akzentuierte) Spielart der Hermeneutik? - Für die kognitive Psychologie liefert zunächst der Begriff der Informations- bzw. Textverarbeitung das Grundmodell für „die geistigen Prozesse des Menschen" (Hoppe-Graff 1984, 15). Solange solche „Textverarbeitungsprozesse" jedoch weiterhin als Encodier-, Speicherungs- und Abrufprozesse konzeptualisiert werden (s. ebd.), ist von einer das behavioristische Paradigma ablösenden „kognitiven Wende" noch wenig zu spüren. Solange Begriffe wie ‚repräsentieren' und ‚abbilden' Grundbegriffe einer (orthodoxen) Kognitionswissenschaft darstellen, darf man durchaus

Zweifel hegen, ob die „Vorstellung einer starren Beziehung zwischen Text und Bedeutung" (Engelkamp 1983, 32) wirklich aufgegeben worden ist.

Zumindest die orthodoxe Kognitionswissenschaft ist von ihren Denkmustern zunächst einmal repräsentationistisch. Erst im Rahmen holistischer Konzeptionen wird Verstehen als „ganzheitlicher mentaler Konstruktionsakt" (Schnotz 1985, 16) gesehen. Und aus konstruktivistischer Perspektive schlägt Varela (1993) schließlich vor, Kommunikation nicht mehr als „Übertragung von Information vom Sender zum Empfänger" zu begreifen, sondern „als wechselweise Gestaltung und Formung einer gemeinsamen Welt durch gemeinsames Handeln": Somit ist das „Netzwerk von Sprechakten [...] kein Werkzeug der Kommunikation, sondern das Netzwerk, durch welches wir uns als Individuen selbst definieren" (Varela 1993, 113). Dementsprechend weist auch S. J. Schmidt (1994) die „alltagshermeneutische" Vorstellung zurück, „Verstehen sei Bedeutungsentnahme aus einem Text (bzw. anderen Medienangeboten), und der bedeutungstragende Text determiniere den Verstehensvorgang" (Schmidt 1994, 123). Damit erscheint die Vorstellung einer (quasi authentischen) Rekonstruktion der „Autorintention" auf der Basis einer vermeintlich objektiven Textbedeutung (s. Hirsch 1972) aus konstruktivistischer Sicht ebenso inadäquat wie aus radikal-hermeneutischer.

Identität und Differenz

Die poststrukturalistische oder dekonstruktivistische Perspektive schließlich geht noch einen Schritt weiter. Sie sucht keine „Ausgleichung" mehr zwischen Individuellem und Allgemeinem, zwischen Differenz und Identität, sondern setzt die Differenz primär, wenn nicht absolut, indem sie in der Qualifizierung jedes Verstehens als Missverstehen die

Möglichkeit (richtigen) Verstehens grundsätzlich in Frage stellt: Verstehen' heißt ,anders verstehen'. Eine vergleichbare Konsequenz hatte allerdings bereits Schleiermacher gezogen, als er im Gegensatz zur Aufklärungshermeneutik das Missverstehen als den Regelfall und das Verstehen als ein immer neu zu suchendes, immer nur approximativ zu erreichendes betrachtete. Mit der Unterscheidung einer „laxeren Praxis in der Kunst“ und einer „strengere(n) Praxis“ (Schleiermacher 1838; 1977, 92) gesteht er jedoch immerhin zu, dass es im alltäglichen Verstehen, in der sog. „laxeren Praxis“ ein vormethodisch gewisses, d.h. ein seiner selbst sicheres Verständnis gibt (und wohl auch geben muss). Die „strengere Praxis“ allerdings kann sich nicht mehr damit zufriedengeben, „Mißverstand“ zu vermeiden, sie muss vielmehr davon ausgehen, „daß sich das Mißverstehen von selbst ergibt und das Verstehen auf jedem Punkt muß gewollt und gesucht werden“ (ebd.). Der Unterschied zwischen diesen beiden Praktiken ist darauf zurück zu führen, dass die „laxere Praxis“ von der „Identität der Sprache und der Kombinationsweise in Redenden und Hörenden“ ausgeht, während die „strengere Praxis“ „von der Differenz der Sprache und der Kombinationsweise aus(geht)“ (ebd.). Aber auch das Ausgehen von der Differenz „(muss) auf der Identität ruhen (…)“, auch wenn diese nur „das Geringere“ ist. Genau dies - dass die Identität „nur das Geringere ist“ - entgeht der „kunstlosen Praxis“.

Eine grundsätzliche „Kritik des identifizierenden Denkens“ ist dies jedoch nicht. Schleiermachers Denken zielt durchaus auf das Identische ab, wenn es auch nicht mehr unproblematisch vorausgesetzt wird, wie noch in der Aufklärungshermeneutik. Dagegen zielt das Denken der Differenz „auf das Verschiedene“ ab, das „nicht zurück(zu)führen (ist) auf dasselbe und das Gleichartige“, wie Kimmerle (1992, 15) mit Bezug auf Adornos „Negative Dialektik“ (s. Adorno 1982, 16-18, 34f.) hervorhebt. Wenn das begriffliche

Denken „von sich aus identifizierend“ ist, so „(muß) das Besondere, Nicht-identische (...) durch die Raster dieses Denkens fallen“ (Kimmerle 1992, 16). Adornos Versuch, das identitätsphilosophische Denken zu überwinden, gibt sich freilich dialektisch in dem weiterhin als ‚Philosophie’ gedachten Versuch, „durch den Begriff über den Begriff hinauszugelangen“ (Adorno 1982, 27). Erst Derrida ist nicht mehr - so Kimmerle - „bereit, die traditionelle Begrifflichkeit als etwas Unentrinnbares hinzunehmen“ (Kimmerle 1992, 17). Begrifflos scheint allerdings keine „Philosophie“ mehr möglich, auch keine der Differenz. So kann es nur noch eine Praxis des differenten Denkens geben, eine Praxis der dekonstruktiven Arbeit mit und an Texten.

Ist diese Praxis aber im Ergebnis etwas anderes als eine hermeneutische? Macht Derrida denn z.B. in seiner Rousseau-Interpretation unter der Leitfrage „Was sagt Rousseau, ohne es zu sagen?“ (1967; dt. 1983, 371) etwas anderes als Schleiermacher, wenn dieser die Aufgabe des „objektive(n) und subjektiven Nachkonstruieren(s) der gegebenen Rede“ (Schleiermacher 1838; 1977, 93) als die Aufgabe beschreibt, „’die Rede erst ebenso gut und dann besser zu verstehen als ihr Urheber’“ (ebd., 94)? Auch wenn Derridas Ziel nicht mehr ein „Verstehen im Sinne einer Verschmelzung der Horizonte, sondern das Herausarbeiten der Unterschiede (ist), die nicht erneut in eine Einheit zusammengenommen werden“ (Kimmerle 1992, 52), so sind diese Unterschiede doch nur „Differenzen“ im Hinblick auf etwas identisch Gesetztes, selbst wenn dies „nur“ ein differentielles System ist, in dem alles (negativ bestimmt) seinen „Wert“, seinen Platz im „Spiel der Differenzen“ hat. Aber auch dies ist eben doch ein bestimmbarer Platz, weil in der Sprache – so scheint Schleiermacher bereits de Saussure zu antizipieren – „jedes Element auf eine besondere Weise bestimmbar ist durch die übrigen“ (Schleiermacher 1838; 1977, 80).

Dies muss Sprachwandel keineswegs ausschließen. Was konstant bleibt, ist lediglich das, was von den Kommunikationspartnern und/oder vom Beobachter jeweils als identisch gesetzt, also konstant gehalten wird, wie z.B. jene kontrafaktische Voraussetzung „intersubjektiv identischer Bedeutungszuschreibungen“ (Habermas 1988, 233). Was Habermas hier benennt, ist bei Schleiermacher (in der „Dialektik“) bereits präsent als die idealisierende Unterstellung „eines (wie immer unerreichbaren) Wissens-Ideals“, ohne die es ebensowenig eine „Gewähr für die Intersubjektivität der jeweils diskursiv erzielten Übereinkünfte“ gäbe, wie für die Identität eines Gegenstandes mit sich selbst. Damit wir zumindest glauben zu wissen, wovon wir reden und wovon unsere Partner reden, muss die „Selbigkeit des Gegenstandes, dem divergierende Prädikate zugesprochen werden“ (Frank 1990, 11) unterstellt werden.

Identität muss also in Hermeneutik wie Dialektik in einem je spezifischen Sinn „vorausgesetzt“, damit aber auch „gesetzt“ werden: einmal im Habermasschen Sinn als „intersubjektiv identische Bedeutungszuschreibungen“ und dann im Schleiermacherschen Sinn als eine gemeinschaftliche Vorstellung von einem „Ding als Einheit“, die wir gleichwohl von unterschiedlichen Standpunkten betrachten können, ohne dass dies seine Einheit in Frage stellt. Im Gegenteil: Die verschiedenen Perspektiven sind geradezu konstitutiv für die Einheit eines Dinges, denn wenn

> kein Ding als Einheit anders als in der Totalität seiner Relationen zu verstehen ist, diese sich aber anders gestalten müssen, je nachdem die Position des Menschen gegen die Natur eine andere ist, so müssen auf entgegengesetzten Punkten auch verschiedene Systeme der Erkenntnis stattfinden (Schleiermacher 1812/13; 1977, 383).

In diesem Sinn lässt sich Differenz als eine aus der jeweiligen Perspektive auf den (mit sich selbst) identischen

Gegenstand resultierende begreifen, auch wenn diesem in „verschiedene(n) Systeme(n) der Erkenntnis" divergierende Prädikate zugesprochen werden.

Radikale Hermeneutik

Die Einheit des zu verstehenden oder auszulegenden Gegenstandes, seine Identität, erscheint also in irgendeinem Sinn immer „konstruiert". Entweder vom Beobachter oder von den Beobachteten im Feld selbst. Dabei müssen diese „Konstruktionen" nicht wirklich identisch sein: es sind idealisierende, kommunikativ notwendige wechselseitige Unterstellungen, tentative Sinn-Konstrukte, die gleichwohl aus unterschiedlichen Deutungsperspektiven gewonnen worden sein können.

Diese Einsicht vermittelt uns allerdings nicht erst eine konstruktivistische oder dekonstruktivistische Perspektive auf das Verstehen, sie ist vielmehr bereits angelegt in hermeneutischen Denkweisen, die ich unter dem Begriff einer „radikalen Hermeneutik" zusammenfassen möchte. Eine solche radikal-hermeneutische Position finden wir noch nicht in der Aufklärungshermeneutik, obwohl gerade Chladenius in seiner Geschichtstheorie den Begriff der Perspektive wohl das erste Mal auf die Wahrnehmung und Deutung historischer Ereignisse bezieht, deren „Einheit" oder Identität nunmehr, wie ich zu argumentieren versucht habe, in der Vielfalt differenter Perspektiven auf diese Ereignisse immer wieder neu konstruiert werden muss.

In der Hermeneutik Schleiermachers dagegen lässt sich eine radikal-hermeneutische Idee des Verstehens finden, die einen großen Teil dessen vorwegnimmt, was konstruktivistisch oder kognitivistisch als Konstruktion mentaler Modelle vorgestellt wird. Hermeneutisch fließt diese Vorstellung im Begriff jenes „kühnen Entwurfs" zusammen, mit dem das

Verstehen seinen divinatorischen Anfang nimmt (s.o.). Ein Entwurf, der ein Ganzes vorwegnehmen muss, um die sukzessiv zu verstehenden Teile auf eine Idee projizieren zu können, von der aus diese Teile einen möglichen Sinn als Teile eines hypostasierten Ganzen erhalten – und sei dieses Ganze nur ein einzelner Satz. - Was ist dies anderes als die Vorstellung einer ständigen Wechselwirkung von top-down und bottom-up Prozessen? „Unendlichkeit" und Approximativität des Verstehens lassen es zu einer ständigen Probe werden, wie weit sich ein Verständnis als kommunikativ tragfähig erweist. Und was wir da immer wieder auf die Probe (und damit auch zur Disposition) stellen, sind eben unsere „Konstruktionen" eines Sinns, der in der Materialität des Textes als Möglichkeit aufgehoben scheint. Konstruktionen also eines virtuellen Sinns, den wir nicht schlicht „dechiffrieren" im Sinne der gerade in didaktischen Kontexten gängigen Vorstellung einer „Sinn-Entnahme", sondern den wir immer wieder neu konstruieren. Eine Zeit lang mögen solche Sinn-Konstruktionen durchaus als „identisch" wahrgenommen werden, solange wir uns in einem gemeinsamen Diskurs zu bewegen glauben bzw. uns und andere dies glauben machen wollen. Radikal hermeneutisch ist das Verstehen unabgeschlossen, nicht abschließbar, also konstruktiv. Und so lässt sich Friedrich Schleiermacher auch in der Dialektik-Vorlesung von 1822 einmal mehr konstruktivistisch bzw. „radikal hermeneutisch" lesen:

> Alle Mitteilung über äußere Gegenstände ist ein beständiges Fortsetzen der Probe, ob alle Menschen ihre Vorstellungen identisch konstruieren (in: Schleiermacher 1977, 460).

Im Kontext des Unendlichkeits- und Approximativitätstopos, im „beständige(n) Fortsetzen der Probe", bleibt die hypostasierte Identität genau das, was sie ist: eine kontrafaktische (gleichwohl kommunikativ notwendige) idealisierende

Annahme. Wir halten voller Hoffnung inne, und in diesem Moment des Innehaltens scheint nicht nur die romantische Sehnsucht auf, das individuelle Bewusstsein des Anderen irgendwann doch noch verstehend erreichen zu können, sondern auch die Verzweiflung, es niemals zu schaffen. „Wir müssen uns Sisyphos als einen glücklichen Menschen vorstellen". Genau dieser Moment des Innehaltens, in dem er begreift, dass die Hoffnung eitel ist, „vollendet gleichzeitig seinen Sieg" (Camus 1960, 156). Was wir sprachlich letztlich „aushalten" müssen, ist eben diese Einsicht, dass das „Wesen" von Sprache sich uns in ihrer doppelten, scheinbar paradoxen Charakterisierung als „individuelles Allgemeines" (Frank 1977) erschließt. So

> (entsteht) von Seiten der Sprache (...) die technische Disziplin der Hermeneutik daraus, daß jede Rede nur als objektive Darstellung gelten kann, inwiefern sie aus der Sprache genommen und aus ihr zu begreifen ist,

auf der anderen Seite kann sie aber

> nur entstehen [...] als Aktion eines Einzelnen, und als solche, wenn sie auch ihrem Gehalt nach analytisch ist, doch von ihren minder wesentlichen Elementen aus freie Synthesis in sich trägt. Die Ausgleichung beider Momente macht das Verstehen und Auslegen zur Kunst (Schleiermacher, Entwurf zu einem System der Sittenlehre, in: Schleiermacher 1977, 384).

Eine solchermaßen ‚radikale' Hermeneutik, die sich zu ihrem Kunstcharakter bekennt und doch nicht den Anspruch von Wissenschaftlichkeit aufgibt, sollte m.E. der theoretische und methodische Ausgangspunkt einer hermeneutischen Linguistik bzw. einer linguistischen Hermeneutik sein, die es erlaubt, Sprachwissenschaft ebenso als verstehende Wissenschaft (auf der methodologischen Ebene) wie als

(Sprach)verstehenswissenschaft (auf der theoretischen Ebene) zu charakterisieren.

Hermeneutik, Rhetorik, Dialektik

Im Kontext des hier angedeuteten historisch-hermeneutischen, aber auch aktuellen theoretischen Diskurs sollten wir auch die Diskussion um eine linguistische Hermeneutik ansiedeln und sie nicht im Interesse einer vermeintlichen disziplinären Einheit der Germanistik aus methodenkritischen transdisziplinären Diskursen herauszuhalten versuchen. Das disziplinäre Profil der Germanistik oder auch das einer germanistischen Sprachwissenschaft ist letztlich nicht gewonnen worden – und heute erst recht nicht zu gewinnen - durch einheitswissenschaftliche Reduktion und Normierung, sondern durch die Vielfalt (auch methodischer) Perspektiven auf einen als identisch gesetzten Gegenstand. Zu einer Zeit, wo wir uns jenseits diszplinärer und nationaler Diskurse auf so etwas wie einen neuen kulturwissenschaftlichen und auch transkulturellen Diskurs einzustellen beginnen, muss die germanistische Linguistik keineswegs befürchten, in einem solchen neuen kultur- und geisteswissenschaftlichen Gesamtdiskurs unterzugehen.

Im Gegenteil: Als „Philologie“ ist sie – freilich jenseits der aus der Idee der Nationalphilologien geborenen „Deutschen Philologie“ – immer schon Teil eines kulturwissenschaftlichen Diskurses (s. Biere 2005). Sie wird sich in diesem Diskurs allerdings auf Fragestellungen einlassen müssen, die die Grenzen der Einzelphilologie ebenso überschreiten, wie die Grenze zwischen Muttersprachen- und Fremdsprachenphilologie; auf Fragestellungen, die Kognition und Kommunikation aufeinander zu beziehen, wenn nicht zu integrieren in der Lage sind, auf Fragestellungen, die nicht nur an die Tradition der Hermeneutik, sondern ebenso an die Traditionen von Rhetorik und Dialektik anknüpfen und einen integrativen Blick auf produktive wie rezeptive Prozesse erlauben, auf Fragestellungen, die ebenso auf die (sprachliche) Konstituierung und Organisation von Wissen, wie auf die (sprachlichen) Vermittlung von Wissen bezogen sind, und dies in je unterschiedlichen, sich wandelnden und sich wechselseitig beeinflussenden kulturellen und transkulturellen Kontexten.

Schon in der Aufklärungshermeneutik ist die Vorstellung von der Wissensbasiertheit oder Wissensbezogenheit des Verstehens präsent. Denn die beizubringenden „Begriffe", von denen Chladenius spricht, sind nichts anderes als fehlendes (z.B. historisches) Sachwissen. Auch im Kontext romantischer Hermeneutik ist der Begriff des Wissens weiterhin präsent. In seiner Abhängigkeit von Rhetorik und Hermeneutik (Reden und Verstehen) kann der Begriff des Wissens in der Dialektik Schleiermachers allerdings neu akzentuiert werden. Eingebettet in Prozesse des Redens und Verstehens ist Dialektik nunmehr als „Werden des Wissens" (Schleiermacher 1838; 1977; 76) ebenfalls prozesshaft zu begreifen.

Erweitert um wissensorientierte, also dialektische Modelle und um vermittlungsorientierte, also rhetorische Modelle könnte eine in verstehensorientierten hermeneutischen Modellen begründete hermeneutische Linguistik und ihr methodologischer Reflex einer linguistischen Hermeneutik in der Lage sein, alle relevanten Aspekte linguistisch analysierbarer sprachlich-kognitiver wie kommunikativer Prozesse zu erschließen. Somit plädiere ich abschließend für eine doppelte bzw. dreifache Integration:

(i) für die Integration einer linguistischen Hermeneutik in den sprachtheoretischen Kontext einer radikal-hermeneutisch verstandenen hermeneutischen Linguistik und

(ii) für die Integration hermeneutischer, dialektischer und rhetorischer Aspekte linguistischer Analyse, woraus sich zugleich
(iii) eine integrative Sicht auf kognitive und kommunikative wie auf rezeptive und produktive Prozesse ergibt.

(Erstveröffentlichung in: *Sprache – Kognition –Kultur. Sprache zwischen mentaler Struktur und kultureller Prägung.* Hrsg.von Heidrun Kämper und Ludwig M. Eichinger. Berlin, New York: de Gruyter 2008, 262-276 (= Institut für Deutsche Sprache, Jahrbuch 2007))

3 Sprachwissenschaft als Hermeneutik

Hinsichtlich ihrer Interessen, Gegenstände und Fragestellungen präsentiert sich die Entwicklung der Sprachwissenschaft im 19. Jahrhundert – wie es auch die Darstellung verschiedener disziplinärer Zugriffe auf einen wie unterschiedlich auch immer konzeptualisierten und somit keineswegs identischen Gegenstand ‚Sprache' in diesem ersten Handbuch-Kapitel nahe legt - in einer erstaunlichen konzeptionellen wie methodischen Vielfalt.

So lässt sich das, was „Sprachwissenschaft im 19. Jahrhundert" ausmacht, wohl kaum unter einen einheitlichen Begriff subsumieren, wenn ein so weiter Bogen spannen ist, wie der von Friedrich Schlegels Arbeit „Über die Sprache und Weisheit der Indier" am Anfang des 19. Jahrhunderts (1808) über Humboldts Kawi-Werk mit der weitaus bekannteren Einleitung „Über die Verschiedenheit des menschlichen Sprachbaus und ihren Einfluß auf die geistige Entwicklung des Menschengeschlechts" (1836) und Jacob Grimms „Geschichte der Deutschen Sprache" (1848) bis zum Beginn seines Jahrhundertprojekts des „Deutschen Wörterbuchs" in der zweiten Hälfte des Jahrhunderts (1854) oder von Heymann Steinthals „Grammatik, Logik und Psychologie" (1855) über August Schleichers „Die Darwinsche Theorie und die Sprachwissenschaft" (1863) und die Lautphysiologie Eduard Sievers' (1876) bis zu den Junggrammatikern und Hermann Pauls „Prinzipien der deutschen Sprachgeschichte" (1880) gegen Ende des Jahrhunderts.

Wilhelm von Humboldt

In der Tat scheint das 19. Jahrhundert auch in der Sprachwissenschaft der historische Ort zu sein, an dem sich die Überwindung des aufklärerischen Erkenntnisoptimismus' Anfang des Jahrhunderts erst zaghaft anzudeuten scheint, es dann aber bereits um die Mitte des Jahrhunderts kaum mehr möglich erscheint, jenseits der Vielfalt der Perspektiven noch ‚zur Sache selbst' vorzudringen. Ebenso scheint sich „die Frage nach der Existenz einer sprachunabhängig bestehenden Realität" (Gardt 1999: 234-235) kaum mehr zu stellen, wenn Humboldt der vergleichenden Sprachforschung „alles höhere Interesse" abspricht, „wenn sie sich nicht an den Punkt anschließt, in welchem die Sprache mit der Gestaltung der n a t i o n e l l e n G e i s t e s k r a f t zusammenhängt." (Humboldt 1836: §. 1, XVII) Wenn „die Hervorbringung der Sprache (...) ein inneres Bedürfnis der Menschheit (ist), nicht bloß ein äußerliches zur Unterhaltung gemeinschaftlichen Verkehrs, sondern ein in ihrer Natur selbst liegendes, zur Entwicklung ihrer geistigen Kräfte [...] unentbehrliches" (Humboldt 1836: §. 3, XXV), dann kann sie zwar noch kollektiv als die „äußerliche Erscheinung des Geistes der Völker" aufgefasst werden, jedoch nicht mehr in einem dualistischen Sinn als bloße Repräsentation, denn „ihre Sprache ist ihr Geist und ihr Geist ihre Sprache; man kann sich beide [Sprache und Geist; B.U.B.] nie identisch genug denken" (Humboldt 1836: §. 7, LIII). Dennoch gibt Gardt (1999: 236) mit Recht zu bedenken, dass der „Sprachrelativismus Humboldts (...) in zweierlei Hinsicht einzuschränken, zumindest zu präzisieren (ist)." Humboldt gehe nämlich durchaus von der Existenz „allgemeiner Gesetze des Denkens aus, die übereinzelsprachlicher Natur sind" und vollziehe auch die Implikationen des Relativitätsprinzips nicht in aller Radikalität nach (vgl. Gardt 1999: 237). An der viel zitierten Stelle, mit der Humboldt die Ergon-Energeia-

Unterscheidung einführt, geht es ihm in der Tat weniger um Sprachrelativismus, als vielmehr um die Begründung einer „genetischen" Sprachdefinition, in der anders als später bei de Saussure die parole (hier noch als „lebendige(r) Vortrag" verstanden) gegenüber einer (schriftbezogen verstandenen) langue ausgezeichnet wird (Humboldt 1836: § 8, LVII). Erst ein solches genetisches Sprachverständnis lässt uns schließlich Sprache als „Produkt des historischen Menschen" verstehen, das „nicht durch irgendeinen göttlichen Einfluß zustande kommt" (Gardt 1999: 237).

Wird auch einerseits das Verhältnis von Sprache und Geist nun dezidiert nicht mehr dualistisch verstanden, so sind doch andererseits im Humboldt'schen Denken eine ganze Reihe Dualismen – wenn man so will, Dichotomien - präsent, von denen die Ergon-Energeia-Unterscheidung lediglich die im wissenschaftsgeschichtlichen Diskurs prominenteste ist. Einen anderen, für die sich seit dem beginnenden 19. Jahrhundert herausbildende Sprachforschung prägenden ‚Dualismus' vollzieht Humboldt ausdrücklich nach, indem er Sprache einerseits im Sinne einer ‚allgemeinen Sprachlehre' oder ‚philosophischen Grammatik' als Gegenstand (sprach)philosophischer Reflexion und somit als ein ‚Allgemeines' konzeptualisiert, andererseits jedoch in der historisch-empirischen Praxis seiner vergleichenden Sprachforschung zum jeweils Historisch-Individuellen einer Einzel- oder Nationalsprache vorzudringen versucht.

‚Philosophisch' betrachtet, wird Sprache in der Vermittlung von Objektivität und Subjektivität erst in einem zweiten Schritt „gesellschaftlich", denn „die Bildung des Begriffs" wird bereits dadurch ermöglicht, dass mittels Sprache die Vorstellung „(…) der subjectiven Kraft gegenüber, zum Object wird (...), und (…) als solches aufs neue wahrgenommen, in jene zurück (kehrt)" (Humboldt 1836: § 9, LXVIII). So kann das Sprechen zunächst durchaus als „eine nothwendige Bedingung des Denkens des Einzelnen in abgeschlossener

Einsamkeit“ verstanden werden. Wenn aber „der Mensch (…) sich selber nur (versteht), indem er die Verstehbarkeit seiner Worte an Andren versuchend geprüft hat“, so ist die Entwicklung von Sprache schließlich „nur gesellschaftlich“ denkbar, wodurch die „Objectivität […] gesteigert“, „der Subjectivität aber (…) nichts geraubt (wird)“ (Humboldt 1836: LXIX), weil „alles Sprechen, von dem einfachsten an, (…) ein Anknüpfen des einzeln Empfundenen an die gemeinsame Natur der Menschheit (ist)“ (Humboldt 1836: LXX). – So gelangt Humboldt zu einer weiteren Dichotomie, nämlich der von ‚Einheit' und ‚Verschiedenheit' - von ‚Identität' und ‚Differenz', wie wir heute sagen würden – einer Dichotomie, die sich jedoch letzten Endes aufhebt, wenn die „Verschiedenheit der Einzelnen“ als nichts anderes verstanden wird als „die, sich nur in abgesonderte Individualitäten spaltende, Einheit der menschlichen Natur“ (Humboldt 1836: LXX). Und dies gilt gleichermaßen für das Sprechen wie für das Verstehen, die Humboldt beide als „eigene Thätigkeit“ (der Seele) auffasst: „Die gemeinsame Rede ist nie mit dem Übergeben eines Stoffes vergleichbar. In dem Verstehenden, wie im Sprechenden, muß derselbe aus der eigenen, inneren Kraft entwickelt werden“ (Humboldt 1836: LXX).

Wenn Humboldt dieses Wechselspiel von Sprechen und Verstehen, in dem es „jedem Menschen auch schon natürlich ist, das eben Verstandenen gleich wieder auszusprechen“, so deutet, „daß jeder ein […] geregeltes Streben besitzt, die ganze Sprache […] nach und nach aus sich hervorzubringen und hervorgebracht zu verstehen“ (Humboldt 1836: LXX), zeichnet sich ein dynamischer Sprachbegriff ab, der jeden nicht energetischen Sprachbegriff ist als ein theoretisches Konstrukt ausweist, das etwas ‚stofflich' vorstellbar zu machen versucht, was letztlich jedoch gerade nicht als „Stoff“ gedacht werden kann, weil es eben nicht Ergon, sondern Energeia ist. Gleichwohl scheint selbst in dieser energetischen Vorstellung Sprache der „Kraft des Einzelnen“

(Humboldt 1836: LXXX) entzogen, scheint sie „Macht“ über ihn zu haben. Aber auch diese Dichotomie ist im romantischen Denken vermittelbar. Plädiert Humboldt zunächst für die „I n d i v i d u a l i t ä t einer Sprache“, verlagert er in einem Argumentationszusammenhang, in dem er auf „Veränderung“ abhebt, also letztlich den Grund für die Erklärung von Sprachwandel legt (s. Humboldt 1836: § 9), den Begriff der Individualität in das Individuum selbst, denn „die wahre Individualität (liegt) nur in dem jedes Mal Sprechenden (…). Erst im Individuum erhält die Sprache ihre letzte Bestimmtheit“ (Humboldt 1836: LXXX). Und Humboldt scheut sich keineswegs, die sich daraus ergebende hermeneutische Konsequenz zu ziehen, dass „alles Verstehen (…) daher immer zugleich ein Nicht-Verstehen (ist)“ (Humboldt 1836: LXXX), womit sich das Verstehen wie auch die Totalität der Sprache - geschichtlich wie prospektiv - einmal mehr in den romantisch-hermeneutischen Unendlichkeitstopos einfügt (s. Humboldt 1836: LXXVII). Das in einem Moment (noch) identisch Wahrgenommene kann sich im nächsten Moment aufgrund seiner grundsätzlichen Veränderbarkeit als different erweisen usf. Ganz im Gegensatz zu Franz Bopp, der schon 1827 eine „Naturbeschreibung der Sprache“ (Bopp 1827: 251) fordert, weiß sich die Humboldtsche Sprachauffassung den Grundannahmen (früh)romantischer Sprachreflexion und Hermeneutik verpflichtet. So erscheint es durchaus plausibel, dass, wie Schmitter (1993) argumentiert, dass der Humboldtsche Versuch „ein umfassend angelegtes System einer romantischen Sprachkonzeption“ zu entwickeln, auch deshalb „[…] im 19. Jahrhundert keine breitere Wirkung entfalten“ kann (Schmitter 1993: 99), weil er gerade nicht dem positivistischen Wissenschaftsideal huldigt, das sich bereits in der ersten Hälfte des 19. Jahrhunderts so weit durchgesetzt zu haben scheint, dass eben nicht Humboldts romantisch-idealistischem Ansatz, sondern „Bopps Methode an den neuorganisierten deutschen Universitäten […] ein durchschlagender Erfolg beschieden war“ (Schmitter 1993: 99).

Friedrich D. Schleiermacher

Wenn Sprachwissenschaft im 19. Jahrhundert gleichwohl weiterhin als Hermeneutik verstanden werden kann, dann sind die Quellen hierzu – über die Brüder Schlegel und W. von Humboldt hinaus – weitgehend bei Friedrich D. E. Schleichermacher (1768-1834) zu suchen, der ab 1810, von Wilhelm von Humboldt berufen, an der neu gegründeten Universität in Berlin als Professor für Theologie lehrt. Schleiermacher ist jedoch nicht mehr nur an der praktischen Exegese des Neuen Testaments interessiert, sondern an einer allgemeinen Hermeneutik, die diese aus der dienenden Rolle als Hilfswissenschaft der Theologie wie auch der Philologie herauslöst und in den Rang einer allgemeinen Verstehenslehre erhebt, die kein „Aggregat von Observationen“ (Schleiermacher [1838] 1977: 75) mehr ist, sondern dem Anspruch der Wissenschaftlichkeit genügt. In der Auseinandersetzung mit jenem aggregathaften, lediglich auf „dunkle Stellen“ bezogenen Zustand der Hermeneutik im 18. Jahrhundert (Aufklärungshermeneutik), verweist Schleiermacher den Begriff des Auslegens als „Darlegung des Verständnisses“ in die Rhetorik und reklamiert für eine allgemeine Hermeneutik (jenseits aller „speziellen Hermeneutiken“) als „wissenschaftlichen Begriff“ „die Kunst, die Rede eines anderen richtig zu verstehen“ (Schleiermacher 1977: 75). Der Begriff des Kunstmäßigen, wie auch ein diesen begründenden Begriff der Divination, verweist freilich auf etwas Substantielleres, das Manfred Frank (1977) in seiner Schleiermacher-Interpretation als das sprachtheoretische Substrat romantischer Hermeneutik freizulegen versucht hat.

Schleiermacher sieht die hermeneutische Aufgabe primär darin, die grundsätzliche Problematik des Verstehens zu klären, auch wenn er mit der grammatischen und psychologischen Auslegung, wie mit der Entfaltung eines divinatorischen und komparativen Verfahrens gleichwohl positiv Anleitung zum Verstehen geben möchte. Somit ist das Interesse der romantischen Hermeneutik ähnlich wie das der Humboldt'schen Sprachforschung weit gespannt von einem philosophisch-spekulativen Interesse an Theoriebildung einerseits bis zu einer historisch-empirischer Sprachanalyse andererseits, die ihr hermeneutisches Interesse an Sprache(n) nun zunächst von der rezeptiven Seite, also von Einheiten der parole, von Texten her artikulieren muss. In der „Analysis des Verstehens" erweist sich dieses einerseits als eine „unendliche" Aufgabe, womit auch Schleiermacher an den romantischen Unendlichkeitstopos anschließt (s. Humboldt 1836: LXXVII), andererseits jedoch auch als eine allgemeine Aufgabe, in der Verstehen weder auf Schrift, noch auf kunstmäßige Rede, noch auf einzelne dunkle Stellen wie in der Aufklärungshermeneutik des Chladenius ([1742] 1969) beschränkt werden kann. Verstehen wird „universal" und hat zugleich den Charakter einer „Kunst", der sich aus der Explikation eines auch sprachphilosophisch relevanten Regelbegriffs ableitet. Denn trotz positiver hermeneutischer „Regeln", die gegeben werden können, ist das Verstehen nicht auf eine „Technik" reduzierbar, da „mit den Regeln nicht auch die Anwendung gegeben ist, d. i. nicht mechanisiert werden kann" (Schleiermacher 1977: 81). Ein Auslegungsbegriff im (didaktischen-okkasionellen) Sinn des Chladenius gehört für Schleiermacher nun nicht mehr in die Hermeneutik, sondern in die Rhetorik, denn als adressatenorientierte Vermittlung erzeugt das Auslegen seinerseits wieder rhetorische verfasste Rede. Nur in einem anderen, eher epistemologischen Sinn hat der Begriff des Auslegens noch Platz in der Hermeneutik, nämlich in dem Sinn, dass alles Verstehen interpretativen Charakter hat, was Gadamer (1965: 380) später in der prägnanten Formel bringt: „Alles Verstehen ist Auslegen“ zum Ausdruck bringt.

Identität und Differenz

In dem Maße, in dem sich Verstehen der aufklärerischen Idee prinzipiell möglicher identischer Konstruktion (und damit Erkenntnis) entzieht, wird es bereits im 19. Jahrhundert im romantischen Kontext tendenziell „konstruktiv“ verstanden, was auch schon für Humboldt gilt (s.o.). Eine romantische Konzeption von Sprache(n) und Kultur(en), von Sprechen und Verstehen eröffnet bereits einen theoretischen Raum, der mehr als ein Jahrhundert später theoretisch neu gefüllt werden soll mit der dekonstruktivistisch radikalisierten Frage nach der Möglichkeit eines differenten bzw. der Unmöglichkeit eines letztlich immer nur auf Identität abzielenden Verstehens. Die dekonstruktivistische Perspektive geht freilich noch einen Schritt weiter als Humboldt und Schleiermacher. Sie sucht keine „Ausgleichung“ mehr zwischen Individuellem und Allgemeinem, zwischen Differenz und Identität, sondern setzt die Differenz primär, wenn nicht absolut, indem sie mit der Qualifizierung jedes Verstehens als Missverstehen die Möglichkeit (richtigen) Verstehens grundsätzlich in Frage stellt. ‚Verstehen’ heißt ‚anders verstehen’. Eine vergleichbare Konsequenz hatten bereits Humboldt (1836: LXXX) und insbesondere Schleiermacher gezogen, als sie im Gegensatz zur Aufklärungshermeneutik das Missverstehen als den Regelfall und das Verstehen als ein immer neu zu suchendes, immer nur approximativ zu erreichendes betrachteten. Mit der Unterscheidung einer „laxeren Praxis in der Kunst“ und einer „strengere(n) Praxis“ gesteht Schleiermacher (1977: 92) jedoch immerhin zu, dass es im alltäglichen Verstehen, in der sog. „laxeren Praxis“, ein vormethodisch gewisses, d.h. ein vor jeder hermeneutischen Reflexion seiner selbst sicheres Verständnis geben könne, alltagspraktisch vielleicht sogar geben müsse. Die „strengere Praxis“ allerdings kann sich nicht mehr damit zufriedengeben, „Mißverstand“ zu vermeiden, sie muss vielmehr davon ausgehen, „daß sich das Mißverstehen von selbst ergibt und das Verstehen auf jedem Punkt muß gewollt und gesucht werden“ (Schleiermacher 1977: 92). Der Unterschied zwischen diesen beiden Praktiken ist darauf zurück zu führen, dass die „laxere Praxis“ von der „Identität der Sprache und der Kombinationsweise in Redenden und Hörenden“ ausgeht, während die „strengere Praxis“ „von der Differenz der Sprache und der Kombinationsweise aus(geht)“. Aber auch das Ausgehen von der Differenz „(muss) auf der Identität ruhen (…)“, auch wenn diese nur „das Geringere“ ist. Genau dies, dass die Identität „nur das Geringere ist“ (Schleiermacher 1977: 92), entgeht der „kunstlosen Praxis“.

Schleiermacher relativiert somit zwar die Tradition identifikatorischen Denkens, eine grundsätzliche „Kritik des identifizierenden Denkens“ findet sich bei Schleiermacher jedoch noch nicht. Sein Denken zielt durchaus auf das Identische ab, wenn dieses auch nicht mehr unproblematisch voraussetzt wird, wie es die Aufklärungshermeneutik in ihrem immer noch auf Identität abzielenden allgemeinen Vernunftglauben tut. Das Denken der Differenz als Differenz zielt dagegen explizit „auf das Verschiedene“ ab, das „nicht zurück(zu)führen (ist) auf dasselbe und das Gleichartige“ (Kimmerle 1992: 15). Wenn das begriffliche Denken „von sich aus identifizierend“ ist, so „(muß) das Besondere, Nicht-identische (…) durch die Raster dieses Denkens fallen“ (Kimmerle 1992: 16). Somit muss sich Adornos Versuch, das identitätsphilosophische Denken zu überwinden, zwangsläufig dialektisch begründen, wenn der Versuch, „durch den Begriff über den Begriff hinauszugelangen“ (Adorno 1982: 27), weiterhin als ‚Philosophie“ gedacht werden soll. Denn ohne Begriffe scheint in der

Tat keine „Philosophie“ mehr möglich, auch keine der Differenz. So kann es – und diese Konsequenz zieht erst Derrida - nur noch eine Praxis des differenten Denkens geben, wenn wir nicht mehr gewillt sind, „die traditionelle Begrifflichkeit als etwas Unentrinnbares hinzunehmen“ (Kimmerle 1992: 17). Auch wenn Derridas Ziel nicht mehr ein „Verstehen im Sinne einer Verschmelzung der Horizonte, sondern das Herausarbeiten der Unterschiede (ist), die nicht erneut in eine Einheit zusammengenommen werden“ (Kimmerle 1992: 52), so sind diese Unterschiede doch nur „Differenzen“ im Hinblick auf etwas identisch Gesetztes, selbst wenn dies nur ein ‚Wert’ (valeur) in einem differentiellen System ist, in dem alles (negativ bestimmt) seinen „Wert“, seinen Platz im „Spiel der Differenzen“ hat. Aber auch dies bleibt letzten Endes ein bestimmbarer Platz, weil in der Sprache – so scheint Schleiermacher bereits de Saussure zu antizipieren – „jedes Element auf eine besondere Weise bestimmbar ist durch die übrigen“ (Schleiermacher 1977: 80), was nicht nur für den Text als Einheit der *parole*, sondern auch die *langue* gilt.

Identität muss im Gegensatzt zur poststrukturalistischen Auffassung in Hermeneutik wie Dialektik in dem Sinn „vorausgesetzt“ werden, dass sie aus verstehenspraktischen Gründen „gesetzt“ wird: zum einen im Habermas‘schen Sinn als intersubjektiv identische Bedeutungszuschreibungen, zum anderen im Schleiermacherschen Sinn als eine gemeinschaftliche Vorstellung von einem „Ding als Einheit“, das wir gleichwohl von unterschiedlichen Standpunkten betrachten können, ohne dass dies seine Einheit in Frage stellt, auch wenn diese schließlich nicht in dem Ding ‚an sich’ liegt, sondern diese „ aus der Totalität seiner Relationen zu verstehen ist, diese sich aber anders gestalten müssen, je nachdem die Position des Menschen gegen die Natur eine andere ist“ (Schleiermacher [1812/13] 1977: 383).

In diesem Sinn lässt sich Differenz als eine aus der jeweiligen Perspektive auf den praktisch als identisch konstruierten

Gegenstand resultierende begreifen, wobei dem in diesem Sinn identischen Gegenstand in „verschiedene(n) Systeme(n) der Erkenntnis“ durchaus divergierende Prädikate zugesprochen werden können.

Wenn Sprachwissenschaft im 19. Jahrhundert neben ihrer relativ frühen, fast parallelen Konzeptualisierung als Naturwissenschaft (Bopp 1827: 251) als Hermeneutik verstanden werden kann, dann ist dies – jenseits frühromantischer Tendenzen bei Schlegel, Novalis und anderen - im Wesentlichen Friedrich Schleiermacher und Wilhelm von Humboldt zu verdanken. Ihr Bestreben zielt allerdings weniger darauf ab, Sprachwissenschaft als ‚Disziplin' zu begründen, als vielmehr darauf, aus sprachvergleichender (Humboldt) wie aus hermeneutischer Perspektive (Schleiermacher) einen hermeneutischen Sprach- und Verstehensbegriff zu etablieren, der Eigenes und Fremdes, Sprach- und Kulturverstehen ein vorerst letztes Mal integrativ zu konzeptualisieren versucht.

(Erstveröffentlichung in: *Handbücher zur Sprach- und Kommunikationswissenschaft, Bd. 43: Sprache – Kultur - Kommunikation.* Hrsg. Von Jäger, Ludwig/ Holly, Werner/ Krapp, Peter, Weber, Samuel/ Heekeren, Simone. Berlin/ New York: de Gruyter Mouton 2016, S. 51-58).

4 Linguistische Hermeneutik, Konstruktivismus und Dekonstruktivismus – Identität und Differenz

Angeregt von dem Plädoyer Fritz Hermanns' für die Konstituierung einer „linguistischen Hermeneutik" (Hermanns 2003) habe ich in einem Beitrag für den Deutschen Germanistentag 2004 in München (Biere 2006) versucht, neben der methodologischen Perspektive und deren historischer Herleitung aus aufklärerischer wie romantischer Hermeneutik eine sprachtheoretische Perspektive, die einer „hermeneutischen Linguistik", mit ins Spiel zu bringen. Als Konsequenz aus der Auseinandersetzung mit (radikal) konstruktivistischen Ansätzen habe ich Umrisse einer „radikalen Hermeneutik" vorgestellt, die ich – wiederum historisch begründet – als eine frühe Spielart des Konstruktivismus zu deuten versucht habe. Vielleicht war der Weg der Linguistik vom Strukturalismus zum Generativismus zum Kognitivismus schon weit genug, als dass sie sich ernsthaft mit konstruktivistischen Ansätzen hätte beschäftigen können – und so habe ich auch mich selbst vom Konstruktivismus schnell wieder verabschiedet, indem ich ihn für mehr oder weniger obsolet erklärt habe, wenn er im Grunde in einer „radikalen Hermeneutik" schon präfiguriert ist.

In dem vorliegenden Beitrag versuche ich, einen Schritt weiter zu gehen und zumindest den einen oder anderen m.E. zentralen Aspekt einer de-konstruktivistischen Perspektive mit in meine linguistisch, also disziplinär und damit immer auch (fach-) g e s c h i c h t l i c h motivierte (theoretische und methodologische) Fragestellung einzubeziehen. Dies betrifft ebenso die Frage nach der Deutung des Verhältnisses von Identität und Differenz in der hermeneutischen Diskussion wie die Frage nach dessen Negierung in einer dekonstruktivistischen „Theorie der Differenz“, wie sie Jacques Derrida, wenn auch freilich nicht als „Theorie“, sondern als „Praxis“ entworfen hat.

Die methodologische Perspektive

Hermanns (2003) hat (s.o.) eine Diskussion wieder eröffnet, in der für alle Facetten des linguistischen Forschungsspektrums zu zeigen sein wird, wie sich eine gegenstandsspezifische, auf Sprache und Kommunikation bezogene Art methodischen Denkens in der Linguistik herausbilden und so zu einer „positiven“ Methode werden könnte, was sich zu anderen Zeiten eher ‚defensiv‘ in den Winkeln der Wissenschaftsgeschichte versteckt zu haben scheint: Ein „Mauerblümchen“, das in der Vergangenheit eher in den von irgendwoher angewehten Bröseln fruchtbarer Erde Wurzeln zu schlagen verstanden hat und mit weniger üppigen Blättern als die Pflanzen im mainstream Bescheidenheit und Resistenz als Überlebensstrategie ausgebildet hat. Aus den Fugen seiner Trockenmauer hat es das allgemeine Erblühen der (vermeintlich) exakteren Wissenschaften eher skeptisch betrachtet, die sich nun nicht mehr in schlicht behavioristischem oder strukturalistischem, sondern in generativistischem, dann kognitivistischem und konstruktivistischem, erst modernem, dann postmodernem Gewand zeigten. Fern ab blühte die „blaue Blume“: Nachdem sie sich erfolgreich usurpatorischen Ansprüchen einer „linguistischen Poetik entzogen hatte, ging die Literaturwissenschaft wieder eigene Wege.

Während einerseits mit der programmatischen Absage Paul Feyerabends (1986) an den „Methodenzwang“ wieder alles hätte „gehen“ können („anything goes“), schien doch das, was eine Grundlage für die Erneuerung der philologischen Tradition der Germanistik hätte bilden können, die

Hermeneutik, für die Linguistik offenbar nicht mehr zu „gehen“. Harte Zeiten für den von Sten Nadolny gerade aus seinen Ketten erlösten „Gott der Frechheit“, den Götterboten Hermes, der sich wieder einmal unter die Menschen, nicht aber unter die Wissenschaftler zu mischen versuchte. Aber vielleicht hätte ihm das doch wohl methodische Vorgehen einer „linguistischen Hermeneutik“, ob nun „zwingende“ Methode oder nicht, auch nicht sonderlich gelegen. War er – jedenfalls in der Wiederbelebung durch Sten Nadolny – gar schon ein Dekonstruktivist oder ein „Anti-Hermes“ (Laruelle 1984), dem das „Wesen der hermeneutischen Wahrheit [...]“ als „das absolut Nicht-Interpretierbare“ (ebd., 107) erscheint? Was wir – wie auch immer - von diesem Hermes lernen könnten, wäre zumindest jene Portion „Frechheit“, die es vielleicht braucht, um sich erneut auf die unsichere, und mehr noch, die „unendliche Aufgabe“ des Verstehens einzulassen.

Inwieweit können wir eine solche „unendliche“ Aufgabe aber als neue methodische Praxis postulieren, die ihrerseits dem „Methodenzwangs“ (vgl. Feyerabend 1986) sich entziehen könnte, ohne in den Aporien der identitätsphilosophischen Tradition befangen zu bleiben? Andererseits: Können wir die Differenz, die vielen unterschiedlichen Perspektiven, wirklich „denken“, ohne sie auf etwas zu beziehen, was wir letztlich identisch setzen (müssen)? - Zunächst müssen wir wohl versuchen, eine ihrer methodischen Disziplinierung immer schon vorgängige, eine im kommunikativen Zusammenleben (und nicht nur in Formen literarischer Geselligkeit oder gesprächsanalytischer Zirkel) immer schon stattfindende Praxis freizulegen, bevor wir uns anheischig machen, diese in eine solche zu „überführen“, die eben jenes praktische Vermögen zur „Technik“ bzw. – wie erneut zu zeigen sein wird - zur „Kunst“ auszubilden beansprucht. Wenn wir freilich jenes Moment des Kunstmäßigen in jeder Art von Analyse sehen, deren Gegenstände nicht mit deduktiven

Schlussverfahren erfasst bzw. „erklärt“ werden können - begeben wir uns erneut in Opposition zum (alten, gleichwohl immer noch virulenten) Postulat einer „Einheitswissenschaft“, die das Ideal einer Einheit der Wissenschaften methodologisch definiert, dieses jedoch nicht durch Methodenvielfalt, sondern durch Ausschluss alternativer, hier eben verstehender Methoden, zumindest aus der Forschungs“logik“ sicherstellen möchte. Dabei wird die Möglichkeit (oder auch Notwendigkeit) eines verstehenden Zugangs zu sprachlichen und kommunikativen Daten zwar grundsätzlich eingeräumt, allerdings werden verstehende Verfahren dann in die „Psychologie der Forschung“ bzw. in die Heuristik verwiesen, so dass die „Logik der Forschung“ von jeglichem psychologischen (individuellen, subjektiven) Moment frei gehalten werden kann. Dies erscheint wie ein Kunstgriff, mit dem wir unsere Forschungsgegenstände so zurichten, dass sie im Sinn unserer jeweiligen Forschungslogik handhabbar, d.h. von zu verstehenden zu zu erklärenden Gegenständen werden.

Derartige erkenntnis- und wissenschaftstheoretische bzw. methodologische Kontroversen um die theoretische und methodische Rolle des Verstehens sind mindestens seit dem ausgehenden 19. Jahrhundert geführt worden. Die alte Streitfrage nach dem Verhältnis von Naturwissenschaften und Geisteswissenschaften wurde dann noch einmal neu belebt durch die Frage nach der Stellung der im 20. Jahrhundert aufkommenden Sozialwissenschaften und gipfelte schließlich in den 60-er Jahren im bekannten Methodenstreit zwischen Neopositivismus/ Kritischem Rationalismus auf der einen und Kritischer Theorie der Frankfurter Schule auf der anderen Seite.

Eine der Grundannahmen des Positivismus, die sich auch im Kritischen Rationalismus wiederfindet, ist, wie schon angedeutet, der „methodologische Monismus“, der die „Einheit der Wissenschaften“ unabhängig von der

Verschiedenartigkeit der einzelwissenschaftlichen Gegenstände über eine einheitliche wissenschaftliche Methode sicherstellen möchte. Das dabei unterstellte Methodenideal ist freilich ein szientifisches, das sich am methodologischen ‚Standard' der sog. exakten Wissenschaften orientiert. Mit der Erfüllung bzw. Nicht-Erfüllung dieses Standards ist dann aber auch die Frage verknüpft, ob und in welchem Sinn die Geistes- und Sozialwissenschaften überhaupt beanspruchen können, „wissenschaftliche" Beschreibungen ihrer Gegenstände zu liefern.

Ein solcher „Unwissenschaftlichkeitsverdacht" leitet sich aus einer weiteren Grundannahme des Positivismus ab, die als wissenschaftliche Erklärung nur einen bestimmten Erklärungstyp zulässt, nämlich den hypothetisch-deduktiven oder nomologischen. Derartige kausale Erklärungen bestehen, wie wir wissen, „in der Subsumption individueller Sachverhalte unter hypothetisch angenommene allgemeine Naturgesetze" (von Wright 1974, 18), wobei für die Humanwissenschaften dann „Gesetze" der „menschlichen Natur" unterstellt werden. Die Subsumptionsproblematik ist jedoch keineswegs auf die Annahme von Kausalzusammenhängen beschränkt; sie kann ebenso die Problematik der Bildung von „Verstehenshypothesen" charakterisieren, verweist sie doch im Kern auf die Identitätsproblematik, weil es auch hier um die Subsumption individueller Sachverhalte oder Wahrnehmungen unter einen Begriff, d.h. unter ein Allgemeines, geht, dessen Identität die differierenden Momente singulärer Sachverhalte gewissermaßen aufhebt, indem es sie (subsumierend) deutet. Auch wenn in diesem Zusammenhang nicht (identitäts)philosophisch argumentiert wird, sondern wissenschaftstheoretisch bzw. methodologisch, zeugt sich hier nicht die identitätsphilosophische Tradition forschungslogisch fort, so dass in diesem Sinn nun ‚Methode' letztlich metaphysisch gedacht und praktiziert wird?

Vielleicht war die Methodologie nicht der Ort, an dem es galt, sich explizit mit der Frage nach der Überwindung der Metaphysik auseinanderzusetzen, zumal man sich darauf kaprizierte, jene vormethodische Sicherheit des Verstehens solange zu diskriminieren, wie sie in den Geisteswissenschaften nur argumentativ und nicht in einem logischen (d.h. deduktiven) Schlussverfahren eingeholt werden konnte. Aber war nicht auch geisteswissenschaftliche Tradition ebenso im identitätsphilosophischen Denken be- und gefangen, zumindest solange sie in der aufklärungshermeneutisch gedachten, in einer identischen Vernunft begründeten Sicherheit identischen Verstehen ihr methodisches Ideal sah? - Ob darüber hinaus auch in der romantischen Hermeneutik letztlich auf Identität gezielt wird bzw. Differenz nur identitätsphilosophisch gedacht werden kann, werde ich weiter unten diskutieren. Jedenfalls ist seit dem ausgehenden 19, Jahrhundert von bedeutenden Philosophen, Historikern und Sozialwissenschaftlern (wie z.B. Droysen, Dilthey, Simmel, Max Weber) zumindest auch die antipositivistische Position vertreten worden, dass es einen fundamentalen Gegensatz gibt „zwischen jenen Wissenschaften, die wie die Physik, Chemie oder Physiologie auf Generalisierungen über reproduzierbare und prognostizierbare Phänomene abzielen, und jenen, die wie die Geschichtswissenschaften die individuellen und spezifischen Merkmale ihrer Gegenstände erfassen wollen" (v. Wright 1974, 19).

Während die sog. exakten Wissenschaften Erklärungen liefern, deren Wert in der Prognostizierbarkeit von Ereignissen und damit in der „technischen Verfügung über vergegenständlichte Prozesse" (Habermas 1968, 157) liegt, haben es die Geschichtswissenschaften mit dem Verstehen von tradiertem und in die Welt des jeweiligen Interpreten projiziertem ‚Sinn' zu tun. Im Unterschied zum technischen Erkenntnisinteresse der empirisch-analytischen Wissenschaften verfolgen die historisch-hermeneutischen Wissenschaften insofern ein praktisches Erkenntnisinteresse, das als ‚Sinnverstehen' „sich seiner Struktur nach auf möglichen Konsensus von Handelnden im Rahmen eines tradierten Selbstverständnisses" richtet (Habermas 1968, 158). Aber auch und gerade eine Konsensus-Theorie der Wahrheit weist nicht nur kritische, sondern ebenso identitätsphilosophische Züge auf, wenn auch jenseits der im Rahmen einheitswissenschaftlicher Programmatik geforderten „Einheit" in der Identität in der methodischen Vorgehensweise.

‚Hermeneutisches Bewusstsein' stellt nun aber nicht nur ein „objektivistisches Selbstverständnis" der traditionellen historischen Geisteswissenschaften als Historismus infrage, sondern erinnert ebenso die Sozialwissenschaften an die Art und Weise der Konstitution ihrer ‚Daten'. Zumindest diese Art von aus Beobachtung resultierenden Daten, andere aber wohl auch, sind, wie auch die der Geistes- oder Kulturwissenschaften, nicht in irgendeiner natürlichen Weise ‚gegeben', sondern werden von handelnden Subjekten, z.B. in Form sprachlicher Äußerungen intentional erzeugt. Dies gilt selbst für solche Daten, die die Soziologen üblicherweise als „gegeben" betrachten, wie z.B. die in Bürokratien verfügbaren und somit relativ problemlos quantitativ auswertbaren Daten. Doch auch diese sind Ergebnis „vielfältiger Perzeptionen und Interpretationen, die in die Zusammenstellung dieser Daten eingingen", sie sind „Produkt bürokratisch organisierter Aktivitäten" (Cicourel 1964; dt. 1974, 60). Wenn wir es also mit Untersuchungsgegenständen zu tun haben, die Handlungs- oder Prozesscharakter haben, so muss man sich einmal mehr fragen, wie gerade diese Art von Daten methodisch zugänglich ist und wie wir zu relevanten Beschreibungen solcher Daten gelangen können, möglicherweise sogar in einer Art von Beschreibungskategorien, wie sie die Handelnden selbst verwenden, also in einer Art ethnomethodologischem Ansatz.

Um zu klären, inwieweit das Verstehen als eine positive Methode und nicht nur als ein heuristisches Verfahren verstanden werden könnte, müssen wir uns freilich über den Verstehensbegriff selbst verständigen. Dabei hebe ich zunächst auf die Unterscheidung von Verstehen und Interpretieren (Auslegen, Deuten) ab. Nicht um den Methodenstreit neu zu entfachen, sondern um zu klären, worüber wir uns, wenn wir in einem historisch und systematisch reflektierten Sinn von einer linguistischen Hermeneutik sprechen wollen, verständigen müssen, darüber nämlich, was wir in der (germanistischen) Linguistik tun wollen und wie wir es tun können oder vielleicht auch sollen. Ich will dabei vor allem fragen, wie weit wir in diesem Versuch der Selbstverständigung einerseits an ältere (hermeneutische) Traditionen anknüpfen können und wo wir andererseits vielleicht neue Perspektiven gewinnen können in einer kognitivistischen oder konstruktivistischen, aber auch in einer poststrukturalistischen oder dekonstruktivistischen Konzeptualisierung unserer Gegenstände und Fragestellungen. Warum eine solche (auch historische) Besinnung Not tut, mag ein kleiner Rückblick auf die jüngste Fachgeschichte verdeutlichen.

Die fachgeschichtliche Perspektive

Anfang der 70er Jahre hatte es den Anschein, als hätte sich die (germanistische) Linguistik gerade in dem Moment, in dem sie sich aus der Mediävistik herauslöste und sich als eigenständige „wissenschaftliche“ Disziplin ein eher szientifisches Profil zu geben versuchte, sich auch aus den philologischen Wissenschaften verabschiedet. Was zunächst als „Geburt der synchronen Sprachwissenschaft aus dem Geist der Philologie“ hätte erscheinen können, bekam in der zweiten Hälfte der 60er Jahre einen nunmehr gerade nicht philologisch motivierten Impuls durch die Rezeption strukturalistischer, generativer und valenztheoretischer Ansätze europäischer wie amerikanischer Provenienz. Zunächst einmal führte die Eskamotierung des Sprachgebrauchs (parole), nicht aber der gesprochenen Sprache im Sinn des von Derrida aufgezeigten Logo- bzw. Phonozentrismus (vgl. Derrida 1967; dt. 1983, 49ff.) und die Kaprizierung auf Sprache als generatives System konsequenterweise (vielleicht paradoxerweise) dazu, dass die moderne Linguistik sich in einem anderen Wissenschaftsparadigma als dem philologischen, historisch-hermeneutischen, eben in einem szientifischen, neu zu verorten und zu legitimieren versuchte. Und dies durchgängig in einer Abwendung von der Philologie, die durchaus als Abwendung vom Buchstaben und Hinwendung zum Laut, also als eine Wendung hin zum Phonozentrismus deutbar ist, wie sie Derrida (1967; dt. 1983) im Kap. 2 des ersten Teils der „Grammatologie" eindruckvoll rekonstruiert.

Das Auseinanderdriften der Wissenschaftsparadigmen – im Methodenstreit in den Sozialwissenschaften diskursiv inszeniert – mag seinen Höhepunkt in der These von zwei differenten (Wissenschafts)kulturen gefunden haben, auch wenn diese nicht lange unbestritten geblieben ist. War der „Geist" in dieser wissenschaftshistorischen Perspektive – letztlich wohl als späte Nachwirkung behavioristischen Denkens – einmal ins Abseits gestellt, so gerieten auch die philologisch-hermeneutischen Wissenschaften, sprich die Geistes-, Kultur- und Medienwissenschaften, gefährlich nahe an den Rand dessen, was man überhaupt noch ‚Wissenschaft' zu nennen geneigt war. (Vielleicht hat sich die Hermeneutik dem gerade dadurch zunächst erfolgreich entzogen, dass sie „philosophisch" wurde und sich gewissermaßen „entmaterialisierte".) Mit ein wenig historischem Bewusstsein konnte man jedoch bereits ahnen, dass der „Geist" irgendwann, vielleicht sogar als das große Thema, zurückkehren würde. Vielleicht hatte schon der Chomsky-Titel „*Language and Mind*" die Perspektive darauf eröffnet, was sich dann seit Anfang der 70er Jahre als interdisziplinäres kognitionswissenschaftliches Forschungsprogramm tatsächlich zügig etabliert (wenn auch größtenteils unter einem eher technischen Erkenntnisinteresse als neu verstandene Frage nach „the ghost in the machine"). Jedenfalls boten die Kognitionswissenschaften auch der (kognitiven) Linguistik eine neue Heimat, allerdings wiederum jenseits des philologisch-hermeneutischen Diskurses. ‚Verstehen' wird nun zwar als ‚Textverarbeitung' durchaus wieder „material" gedacht, der Leser wird zunehmend als sinnkonstituierende Instanz wiederentdeckt, dennoch bleibt die Reflexion auf hermeneutische Traditionsstränge (jedenfalls innerhalb des mainstream, wo zunächst eher repräsentationistisch als prozessual gedacht wird) weitgehend aus. Als grundlagentheoretischer Bezugspunkt scheint sich jetzt wohl eher der (radikale) Konstruktivismus als die Hermeneutik anzubieten.

Und wie sieht es mit de-konstruktivistischen Bezugspunkten aus? Aus einer kognitiv-repräsentationistischen Perspektive kamen diese wohl kaum in den Blick, zumal sie eben auch nicht im seinerzeit primär rezipierten anglo-amerikanischen kognitivistischen mainstream lagen. Ebenso wenig interessierte demzufolge eine Kontroverse, wie sie sich zwischen Hermeneutik und Dekonstruktivismus (Gadamer – Derrida) anbahnte.

Werfen wir aber zunächst einen Blick in die Geschichte der Hermeneutik. Hier finden wir nicht nur konstruktivistische Denkfiguren vorgeprägt, sondern auch das Grundproblem von Identität und Differenz, wenn es auch freilich noch nicht de-konstruktivistisch, sondern als Problem der Vermittlung von Identität und Differenz gesehen werden kann; in der Aufklärungshermeneutik und in der romantischen Hermeneutik freilich mit umgekehrten Vorzeichen, d.h. einmal von Identität (der Vernunft) ausgehend, dann von der Differenz individuellen Denkens.

Die hermeneutische Tradition

In der Aufklärungshermeneutik (vgl. Chladenius 1742) gilt (identisches) Verstehen als prinzipiell möglich und nicht grundsätzlich problematisch. Wenn dennoch einzelne Textstellen für bestimmte Leser schwer verständlich, „dunkle Stellen“ sind, fehlen ihnen lediglich die zum „wahren Verstand“ notwendigen „Begriffe“ (d.h. das notwendige Wissen). Dann tritt der Ausleger auf den Plan, bringt den Lesern diese Begriffe bei und führt sie damit zum „wahren Verstand“ dieser Stellen („Stellenhermeneutik“). Er macht sie ihnen verständlich, indem er sie „auslegt“. Das Auslegen ist somit im aufklärungshermeneutischen Sinn eine lokal begrenzte, didaktische, am jeweiligen Wissen bzw. Nicht-Wissen des Lesers (Schülers!) ausgerichtete Vermittlungsaufgabe. Der Ausleger bringt als Aufklärer Licht in die Dunkelheit, er „erhellt“ die dunklen Stellen, so dass im Prinzip jeder zur Erkenntnis, zum (richtigen!) Verstehen bzw. Verständnis geführt werden kann, wobei es durchaus das Ziel des Auslegers, wie jedes Pädagogen sein muss, sich letztlich selbst überflüssig, d.h. das verstandesbegabte Subjekt aufgrund der ihm innewohnenden Vernunftkräfte zu einem autonomen Subjekt zu machen.

Die romantische Hermeneutik (vgl. Schleiermacher 1838; 1977) geht demgegenüber von einer grundsätzlichen Problematik des Verstehens aus, versucht aber ebenso methodische Anleitungen zum Verstehen zu geben (grammatische und psychologische Auslegung), dies aber zugleich als eine „unendliche“ Aufgabe zu erweisen. Das Verstehen wird nun als „universal“ gesehen, weder beschränkt auf Schrift, noch auf kunstmäßige Rede – und damit steht der „Universalitätsanspruch“ im Raum. Das Auslegen freilich, und damit der okkasionell-pädagogische Anspruch, gehört nun nicht mehr in die Hermeneutik, sondern, da das Auslegen seinerseits wieder Rede ist, in die Rhetorik. Nur in einem anderen – nicht-rhetorischen Sinn – hat das Auslegen noch Platz in der Hermeneutik, nämlich in dem, den Gadamer (1965: 380) schließlich auf die prägnante Formel bringt: „Alles Verstehen ist Auslegen".

In der Philosophischen Hermeneutik des 20. Jahrhunderts (Gadamer 1965) scheint sich die Hermeneutik zu „entmaterialisieren", indem sie wieder „philosophisch" wird und damit erneut einen Universalitätsanspruch erhebt: Verstehen heißt stets, etwas als etwas zu verstehen, es in dem Sinne auszulegen, dass man es in den gegenwärtigen „Horizont" einrückt. Alles andere wäre ein historistisches Missverständnis. Dies wiederum hat – schon bei Schleiermacher durchaus angelegt – sprach- und zeichentheoretische Implikationen bzw. Konsequenzen. Sprachphilosophie, Sprach- und Zeichentheorie wird „pragmatisch".

Hermeneutische Linguistik und linguistische Hermeneutik

Wenn wir für eine „linguistische Hermeneutik" plädieren, kann es m.E. nicht darum gehen, eine neue Spezialhermeneutik, nunmehr eine linguistische, zu konstituieren. Das wäre, historisch gesehen, die Rückkehr zu den Spezialhermeneutiken des 18. Jahrhunderts, die F. Schleiermacher gerade mit seinem Postulat einer „allgemeinen Hermeneutik", mit dem Universal-Werden der Hermeneutik, die der „Allgemeinheit" des Verstehensproblems Rechnung zu tragen beansprucht, zu überwinden versucht hat. Ich sehe daher als (sprach)theoretische Grundlage eher eine „hermeneutische Linguistik", d.h. eine hermeneutische Sprachtheorie, in der sich dann auf methodologischer Seite eine „linguistische Hermeneutik", sprach- und zeichentheoretisch begründet, von selbst ergäbe. In einem Kontext eben, in dem sprachlich-kommunikative Prozesse grundsätzlich zu verstehen und zu beschreiben wären als Prozesse der (permanenten) Sinnkonstitution, also als Prozesse der Semiose oder – konstruktivistisch ausgedrückt – als Prozesse der Bedeutungs- bzw. Sinnkonstruktion, die dann als manifest werdende kommunikative bzw. diskursive Prozesse den „empirischen“ Gegenstand linguistisch-hermeneutischer Analysen darstellen.

Hermeneutische Linguistik und linguistische Hermeneutik bewegen sich dann gleichermaßen im Spannungsfeld von langue und parole wie von Verstehen und Auslegen. Eine hermeneutische Linguistik kann das (sprachliche) Zeichen nicht als starre, konventionell „festgelegte“, wenn auch hinsichtlich der Motiviertheit arbiträre Verbindung von Inhalt und Ausdruck sehen: eine Auffassung, die zwar de Saussures ‚Cours' zugeschrieben wird, tatsächlich aber wohl nur dessen ahermeneutisches Missverständnis durch Sechehaye und Bally ist und nicht der „hermeneutischen Sprachidee“ de Saussures entspricht, die L. Jäger (1975) in den ‚sources manuscrites' freizulegen versucht hat. Es bedarf vielmehr des Zeichenbenutzers, eines „Interpreten“, der ein Zeichen im semiotischen Prozess (Semiose) allererst als Zeichen konstituiert, indem er ihm eine Bedeutung zuschreibt. „Konventionell“ wird ein Zeichen lediglich dadurch, dass es von Sprechern und Hörern in ähnlicher Weise gebraucht bzw. verstanden wird. Dieses „konventionelle Band“ kann aber jederzeit brüchig werden, wenn es nicht in Akten der permanenten Semiose beständig neu geflochten wird. Wir bemühen zwar immer wieder die zwei Seiten eines Blattes oder einer Münze, aber es verhält sich wohl eher wie bei den neuen Euro- und Cent-Münzen. Wenn wir sie umdrehen, finden wir zwar oft noch das Erwartete, immer öfter aber auch Nicht-Erwartetes, manchmal sogar durchaus auch Unbekannteres als etwa den Kopf Dantes. Ja, manches sieht aus wie eine 2-Euro-Münze, ist aber vielleicht überhaupt kein Zahlungsmittel. Ist es dann – poststrukturalistisch gedacht – überhaupt nicht mehr verstehbar bzw. deutbar? Solange wir der Münze einen „Wert“ (durchaus im Sinne des de Saussureschen valeur-Begriffs) beimessen, hat sie diesen in Bezug auf ein (zumindest hypostasiertes) System, in dem sie einen bestimmten Platz einnimmt, der ihren Wert „negativ“, also differentiell, bestimmt. Als mir ein Taxifahrer in Berlin eine solche Münze im Halbdunkel als Wechselgeld in die Hand drückte, habe ich sie als 2-Euro-Münze wahrgenommen, d.h. als eine Nicht-1-Euro-Münze: ich habe sie in ein differentielles Wert-System eingeordnet, das mir in diesem Moment die Sicherheit gab, es handele sich (positiv) um eine 2-Euro-Münze, zumal in dem System eben nationale Varianten zugelassen sind. Aber ich habe sie fälschlicherweise in dieses Wert-System eingeordnet, d.h. ich habe einfach nicht genau hingeschaut und eine falsche Hypothese hinsichtlich ihrer Systemzugehörigkeit, die allein ihren Wert bestimmt, gebildet. Meine Deutung war eine legitime Deutung, aber es war eine Fehldeutung. Hätte ich die „Spur“ besser gelesen und nicht zu schnell verstanden, hätte ich vielleicht gemerkt, dass die Spur „gelegt“ war, um mich auf die falsche Fährte zu locken und mich um 2 Euro zu „betrügen“. (Aber auf den ersten Blick sah es eben aus wie ein 2-Euro-Stück und wann schauen wir schon so genau hin?)

Ein langue-bezogener hermeneutischer Sprachbegriff hätte mich warnen sollen. In dem betreffenden System gibt es keine 2-Euro-Münze ohne den Aufdruck „2 Euro“. Also gehört die Münze, wenn überhaupt, einem anderen System an, sie war kein „im Horizont“ von Euroland interpretierbarer Ausdruck. - Und so muss wohl auch einer „linguistischen Hermeneutik“ eine Linguistik zugrunde gelegt werden, die sich als „hermeneutische Linguistik“ (der langue) versteht. Das hierbei zentrale Konzept der Zeichenkonstitution verweist allerdings gleichermaßen auf die Ebene der parole. Denn die parole ist die Ebene, auf der die Zeichenbildungsprozesse stattfinden, und zwar nicht nur in Akten der Zeichenproduktion, sondern ebenso (vielleicht allererst hier) in

Akten der Zeichenrezeption und der permanenten kognitiv-aktiven Weiterbildung von Zeichen in Diskursen. ‚Verstehen' ist dann aber in der Tat keine „Sinnentnahme" mehr, sondern „Sinn-Konstitution", „Sinn-Konstruktion", aber auch kommunikative Vermittlung von Sinn. Wenn es anders wäre, brauchten wir keine Hermeneutik: ‚In claris non fit interpretatio'. Aber was ist „klar"? Ist überhaupt irgendetwas klar, bevor wir uns, Deutungshypothesen argumentativ abwägend, damit (methodisch) auseinandergesetzt haben? Sicherlich sind wir des Öfteren, wenn nicht mehr abgewogen kann, mehr oder weniger gezwungen, von der (theoretisch möglichen und notwendigen) Reflexion einfach zum entschlossenen Handeln überzugehen, auch wenn uns nicht alle Informationen zur Verfügung stehen, deren Berücksichtigung unser Handeln als „rational" ausweisen könnte.

Aber trotzdem werden wir bei solchen alltagspraktischen Entscheidungen nicht unbedingt unsicher. Wir treffen sie auf der Grundlage einer alltagspraktischen Gewissheit, auch wenn Zweifel durchaus möglich, manchmal sogar wünschenswert wären: „Versteh mich nicht so schnell!" sagt das Gedicht dem Leser, während wir uns schon sicher sind, wie wir es verstehen sollen bzw. wollen. Sind wir uns also oft nicht vielleicht zu früh sicher? Fürchten wir schon, uns in der „Sprache der Verrücktheit" zu verlieren, wenn wir gelegentlich wohl doch spüren, dass „zuviel Sicherheit macht, daß wir uns unsicher fühlen. Wo nicht, sollte sie es doch vielleicht" (Cooper 1978, 14)? Allerdings leben wir mit manchen „naiven Vorurteilen" (auch poststrukturalistisch) ganz gut. So auch mit dem von Betti (1967) apostrophierten, „zu glauben, daß der angemessene und klare Ausdruck ein solcher sei, der ein vollkommen genaues und sicheres Verständnis ermöglicht" (Betti 1967, 259). Dieses kann allenfalls ein „Endprodukt und Ergebnis eines Auslegungsprozesses" (ebd.) sein. Wenn somit das Prädikat klar erst auf einen interpretierten Text angewendet werden kann, dann gibt es keinen Text, der vor-interpretativ klar wäre (aber ist er es „nach-interpretativ“?). Und dies gilt interessanterweise insbesondere für durchaus Klarheit beanspruchende Rechtsnormen, deren grundlegendes Merkmal gerade ihre Auslegbarkeit ist und sein muss, die immer auf „Vor-Urteilen“, hypothetischen Annahmen, beruht, wie sie nicht nur Gadamer, sondern gerade in Bezug auf das juristische Geschäft auch Derrida postuliert hat. Denn das juristische Geschäft ist nichts anderes als „Arbeit mit Texten“ (Busse 1992, 191ff.) und somit ein durch und durch hermeneutisches Geschäft.

Das linguistische Geschäft ist auf der Ebene der parole nichts anderes: Arbeit mit und an Texten. Und diese Arbeit ist wohl eine hermeneutische – oder ist es eine de-konstruktivistische, in der die Möglichkeit identischen Verstehens immer wieder neu dekonstruiert wird? Als Linguisten beanspruchen wir Professionalität. Wir beanspruchen, diejenigen „Experten“ zu sein, denen es z.B. gelingen könnte, schwer verständliche Textstellen zu „erhellen“ oder aber auch, hermeneutisch reflektierter, mögliche Verständnisse eines Textes oder bestimmter Züge in einer Kommunikation aufzuzeigen und diese argumentativ zu plausibilisieren. Dazu, dass wir in diesem Sinn damit beginnen zu interpretieren, bedarf es offensichtlich einer Art „expertise condition“, wie Hancher (1981, 267) in einer Analyse sprechaktbezeichnender Verben wie deuten, interpretieren, to interpret zeigt, die nach Austin als Verdiktiva zu klassifizieren sind. Es bedarf einer „definite difficulty of judgement“, einer „non-easiness condition“, die die Experten auf den Plan ruft. In diesem Sinn lässt sich die begriffliche Unterscheidung zwischen ‚Verstehen’ und ‚Auslegen’ (Deuten, Interpretieren; in einer kommunikativ-funktionalen und didaktischen Perspektive ‚Verständlich-Machen’) sprechakttheoretisch bzw. sprachanalytisch begründen.

Im Hinblick auf die Unterscheidung von „Textrezeption“ und „Textverarbeitung“ (vgl. Biere 1988) argumentiert auch

S.J. Schmidt (1994) aus radikal-konstruktivistischer Sicht daher zu recht gegen solche kognitionswissenschaftlichen Modellierungen der Textverarbeitung, die den Verstehensprozess in handlungstheoretischen Termen zu explizieren versuchen. Denn der Begriff des Verstehens erfüllt, gerade auch wenn man sich an den Gebrauchsanalysen Wittgensteins (1967) orientiert, tatsächlich nicht die Kriterien für Handlungen, wie sie in Handlungstheorien entfaltet worden sind (vgl. Heringer 1984, 58; Biere 1989, 17 ff. sowie Busse 1992, 121ff.). Was eine handlungstheoretische Explikation schließlich deutlich machen kann, ist der Unterschied zwischen Verstehen und Interpretieren, indem sich zeigen lässt, dass nicht ‚Verstehen', wohl aber ‚Interpretieren', insbesondere in seiner kommunikativen Ausdeutung als Verständlichmachen, in der Tat eine bestimmte Art sprachlichen Handelns ist. Grundlage dafür ist zunächst die Unterscheidung von Ereignissen und Handlungen (vgl. Keller 1976). Dann bleibt noch zu klären, ob Verstehen ein Ereignis und darüber hinaus etwas Prozesshaftes, sich in der Zeit auf ein Ergebnis hin Entwickelndes ist. Verstehen kann m.E. nicht nur ereignishaft, sondern sehr wohl auch als prozesshaft konzipiert werden, ohne dass wir es damit zwangsläufig als Handlung betrachten müssen.

Wir können den (sich ereignenden) Prozess des Verstehens und sein Ergebnis (‚jetzt verstehe ich') terminologisch unterscheiden, wenn wir den Prozess mit dem Verbalsubstantiv Verstehen und das Ergebnis mit dem Substantiv Verständnis bezeichnen. Dementsprechend wäre Textrezeption der Prozess des Verstehens, der im Ergebnis zu einem Verständnis des rezipierten Textes führt. Textverarbeitung wäre dann das kommunikative Komplement: Textinterpretation und Leser-Leser-Kommunikation (Entwicklung, Begründung, Vermittlung oder das „Aushandeln" eines kommunikativ tragfähigen Verständnisses). In diesem Sinn ist der Begriff der Textverarbeitung dann allerdings nicht mehr wie in kognitionswissenschaftlichen Ansätzen synonym mit dem des Verstehens, sondern als Handlungsbegriff klar von diesem abzugrenzen.

Da wir jedes zeichenhafte Gebilde (d.h. etwas, dem wir Zeichenhaftigkeit unterstellen) potenziell verstehen können (wenn wir es auch manchmal durchaus falsch verstehen, insbesondere wenn wir das verwendete Zeichensystem, die betreffende Sprache, nicht hinreichend gut kennen/ können) stellt sich (irgend)ein (vor-interpretatives) Verständnis –gerade auch im Sinne eines notwendigen „Vor-Urteils" - mehr oder weniger automatisch ein. Es muss sich einstellen bzw. eingestellt haben, damit wir mit dem Interpretieren überhaupt beginnen können. Auch und gerade dann, wenn wir dieses Verständnis als ‚Vor-Verständnis' („Vor-Urteil") relativieren, brauchen wir es als (hypothetischen) Ausgangspunkt für das Interpretieren, das als professionelles methodisches Handeln auf ein Ergebnis gerichtet ist, das wir nun allerdings ebenso ‚Verstehen/ Verständnis' nennen wie den Ausgangspunkt des Interpretierens. Was also ist „passiert" auf dem Weg des Interpretierens, vom ersten (vormethodischen) Verständnis zu einem zweiten (neuen?) Verständnis? Und warum haben wir uns der Mühe des Interpretierens unterzogen? - Das (professionelle) Interpretieren oder „Auslegen" schiebt sich gewissermaßen zwischen ein erstes und ein zweites, modifiziertes, spezifiziertes, diskursiv begründbares Textverständnis. Als Philologen können wir uns nicht mehr mit „jenem unmittelbaren Verstehen" zufrieden geben: „Wer seine philologische Unschuld verloren hat, kann für das gewöhnlichste nur in der philolog(ischen) Wissenschaft Heil finden" (Schleiermacher 1838; 1977, 62), wir versuchen es methodisch absichern, kritisch rekonstruieren und diskursiv zu begründen. Wir handeln professionell und müssen gleichwohl die Spannung zwischen „Kunst" und „Technik" des Interpretierens aushalten.

Dabei sollte uns eine linguistische Hermeneutik helfen können. Wenn wir eine solche „Linguistik des Sinns" (der parole) nicht von einer Linguistik der langue abkoppeln wollen, dann brauchen wir allerdings gleichzeitig eine hermeneutische Linguistik, in deren Rahmen beides thematisch ist: eine „hermeneutische Sprachidee" und das Verstehen und Interpretieren jeglicher Art von Sprachverwendung in Texten und Diskursen.

Kognitionswissenschaften und (radikaler) Konstruktivismus

In der Tradition der Hermeneutik lässt sich „unsere" Linguistik historisch als Verstehenswissenschaft charakterisieren, woraus sich als methodologische Konsequenz das Postulat einer linguistischen Hermeneutik ergibt. Stehen wir damit ein weiteres Mal abseits des mainstream oder lässt sich eine in der Tradition der Hermeneutik begründete Verstehenswissenschaft vielleicht ganz „modern" auch kognitivistisch deuten, ist eine hermeneutische Linguistik letztlich eine (wenn auch in einer anderen Tradition begründete und dem entsprechend terminologisch anders ausgeprägte) Spielart des Kognitivismus und/oder Konstruktivismus? (Ich würde die Frage natürlich lieber umkehren und fragen, ob der Konstruktivismus eine moderne Spielart, zumindest einer bestimmten Auffassung von Hermeneutik ist.)

Für die kognitive Psychologie liefert der Begriff der Informations- bzw. Textverarbeitung ein Grundmodell für „die geistigen Prozesse des Menschen" (Hoppe-Graff 1984, 15). Solange solche (kognitiven) „Textverarbeitungsprozesse" – die ich allerdings als Kommunikation zwischen Lesern, also kommunikativ verstehe (s. Biere 1988) – jedoch immer noch als Encodier-, Speicherungs- und Abrufprozesse konzeptualisiert werden, ist von einer das behavioristische Paradigma ablösenden „kognitiven Wende“ noch wenig zu spüren. Solange Begriffe wie ‚repräsentieren’ und ‚abbilden’ Grundbegriffe einer (orthodoxen) Kognitionswissenschaft darstellen, darf man durchaus Zweifel hegen, ob die „Vorstellung einer starren Beziehung zwischen Text und Bedeutung“ (Engelkamp 1984, 32) wirklich aufgegeben worden ist. Die orthodoxe Kognitionswissenschaft ist von ihren Denkmustern her repräsentationistisch. Wirklich prozessorientiert wird Verstehen erst im Rahmen holistischer Konzeptionen gesehen, nämlich als ein „ganzheitlicher mentaler Konstruktionsakt“ (Schnotz 1985, 16).

Aus konstruktivistischer Perspektive schlägt Varela (1993) schließlich explizit eine „handlungsbezogene Strategie“ vor, wenn er Kommunikation nicht mehr als „Übertragung von Information vom Sender zum Empfänger“ versteht, sondern „als wechselweise Gestaltung und Formung einer gemeinsamen Welt durch gemeinsames Handeln“: Somit ist das „Netzwerk von Sprechakten [...] kein Werkzeug der Kommunikation, sondern das Netzwerk, durch welches wir uns als Individuen selbst definieren“ (Varela 1993: 113). Entsprechend weist auch S.J. Schmidt (1994) die „alltagshermeneutische“ Vorstellung zurück, „Verstehen sei Bedeutungsentnahme aus einem Text (bzw. anderen Medienangeboten), und der bedeutungstragende Text determiniere den Verstehensvorgang“ (Schmidt 1994, 123).

Radikale Hermeneutik

Wenn das Verstehen bzw. das Auslegen demnach nun als „Konstruktion“ gesehen werden kann, so müssen wir fragen, ob dies denn wirklich eine Entdeckung des Konstruktivismus ist oder ob nicht eine radikal konstruktivistische Position nichts anderes ist als eine radikal hermeneutische. Sicherlich können wir eine solche noch nicht in der Aufklärungshermeneutik, wohl aber in der Hermeneutik und Dialektik Schleiermachers finden. So ist etwa die Konstruktion eines „mentalen Modells" wohl nichts anderes als jener „kühne Entwurf", mit dem das Verstehen nach Schleiermacher seinen divinatorischen Anfang nimmt (Schleiermacher 1838; 1977): Ein Entwurf, der im Sinne des hermeneutischen Zirkels ein Ganzes vorwegnehmen muss, um die sukzessiv zu verstehenden Teile auf eine Idee projizieren zu können, von der aus die Teile einen möglichen Sinn als Teile dieses hypostasierten Ganzen erhalten. In Termen der Textverarbeitung ist dies wiederum nichts anderes als das Ineinandergreifen von top-down und bottom-up-Prozessen. Und im Gegensatz zu einer (reduktionistischen) Hermeneutik (s. dazu kritisch Japp 1977), die sich erneut auf die Rekonstruktion der Autorintention kapriziert (Hirsch 1972), findet sich bei Schleiermacher gerade nicht die Idee eines definiten (gar durch den Autor kontrollierbaren) Verstehensprozesses, sondern die der Unbestimmtheit, der „Unendlichkeit" und Approximativität des Verstehens, die es zu einer ständigen Probe werden lässt, wie weit sich ein Verständnis als kommunikativ tragfähig erweist. Und was wir da immer wieder auf die Probe (und damit auch zur Disposition) stellen, sind unsere „Konstruktionen" eines Sinns, der zwar in der Materialität des Textes als Möglichkeit aufgehoben zu sein scheint, aber in der Welt des Sinns doch immer wieder dekonstruiert und im Sinne einer permanenten Semiose immer wieder neu konstruiert werden muss. Somit ist – noch einmal Schleiermacher, ganz konstruktivistisch in der Dialektik-Vorlesung von 1822 – „alle Mitteilung über äußere Gegenstände (…) beständiges Fortsetzen der Probe, ob alle Menschen ihre Vorstellungen identisch konstruieren" (in: Schleiermacher 1977, 460).

Das individuelle Bewusstsein des Anderen ist im Verstehen demnach letztlich nicht einholbar, und Verstehen ist schlicht deshalb eine „Kunst", weil eine Sprache nicht nur allgemeines Bezeichnungssystem, sondern auch Möglichkeit individuellen Ausdrucks ist. In diesem Sinn findet sich das Wesen von Sprache tatsächlich wieder in ihrer scheinbar paradoxen Charakterisierung als das „individuelle Allgemeine" (Frank 1977):

> Von Seiten der Sprache entsteht aber die technische Disziplin der Hermeneutik daraus, daß jede Rede nur als objektive Darstellung gelten kann, inwiefern sie aus der Sprache genommen und aus ihr zu begreifen ist, daß sie aber auf der anderen Seite nur entstehen kann als Aktion eines Einzelnen, und als solche, wenn sie auch ihrem Gehalt nach analytisch ist, doch von ihren minder wesentlichen Elementen aus freie Synthesis in sich trägt. (Schleiermacher, Entwurf zu einem System der Sittenlehre, in: Schleiermacher 1977, 384).

Dekonstruktivismus, Identität und Differenz

Die dekonstruktivistische Perspektive erscheint demgegenüber noch „radikaler". Sie verneint letztlich die Möglichkeit des (richtigen) Verstehens in der Qualifizierung jedes Verstehens als ein Missverstehen. Aber hatte nicht schon Schleiermacher den entscheidenden Schritt in diese Richtung getan, als er eine „allgemeine Hermeneutik" zu konstituieren versuchte, in der i. Ggs. zur Aufklärungshermeneutik das Missverstehen als der Regelfall und das Verstehen als ein immer neu zu suchendes – und immer nur approximativ zu erreichendes – gesehen wird? Dabei stellt er mit der Unterscheidung einer „laxeren Praxis in der Kunst" und einer „strengere(n) Praxis" (Schleiermacher 1838; 1977, 92) allerdings in Rechnung, dass es, wie oben angesprochen, zwar ein alltagspraktisches vor-methodisches Verständnis gibt, das sich „von selbst ergibt" (ebd.), dass aber die „strengere

Praxis“ sich nicht damit zufrieden gibt, „Missverstand“ zu vermeiden, sondern im Gegenteil davon ausgeht, „daß sich das Mißverstehen von selbst ergibt und das Verstehen auf jedem Punkt muß gewollt und gesucht werden“ (ebd.). Der Unterschied dieser beiden Praktiken ist nun aber wesentlich darin begründet, dass die erste ihren Grund hat in der Annahme der „Identität der Sprache und der Kombinationsweise in Redenden und Hörenden“, während die zweite „von der Differenz der Sprache und der Kombinationsweise aus(geht)“ (ebd.). Was hier anklingt, ist zwar nicht die „Überwindung“ identitätsphilosophischen Denkens, denn Schleiermacher räumt nicht nur ein, sondern anerkennt mit einem schlichten „freilich“, dass auch Ausgehen von der Differenz „auf der Identität ruhen muss“, auch wenn diese „nur das Geringere ist, welches der kunstlosen Praxis entgeht“. Und er meint wohl damit nicht, dass „das Geringere“, die Identität eben, der kunstlosen Praxis entgeht, sondern dass die Identität das Geringere i s t, während die kunstlose Praxis das Verstehen unproblematisch aus einer (wie auch immer unterstellten) Identität quasi deduzieren zu können glaubt. Was ist dies anderes als eine „Kritik des identifizierenden Denkens“, wenn dieses auch die Praxis des vor-methodischen Verstehens bestimmt?

Während der Grund dieses Denkens auf das Identische abzielt, zielt das Denken der Differenz, „auf das Verschiedene“ ab, das „nicht zurück(zu)führen (ist) auf dasselbe und das Gleichartige“, wie Kimmerle (1992, 15) es mit Bezug auf Adornos „Negative Dialektik“ (Adorno 1982, 16-18, 34f.) formuliert. Wenn aber jedes begriffliche Denken „von sich aus identifizierend“ ist, so „(muß) das Besondere, Nicht-identische (…) durch die Raster dieses Denkens fallen“ (Kimmerle 1992, 16). Adornos Konsequenz bleibt dialektisch in dem (damit weiterhin als ‚Philosophie‘ gedachten) Versuch, „durch den Begriff über den Begriff hinauszugelangen“ (Adorno 1982, 27). Derrida hingegen „hat sich wie kaum ein anderer darauf gerichtet, in dieser Situation in der Sprache und an der Sprache zu arbeiten. Er ist nicht – wie Adorno – bereit, die traditionelle Begrifflichkeit als etwas Unentrinnbares hinzunehmen" (Kimmerle 1992, 17).

Aber ist nicht auch die Praxis (wenn denn keine „Philosophie" der Differenz möglich ist) des differenten Denkens, die Praxis der Dekonstruktion als Arbeit mit und an Texten, eine solche, die „schließlich ein hermeneutisches Ergebnis hat" (ebd., 53)? Macht Derrida (1967; dt.1983, 371) etwa in seiner Rousseau-Interpretation („Was sagt Rousseau, ohne es zu sagen? Was sieht er, ohne es zu sehen?") denn etwas anderes als Schleiermacher, wenn er die Aufgabe des „objektive(n) und subjektiven Nachkonstruieren(s) der gegebenen Rede" (1838; 1977, 93) auch als die Aufgabe beschreibt, „'die Rede erst ebenso gut und dann besser zu verstehen als ihr Urheber'" (ebd., 94)? - Was ist dies anderes als jenes „zwischen den Zeilen Lesen", das in der Tat das hermeneutische Geschäft ausmacht? Selbst wenn das Ziel nicht mehr „Verstehen im Sinne einer Verschmelzung der Horizonte, sondern das Herausarbeiten der Unterschiede (ist), die nicht erneut in eine Einheit zusammengenommen werden" (ebd., 52), so sind die Unterschiede doch nur Differenzen im Hinblick auf irgendetwas als identisch Gesetztes – selbst wenn dies „nur" ein differentielles „System" ist, in dem alles zwar nur negativ bestimmt seinen „Wert" hat, einen Platz im „Spiel der Differenzen", aber eben doch einen bestimmten Platz. Dass dieser sich (im System, in der langue, wie im Text, in der parole) beständig ändern kann, „weil die Kontexte veränderlich sind", entspringt einer „ehrwürdigen hermeneutischen Einsicht" (Habermas 1988, 232). Dennoch kann etwas nur als sich verändernd beschrieben werden, wenn es etwas gibt, was sich nicht (im gleichen Moment) verändert. Was jeweils als identisch gesetzt werden kann, „trägt der Interpret nicht an seinen Gegenstand heran", er übernimmt vielmehr als idealisierende Unterstellung die

Idee „eines erreichbaren Konsenses“, „mit der performativen Einstellung eines teilnehmenden Beobachters, von den unmittelbar Beteiligten, die allein unter der Voraussetzung intersubjektiv identischer Bedeutungszuschreibungen überhaupt kommunikativ handeln können“ (Habermas 1988, 233).

Dass ohne Idealisierungen weder die Hermeneutik, noch die Dialektik auskommt, wusste natürlich auch schon Schleiermacher. So muss er sowohl, wie Frank (1990, 11) es m.E. zu Recht deutet, die „'Voraussetzung' eines (wie immer unerreichbaren) Wissens-Ideals“ machen, ohne die es „keinerlei Gewähr für die Intersubjektivität der jeweils diskursiv erzielten Übereinkünfte“ gäbe, wie auch in der Dialektik „die Selbigkeit des Gegenstandes, dem divergierende Prädikate zugesprochen werden“ (ebd.). Identität kann und muss also „vorausgesetzt“ werden; einmal als etwas, das die Partner faktisch (wenn in einem anderen Sinn oft auch kontrafaktisch) voraussetzen, wenn sie überhaupt miteinander kommunikativ handeln wollen, dann als etwas, das auch einen „Streit“, jedenfalls einen „sinnvollen“, überhaupt erst möglich macht, wenn auch dies oft kontrafaktisch ist, wenn man feststellen muss, dass ein Streit des (identischen) Grundes entbehrt, d.h. der Streitgegenstand für die Kontrahenten gar nicht derselbe ist. Und dies schließlich präsupponiert keineswegs, dass ein „Ding als Einheit anders als in der Totalität seiner Relationen“(Schleiermacher 1812/13; 1977, 383) konzipiert werden müsste. Im Gegenteil: Da „je nachdem die Position des Menschen gegen die Natur eine andere ist, so müssen auf entgegengesetzten Punkten auch verschiedene Systeme der Erkenntnis stattfinden“ (ebd.).

Verdeutlicht dies noch einmal die doppelte Bezogenheit einer linguistischen Hermeneutik/ hermeneutischen Linguistik auf die Ebenen von langue und parole, die das Auslegen zur „Kunst“ macht, so verdeutlicht der Einbezug der Dialektik, dass wir auch eine linguistische Hermeneutik nicht als isoliertes methodologisches Konstrukt betrachten sollten. In der Tat öffnet sich die Linguistik derzeit jenseits des Kognitivismus für neue Fragen, wie die nach der (sprachlichen) Konstituierung, Organisation und Vermittlung von Wissen. Löst die Orientierung auf den Begriff des Wissens vielleicht die gerade wiedergewonnene Orientierung auf den Begriff des Verstehens schon wieder ab? Ich glaube nicht. Denn es lässt sich – nicht zuletzt wiederum historisch – begründen, wie das alles zusammenhängt und gerade in seiner Verbindung einen neuen integrativen Zugang zu den Gegenständen der Linguistik schafft: Die Konstituierung von Wissen ist das hermeneutische Geschäft, die Organisation von Wissen das dialektische und die Vermittlung von Wissen das rhetorische. Im hermeneutischen Kontext ist die Vorstellung von der Wissensbasiertheit des Verstehens bereits in der Aufklärungshermeneutik präsent. So führt etwa J.M. Chladenius das (Noch)-Nicht-Verstehen im Wesentlichen auf fehlendes (z.B. historisches) Sachwissen zurück, so dass die didaktische Aufgabe des Auslegens genau darin bestünde, einem Schüler eben diejenigen „Begriffe [...], welche nöthig sind, eine Schrift oder Rede vollkommen zu verstehen“ (Chladenius 1742: § 169), also Wissenselemente, beizubringen. Mag in der romantischen Hermeneutik der Begriff des Wissens, wie auch der des Auslegens, auch aus der Hermeneutik verdrängt worden sein, so ist er doch in der Dialektik bzw. in der Rhetorik präsent. Freilich kann ‚Wissen’ in seiner Abhängigkeit von Rhetorik und Hermeneutik (Reden und Verstehen) nun auch neu konzeptualisiert und im Begriff des

„Werdens von Wissen“ prozesshaft begriffen werden. So besteht die Abhängigkeit von Rhetorik und Hermeneutik von der Dialektik nun genau darin, dass gerade „alles Werden von Wissen von beiden abhängig ist“ (Schleiermacher 1838; 1977, 76f.).

(Erstveröffentlichung in: Thuswaldner, Georg (Hrsg.): *Derrida und danach? Literaturtheoretische Diskurse der Gegenwart.* Wiesbaden: VS Verlag für Sozialwissenschaften 2008, 85-99)

5 Ein Text ist kein Container – Textbedeutung und Textdeutung

Dichotomania

Begleitet von Strukturalismus und Generativismus, ist unser linguistisches Denken im letzten Jahrhundert gewiss nicht primär ‚semantisch' gewesen, gelegentlich wohl eher ‚semantik-fern', wenn nicht ‚semantik-frei'. Gleichwohl blieben Versuche, neben einer strukturalen Syntax auch Grundzüge einer strukturalen Semantik zu entwerfen, nicht aus (Lyons 1963; Greimas 1986). So sind Sem-Analysen, merkmal- oder komponentialsemantische Bedeutungskonzeptionen oder auch bedeutungsrelationale und schließlich prototypensemantische Ansätze durchaus im strukturalistisch-generativistischen Paradigma zu verorten und selbst die traditionelle Wortfeld-Semantik hat einen strukturalistischen Kern.

Parallel dazu findet sich eine grundsätzliche bedeutungstheoretische und sprachphilosophische Diskussion, nicht erst seit Putnams Frage nach ‚der Bedeutung von ‚Bedeutung' (Putnam 1979) oder seit Freges Schrift über ‚Sinn und Bedeutung' (Frege 1892; 1994), sondern seit der Antike. Während die Linguistik bis zur Sprechakttheorie Searles fast durchgängig sprecherorientiert bleibt, muss die Frage nach ‚Bedeutung' und ‚Meinung' insbesondere in sprachpsychologischen und kommunikationsbezogenen Kontexten zwangsläufig auch die rezeptive Seite, das ‚Verstehen', und damit Zusammenhänge zwischen ‚Meinen' und ‚Verstehen' thematisieren. Verschwindet damit die Frage nach der Bedeutung oder muss sie nur anders gestellt werden? - Zweifellos hängt das alles miteinander zusammen, und ich bemerke bei mir selbst, wie es immer nur eine von Zeit zu Zeit sich abzeichnende Verschiebung des Interesses oder eine Art Perspektivenwechsel ist, die uns das eine Mal mehr auf die Seite der *langue* und der Bedeutung, ein anderes Mal mehr auf die Seite der *parole* und des Sinns bzw. auf die rezeptive Seite des Sprach- bzw. Textverstehens blicken lässt. Gleichwohl fragen wir uns in einem system-, produktions- wie rezeptionsorientierten Ansatz gleichermaßen, was das eigentlich ‚ist', wovon wir in diesen oder jenen Termen reden, inwieweit diese oder jene Redeweise mehr oder weniger angemessen ist.

Was heißt es z.B. vom ‚Sprachverstehen' zu reden? Kann man ‚Sprache' ‚verstehen' oder Sprecher einer Sprache oder das, was Sprecher in einer Sprache sagen bzw. was sie damit meinen? Vielleicht könnten wir uns ja angewöhnen, von Zeit zu Zeit nicht nur (probeweise) die Perspektive zu wechseln, sondern auch, von Zeit zu Zeit unsere (jeweils lieb gewonnene) Begrifflichkeit in Frage zu stellen, bis hin zu jenen unser Weltverständnis leitenden, wenn nicht konstituierenden ‚metaphors we live by' (Lakoff/ Johnson 1980; vgl. Biere/Liebert, Hrsg. 1997).

In der Tradition des Strukturalismus ist die Unterscheidung von langue und parole seit de Saussure so grundlegend, dass sie kaum jemand in Frage stellt, und wir uns kaum ernsthaft damit auseinander setzen, ob das, was wir als Ausdruck strukturalistisch-dichotomischen Denkens zu begreifen gelernt haben (und lehren), vielleicht gar nicht so grundsätzlich dichotomisch gedacht war, sondern nur heuristisch dazu diente, die parole als Gegenstand wissenschaftlicher bzw. strukturalistischer Betrachtung auszuscheiden, während der amerikanische distributionalistische Strukturalismus, nicht zuletzt in behavioristischer Tradition, zur Erforschung völlig unbekannter Indianersprachen umgekehrt ausdrücklich bei der parole ansetzen musste. Schließlich könnte die de Saussuresche Unterscheidung auch als trichotomische verstanden werden, wenn wir den Begriff der langage nicht ausklammern wollen. Oder wir könnten fragen, wie die von Coseriu eingeführte Unterscheidung von sistema, norma und habla (Coseriu 1952, dt. 1975) sich eigentlich zur dichotomischen *langue - parole* - Unterscheidung verhält.

Ebenso könnten wir uns fragen, warum Sprachanalyse denn stets von kleinsten Einheiten, wie Phonemen und Morphemen, zu größeren Einheiten, aus denen dann eine syntaktische Struktur entsteht, voranschreiten soll und nicht umgekehrt, wie es dann Chomsky getan hat, bei der komplexen Einheit ‚Satz' beginnen und danach fragen kann, woraus ein Satz besteht, bzw. wie er – generativ gedacht - algorithmisch generiert werden kann. - Heute sind wir längst beim ‚Text' angekommen und versuchen über den Einzeltext hinaus intertextuelle Beziehungen oder komplexe ‚Diskurse' zu analysieren. Sind wir damit schließlich wieder bei der Frage nach dem ‚Verstehen', nach ‚Sinn' und ‚Bedeutung' angekommen? Jedenfalls sind wir längst bei der parole angekommen. Eine Textlinguistik als „Linguistik des Sinns" (Coseriu 1980) ist eine Linguistik der parole.

Noch weit entfernt von einer ‚Semantik der parole', wurde gleichwohl auch strukturalistisch die ‚Bedeutung' bemüht, wenn es darum ging, jene kleinsten Einheiten zu definieren, aus denen eine Sprache (langue) auf phonologischer oder auf morphologische Ebene besteht: Wer ‚Phoneme' als kleinste bedeutungsunterscheidene, ‚Morpheme' als kleinste bedeutungstragende Elemente definiert, muss auf irgendein Konzept von Bedeutung rekurrieren, was aber strukturalistisch zunächst ebenso wenig reflektiert wird, wie die Frage, was es überhaupt heißen soll, ein Morphem trage oder habe Bedeutung. Die Möglichkeit, eine solche Frage auch nur zu stellen, scheint blockiert durch die Fixierung auf die Opposition von –unterscheidend und -tragend, mit der die unterschiedliche Leistung von Phonemen und Morphemen pointiert auf den Begriff gebracht werden kann. Auf den

Bedeutungsbegriff selbst kommt es dabei offensichtlich nicht an - er wird unproblematisch vorausgesetzt. Es hat aber doch den Anschein, als käme auch der Strukturalismus letztlich nicht ohne einen solchen aus. Insbesondere dann nicht, wenn es darum geht, einen Begriff des sprachlichen Zeichens zu begründen. So versucht die de Saussuresche Konzeption des sprachlichen Zeichens - jedenfalls in der von Sechehaye und Bally edierten ‚orthodoxen' Form des ‚Cours' – zwar nicht, irgendwelche sprachlichen Formen („Signifikanten") als deutbare Gebilde auszuweisen, sondern behandelt sie als fixe Größen, die ganz im Sinne des Aristotelischen ‚aliquid stat pro aliquo' etwas bedeuten, auf etwas verweisen, indem sie es repräsentieren. Im repräsentierenden Zeichen ist das Band zwischen Form und Inhalt, zwischen signifiant und signifié ein konventionelles, es gibt keine ‚natürliche' Verbindung zwischen den beiden Seiten - und (nur) in diesem Sinn ist die Beziehung zwischen signifiant und signifié ‚arbiträr'.

Was hier zeichentheoretisch auf den ersten Blick wieder als Ausdruck strukturalistisch-dichotomischen Denkens erscheinen mag, ist keineswegs so simpel, wie es das viel bemühte Bild der Münze mit ihren untrennbar miteinander verbundenen Seiten suggeriert. Vielleicht zeigt das System der Euro-Münzen angemessener, worum es zeichentheoretisch auch schon bei de Saussure geht: nämlich einerseits um den 'Wert', den die Zahl auf der Münze in allen Euro-Ländern identisch festzulegen scheint. Aber identisch ist dieser ‚Wert' nur als eine Art Verrechnungseinheit. Nicht nur dass die ‚Köpfe' auf der anderen Seite unterschiedlich sind, auch der ‚Wert', den die Zahl auf meiner 2-Euro-Münze repräsentiert, ist unterschiedlich, je nachdem, wo ich die Münze einsetze, wie viel ich verdiene usw. Als ‚valeur' ist die 2-Euro-Münze jedenfalls das, was sie nicht ist: keine 1-Euro-Münze und keine 3-Euro-Münze bzw. kein 5-Euro-Schein (dass ich hier von einer 3-Euro-Münze reden kann, die es ja bekanntlich nirgendwo gibt, macht noch einmal deutlich, wozu die

Unterscheidung Coserius zwischen *sistema* und *norma* nützlich sein kann). Bilder wie das der Münze (‚Sprache ist Geld') „beherrschen" solange den zeichentheoretischen Diskurs, wie wir sie immer wieder neu zu instantiieren und sich verändernden Verhältnissen anzupassen versuchen, anstatt sie irgendwann als nicht mehr tragfähig einfach über Bord zu werfen. Nicht erst dann zeigt sich, dass die Wahl der Metaphern nicht beliebig ist, sondern dass unterschiedliche Metaphernmodelle in der Tat unterschiedliche Konzeptualisierungen eines Phänomenbereichs repräsentieren (vgl. Liebert 1995), z.B. eine dichotomische oder eine nicht-dichotomische. Im Bild der Münze geht es um die beiden Seiten, aber auch um die gesamte Münze und die Verschmelzung der beiden Seiten, die nicht einfach aufeinander geklebt sind. So gibt es nicht nur signifiant und signifié, sondern natürlich auch das signe oder den Zusammenhang, der beide dazu macht: ein „konventionelles Band", das eine bestimmte Bedeutungsrelation zwischen signifiant und signfié etabliert. Dass dies gerade keine dichotomische Zeichenauffassung ist, macht der Kontrast zu anderen Zeichenauffassungen deutlich, in der das signifiant als ‚Zeichen' verstanden wird.

Was aber sind nun solche zeichenhaftigen Gebilde? Es scheinen zunächst Einzelzeichen zu sein; Gebilde, die eine Ausdrucksseite mit einer Inhaltsseite verbinden. Demnach sind Phoneme keine Zeichen, wohl aber Morpheme. Aber gilt das für alle Arten von Morphemen, für lexikalische wie grammatische, für freie wie gebundene? Und vielleicht auch für Morphemketten, für Syntagmen? Und bis zu welcher Größe? - In der Syntax wird durchaus die Auffassung vertreten, Sätze seien genau in dem Sinn ‚Zeichen', dass sie eine Inhaltsseite und eine Ausdrucksseite haben (vgl. Heringer 1970, 43). Genauso wie ‚Einzelzeichen' bedeuten auch aus Einzelzeichen zusammengesetzte Zeichen etwas, so dass dann Sätzen als komplexen Zeichen eine Art zusammengesetzte (Satz)bedeutung zukäme. Moderne Syntaxtheorien verstehen allerdings anders als de Saussure – und dies ist konsequent, wenn von ‚Satzbedeutung' die Rede ist – die Einheit ‚Satz' als eine Einheit der langue, als Satzmuster, während die analoge Einheit auf der Ebene der parole die Äußerung ist. Weniger konsequent wäre es dann allerdings, wie gelegentlich zu hören, von ‚Äußerungsbedeutung' zu sprechen und ebenso inkonsequent wäre es schließlich – um eine über die Satzgrenze hinausgehende Einheit in den Blick zu nehmen – von ‚Textbedeutung' zu reden, zumindest dann, wenn wir die Größe ‚Text', anders als die Größe ‚Satz', definitiv nicht mehr als langue-Einheit betrachten wollen. Wäre dann, wie bereits angedeutet, die Textlinguistik als ‚Linguistik der parole' nicht eine „Linguistik des Sinns" par excellence? (vgl. Marillier et al. 2007).

Textbedeutung und Textsinn

Betrachten wir den Text, unabhängig davon, wie wir die Größe ‚Text' im Einzelnen definieren, als Einheit der parole, so können wir ihn gleichermaßen als kommunikative Einheit betrachten. Damit ist er Element eines kommunikativen Austauschprozesses zwischen einem Sender (Sprecher oder Schreiber) und einem Empfänger (Hörer oder Leser). Es scheint, als sei er das Transportmittel, mittels dessen etwas vom Sender zum Empfänger gelangt: die ‚Botschaft'. Was immer der Sprecher einem Hörer mitteilen möchte oder welche andere kommunikative Funktion er realisieren möchte, wenn er es sprachlich tun möchte, tut er es mittels sprachlicher Äußerungen, mündlich oder schriftlich, mit Sätzen, Texten oder Sprechakten. Könnte man hier nicht auch eine ‚kleinste Einheit' irgendeiner Art finden? Dem Versuch, den Satz als kleinste kommunikative Einheit zu definieren und inhaltssyntaktisch zu beschreiben (Heringer 1970: 85ff.), könnte man entgegenhalten, der Satz sei wesentlich eine strukturelle Einheit und keine funktionale oder gar semantische, auch wenn er als komplexes sprachliches Zeichen eine Ausdrucks- und eine Inhaltsseite besitzt. Und dem Versuch, den Sprechakt als kleinste kommunikative Einheit zu definieren, könnte man entgegenhalten, dass es immer in charakteristischer Weise strukturierte Sätze sind, mit deren Äußerung wir einen bestimmten Typ von Sprechakt realisieren. Und Texte? Sind sie dann vielleicht nicht als kohärente Folge von Sätzen bzw. Äußerungen, sondern als Folge von Sprechakten zu bestimmen? Ist der Text ebenso wie der Satz eine komplexe (noch komplexere) Einheit mit Inhalts- und Ausdrucksseite? Gibt es also so etwas wie ‚Textbedeutung', die sich aus der Bedeutung von Teilen eines Textes zusammensetzt? Oder hat der Text gar keine Bedeutung? Haben auch Sätze keine Bedeutung? Haben nur Morpheme eine Bedeutung, weil sie Einheiten der langue sind? Und alle anderen, im Akt des Redens ‚frei', wenn auch regelhaft, zusammengesetzten Elemente bekommen als Einheiten der parole in kommunikativen Prozessen der Sinnkonstitution, in Zeichenbildungsprozessen (Semiose), zwar einen kommunikablen, wenn auch nicht unbedingt ‚identischen' Sinn im Spiel der ‚Differenzen', was offenbar ausreicht bzw. kommunikativ ‚funktioniert', solange wir – wenn auch kontrafaktisch – von „identischen Bedeutungszuschreibungen" (Habermas 1988, 233) ausgehen.

‚Identität' und ‚Differenz' sind m.E. zwei grundlegende Begriffe, aus deren wechsel- und spannungsvollem Verhältnis sich die Geschichte der Hermeneutik, des Strukturalismus wie des Poststrukturalismus weitestgehend rekonstruieren ließe. Inwieweit könnte man diese beiden Begriffe auf unsere Diskussion von ‚langue' und ‚parole' bzw. von ‚Bedeutung' und ‚Sinn' beziehen? - Ist ‚Sprache' das Identische, die ‚Rede' das Differente? Setzen wir das Identische mit dem Allgemeinen (Sprache) und das Differente mit dem Individuellen (Sprechen) gleich, so findet sich eine Antwort bereits in F. D. Schleiermachers romantischer Hermeneutik und deren sprachtheoretischer Grundlegung: Sprache ist – so die paradoxe Formel der Schleiermacher-Interpretation M. Franks - das „individuelle Allgemeine“ (Frank 1977). Also müssen wir wohl auch hier unser tendenziell dichotomisches Denken aufgeben: Wir haben es nicht mit langue auf der einen und mit parole auf der anderen Seite zu tun, sondern mit ‚Sprache', die beides ist, langue als „allgemeines Bezeichnungssystem“, als Grammatik, parole als individuelle Ausdrucksmöglichkeit, die das Moment freier Synthesis in sich trägt. So

> (entsteht) von Seiten der Sprache (…) die technische Disziplin der Hermeneutik daraus, daß jede Rede nur als objektive Darstellung gelten kann, inwiefern sie aus der Sprache genommen und aus ihr zu begreifen ist,

auf der anderen Seite kann sie aber

> nur entstehen (…) als Aktion eines Einzelnen, und als solche, wenn sie auch ihrem Gehalt nach analytisch ist, doch von ihren minder wesentlichen Elementen aus freie Synthesis in sich trägt. Die Ausgleichung beider Momente macht das Verstehen und Auslegen zur Kunst (Schleiermacher, Entwürfe zu einem System der Sittenlehre. In: Schleiermacher 1977, 384).

Fragen wir bedeutungstheoretisch: Ist die ‚Bedeutung' identisch (das Allgemeine) und der ‚Sinn' verschieden (das Individiuelle)? Referenzsemantisch leuchtet das Fregesche Beispiel (vgl. Frege 1892; 1994) der *einen* Venus, die Abendstern und Morgenstern zugleich ist, zunächst ein: Das eine identische Objekt, der Himmelkörper, auf den wir mit dem Ausdruck *Venus* referieren, auf den wir in einem anderen Bezugssystem aber eben auch einmal mit *Abendstern*, ein anderes Mal mit *Morgenstern* referieren. Welchen Sinn macht es zu sagen, ‚Venus' bzw. der mit Venus bezeichnete

Himmelskörper sei die Bedeutung von *Morgenstern* und *Abendstern* zugleich? Auch *Venus* hat einen anderen Sinn. Einmal mehr versagt auch hier, bei der Frage nach Sinn und Bedeutung, das dichotomische Denken, weil wir immer Komplexität reduzieren, wenn wir sie dichotomisieren, weil wir etwas dichtomisch sehen wollen.

Stellen wir die Frage nach Textbedeutung und Textsinn dichotomisch, so können wir sie auch nur so beantworten: Als Einheit der parole hat der Text keine Bedeutung; was wir ihm gelegentlich als ‚Bedeutung' zusprechen, ist der ‚Sinn', den wir ihm in Akten der Textdeutung geben. Und obwohl die Elemente, aus denen er zusammengesetzt ist, Morpheme, als Elemente der langue eine Bedeutung haben können, wird es kaum gelingen, aus der Summe dieser Bedeutungen den Sinn des Textes zu „erschließen", „abzuleiten" oder gar schlicht zu „entnehmen". Radikaler: Auch wenn der Text ‚Bedeutung' hätte, könnte ich sie nicht ‚verstehen', weil man Bedeutung nicht versteht, sondern kennt, während man das, was ein Sprecher meint, sehr wohl verstehen kann. Damit verschiebt sich unsere Frage nach Textsinn und Textbedeutung auf die Ebene des Sprechers bzw. Autors: Nicht Texte meinen etwas, sondern die Verfasser dieser Texte meinen etwas mit „ihrem" Text oder meinen ihren Text „als etwas". Ist das die Bedeutung des Textes oder sein Sinn? Und ist die Bedeutung das, was den Sinn – vielleicht sogar ‚einsinnig' - determiniert?

Textsinn und Autorbedeutung

Solche Überlegungen sind nicht neu. Sie finden sich beispielsweise im Kontext interpretationstheoretischer Überlegungen bei E.D. Hirsch, der mit dem Begriff „author's meaning" den Autor, den Foucault umgekehrt gerade „verbannen" wollte, wieder ins Schreib- und mehr noch ins

Interpretationsspiel zurück zu holen versucht. Wie aber soll der Autor die Bedeutung bzw. den Sinn seines Textes ‚festlegen'? Sind es implizite ‚Anweisungen' oder Instruktionen, den Text nicht irgendwie, sondern ‚richtig' zu verstehen? Wie kann er verschiedene Lesarten eines Textes ausschließen? Und wenn er sie gar nicht ausschließen, sondern vielleicht sogar provozieren wollte? Wie kann denn der Leser anders wissen, was der Autor gemeint hat, als dass er auf der Grundlage des Textes (meinetwegen auch aufgrund der Kenntnis weiterer Texte des Autors und allgemeinen Wissens über den Autor, das er allerdings wohl auch aus Texten gewonnen hat) zu erschließen versucht, was der Autor gemeint haben könnte? Aufgrund des Schlusscharakters des (sprachlichen) Zeichens, bleiben ihm kaum andere Möglichkeiten des Schließens als abduktive (sensu Peirce) bzw. divinatorische (sensu Schleiermacher) und somit tendenziell zirkelhafte, die das, woraus sie (deduktiv) schließen, zugleich (induktiv) „erfinden" (vgl. Eco 1985, 67; Peirce 1965ff., 5.171 sowie Biere 1989, 105ff.).

Die Berufung auf den Autor kann aus diesem Dilemma ebenso wenig herausführen, wie eine Forschungslogik, die das Verstehen, wie alles Psychologische, in die Heuristik verweist. Erneut beim Autor anzusetzen, könnte in der Tat „Folge eines falschen Psychologismus" (Gadamer 1965, 180) sein, den Gadamer letztlich in der tendenziellen Gleichsetzung von Rede und Schrift bei F. D. Schleiermacher begründet gesehen hat, bis hin „zu der modernen Methode, die Selbstinterpretation eines Schriftstellers als Kanon der Interpretation zu verwenden" (ebd., 181), wie es Hirsch mit dem Insistieren auf den Autor als sinngebende Instanz letztlich tut. Gerade im Medium der Schrift – so Gadamer – kann und muss der Text als autonomes, von seinem Autor abgelöstes sprachliches Gebilde verstanden werden, dessen Deutungsmöglichkeiten nicht mehr in der Verfügungsgewalt des Autors liegen. Er ist nicht einmal der berufene Interpret seiner eigenen Texte, bestenfalls ihr (erster) Leser, der sich bzw. seine Texte durchaus nicht immer selbst (besser) verstehen muss. Auch das Gegenteil könnte gelegentlich durchaus der Fall sein, dass es nämlich, wie Gadamer mit Bezug auf die Formel Schleiermachers feststellt, „gelte, einen Schriftsteller besser zu verstehen als er sich selbst verstanden habe" (ebd., 180).

Unterstellen wir einmal, dass der Autor im hermeneutischen Geschäft tatsächlich als eine zu vernachlässigende Größe betrachtet werden kann, so entledigt sich die Hermeneutik damit jenes Psychologismus-Vorwurfs, den Gadamer – m.E. zu Unrecht – noch gegenüber der Hermeneutik Schleiermachers (dort als Konsequenz aus der tendenziellen Gleichsetzung von Rede und Schrift) erheben zu können glaubt. Die Eskamotierung des Autors hat in der Tat den erwünschten Effekt einer „Ablösung von allem Psychologischen" (ebd., 370). Anders als der kopräsente Hörer im leibgebundenen Gespräch ist der Autor nicht Gesprächspartner, sondern im Akt des Lesens genauso abwesend, wie der Leser im Akt des Schreibens. Leser und Autor verbergen sich wechselseitig in einer – wie Ricoeur es nennt – „double occultation" (Ricoeur 1969, 182), so dass der Autor aufgrund dieser „Einmaligkeit seiner Abwesenheit" letztlich nur „die Rolle des Toten im Schreib-Spiel" (Foucault 1969; dt. 1974, 12) einnehmen kann.

Auf der anderen Seite kann neben dieser auf die sprachliche Verfasstheit des Textes verweisenden Position die von E.D. Hirschs vehement vertretene Gegenposition nicht übersehen werden, die über das Konzept der „Autorintention" den Autor wieder in sein „altes Recht" zu setzen versucht. Mit dem Konzept des Autors glaubt Hirsch einen normativen Bezugspunkt für eine „nicht-skeptizistische", der Gefahr eines „hermeneutischen Nihilismus" entrinnende Theorie des „objektiven Interpretierens" gewinnen zu können: „Wenn ein Theoretiker das Ideal der Richtigkeit retten will, dann muß er den Autor ebenfalls retten“ (Hirsch 1972, 21). Zu Recht stellt Hirsch zunächst fest, dass es kein „Wunderland der Bedeutungen“ gebe, aus dem der Text unabhängig von bedeutungskonstitutiven Akten sich verständigender Individuen seinen Sinn gewinnen könnte. Damit ist jedoch keineswegs – wie Hirsch offensichtlich glaubt - ein Argument gewonnen, dass es dann notwendigerweise der Autor sein müsse, der „seinem“ Text einen authentischen, durch seine Intention bestimmten, wenn nicht determinierten Sinn eingeschrieben habe. Zu einem „Wunderland der Bedeutungen“ haben weder Leser noch Autor Zugang, sie alle müssen Texte deuten, um ihren Sinn zu erschließen: „Le texte est le lieu meme où l’auteur advient. Mais y advient-il autrement que comme premier lecteur“ ? (Ricoeur 1969, 185). Dagegen argumentiert Hirsch, wenn nicht der Autor die sinngebende Instanz sei, dann müsse es der „Kritiker“ (Rezipient, Interpret, Leser). Damit aber setze sich der Kritiker an die Stelle eines Autors, so dass beide „Perspektiven“ auf den Text, die des Autors und die des Kritikers, nicht mehr unterscheidbar seien. Deshalb dürfe ausschließlich die Perspektive des ursprünglichen Autors interpretationsleitend sein:

> [...] a text cannot be interpreted from a perspective different from the original author’s. Meaning is understood from the perspective that lends existence to meaning. Any other procedure is not interpretation but authorship (Hirsch 1970, 19).

Damit überhaupt interpretatorisches Wissen (i. S. von “knowledge”; Hirsch 1976, 1ff.) hervorgebracht werden kann, muss der (vom Autor) intendierte Sinn allerdings als eindeutig und (historisch) invariant konzipiert werden, so dass der Autor letztlich als normatives Konzept fungiert zur Abwehr eines wie immer gearteten „Relativismus“, „Skeptizismus“ oder „Nihilismus“ (oder Konstruktivismus?). Mit der Unterscheidung von „meaning“ und „significance“ kann die behauptete „determinacy an stability of meaning“ allerdings wohl doch nicht „gerettet“ werden, denn der Begriff des Sinns bzw. der „Bedeutsamkeit“ spaltet lediglich den subjektiven Anteil an der Bedeutungs- bzw. Sinnkonstitution ab und verweist ihn in eine „Kunst des Verstehens“, die von einer Theorie des wissenschaftlichen Interpretierens radikal zu unterscheiden sei. Daraus ergibt sich ganz im kritisch-rationalistischen Sinn, dass eine Theorie der Interpretation nicht als „Methodologie der Auslegung, sondern [als] eine Logik der Geltungsprüfung“ (Hirsch 1972, 261) verstanden werden muss. In einer solchen Logik erscheint die applicatio, anders als bei Gadamer, wieder als eigenständiger, nachträglicher Schritt, als das subjektive Moment des Lebensweltbezugs, das die interpretatio um ihrer Objektivität willen explizit ausschließen muss.

Hirschs Versuch, geisteswissenschaftliche Erkenntnis in Analogie zur naturwissenschaftlichen Erkenntnis nach hypothetisch-deduktivem Schema zu konzipieren, führt somit erneut in eine schlichte Dichotomisierung von Objektivität und Subjektivität, die hinter das zurück fällt, was in Schleiermachers Sprachverständnis als Spannungsverhältnis zwischen Identität (auf der Ebene des Sprachsystems) und Differenz (auf der Ebene individuellen Sprachgebrauchs) bereits explizit zum Ausdruck gebracht worden ist. Aber auch wenn Hirsch im Begriff des ‚meaning’ nicht (wie im Deutschen) zwischen ‚Bedeutung’ und ‚Sinn’ (‚Meinung’) zu unterscheiden vermag und mit dem Begriff der ‚significance’ (‚Relevanz’) auf die Ebene der applicatio wechseln muss, bleibt Ziel seiner „objektiven Interpretation“ (Hirsch 1972, 263-300) die Suche nach dem vom Autor intendierten (authentischen) Sinn bzw. nach der Autor-Bedeutung. Wenn diese freilich an keiner anderen Stelle als in dem zu interpretierenden Text selbst (Ricoeur 1969, 185) manifest wird, ist die Autorintention keine von dem zu interpretierenden Text unabhängige Instanz ist, so dass sie auch nicht als externes

Kriterium für die Geltungsprüfung herangezogen werden kann.

Letztlich führt die Hypostasierung des Autors als normative Größe lediglich dazu, einen theoretischen Anspruch an das Interpretieren zu formulieren, der empirisch nicht einlösbar ist, eine „Richtigkeitsnorm", die die ursprüngliche Bedeutung, d.h. diejenige, die der Autor intentional seinem Text gegeben habe, als die „beste" Bedeutung quasi überhöht und zur „most legitimate norm for interpretation" (Hirsch 1976, 78) erklärt.

Reduktion oder Entfaltung?

Die Kontroverse zwischen H.G. Gadamer und E.D. Hirsch ist wohl nur vordergründig eine Kontroverse um die Bedeutung des Autors. Mit dem Autor-Konzept stehen eine Reihe grundlegender hermeneutischer und wissenschaftstheoretischer Fragen zur Diskussion: das Problem der ‚Richtigkeit' bzw. einer die Richtigkeit verbürgenden (außertextuellen!) normativen Instanz, die Frage nach der Wissenschaftlichkeit des Interpretierens bzw. nach der Überprüfbarkeit interpretativer Aussagen, die wissenschaftstheoretische Frage nach der Gegenstandsadäquatheit des einen oder anderen Wissenschaftsparadigmas im Hinblick auf die Eigenart sprachlicher und als solche zu interpretierender „Gegenstände". - Letztere Frage artikuliert sich neu in der Unterscheidung einer „Hermeneutik der Reduktion" und einer „Hermeneutik der Entfaltung" (Japp 1977, 46f.; Nassen 1979, 11).

Der Begriff einer Hermeneutik der Entfaltung bleibt jedoch einseitig, wenn er allein aus der poetischen Verfasstheit der zu interpretierenden Gegenstände abgeleitet wird. Denn damit geht er nicht von der Universalität des Verstehens, sondern wieder von einem speziellen Verstehen bestimmter Arten von Texten aus, fällt also hinter den bei

Schleiermacher gewonnenen Horizont einer „allgemeinen Hermeneutik“ tendenziell wieder in das Denken von Spezialhermeneutiken zurück. Gewiss lässt sich die Forderung nach „Entfaltung“ eines inhärenten Sinnpotentials dort am besten plausibel machen, wo ‚Unbestimmtheit‘ oder ‚Ambiguität‘ des zu interpretierenden Textes konstitutiv für eine bestimmte Art polyfunktional konzipierter Texte erscheinen, deren Polyfunktionalität auf der rezeptiven Ebene im Merkmal der Polyinterpretabilität oder Polyvalenz ihre Entsprechung findet. Allerdings hat bereits Ingen (1974, 111) eingewendet, dass hier offenbar „ein Element bestimmter literarischer Texte zur Grundlage für eine allgemeine Literaturtheorie genommen wird, wodurch weite Bereiche [...] ausgeklammert werden.“

Darüber hinaus bliebe natürlich der gesamte Bereich nichtpoetischer Kommunikation ausgeklammert, der allerdings auch ohne literarästhetische Anleihen als ebenso polyfunktional (und größtenteils mehrfachadressiert) ausgewiesen werden könnte wie der Bereich poetischer Kommunikation (wenn das überhaupt eine brauchbare Unterscheidung ist). Die sprach- und zeichentheoretisch, nicht zuletzt konstruktivistisch begründbare Einsicht in die bedeutungs- bzw. sinnkonstitutive Leistung kommunikativer Prozesse, in die generellen Verstehens- bzw. Interpretationsleistungen des Lesers erlaubt es durchaus, die literarästhetischen Einsichten einer „entfaltenden“ Hermeneutik sprachtheoretisch zu untermauern. Gleichwohl steht solchen literatur- wie sprachtheoretischen Vorstellungen die kommunikationspraktische und für bestimmte Textsorten durchaus auch programmatische Annahme der Eindeutigkeit entgegen, so dass es auf den ersten Blick so scheint, als ließe sich eine solche (unterstellte) ‚Eindeutigkeit‘ dann theoretisch doch angemessener mithilfe einer normativen Instanz wie der des Autors begründen. Gehen wir aber bei literarischen Texten von ihrer Polyfunktionalität aus, bei Alltagstexten dagegen von einer Monofunktionalität oder Monosemie aus, so fragt sich, ob für solche Alltagstexte dann überhaupt noch Verstehensprozesse in Anschlag zu bringen sind. Im Extremfall „Autor-Leser-homologer“, sprich: trivialer Texte gäbe es dann weder ein zu reduzierendes noch zu entfaltendes Sinnpotential, sondern eben nur die eine Bedeutung. Wäre diese dann „Autorbedeutung“ und „Leserbedeutung“ zugleich oder eine im Akt des Interpretierens jeweils neu zu aktualisierende Textbedeutung? Dies mindestens dann, wenn kein individueller Autor mehr auszumachen ist…

An dieser erneuten Exklusivität der Hermeneutik für das Verstehen literarästhetischer, in ihrer Polyfunktionalität zu „entfaltender“ Phänomene dürfte wohl der hier für die textproduzierende Instanz gewählte Begriff des Autors nicht ganz unschuldig sein. Denn in der Tat ist „die Funktion Autor […] charakteristisch für Existenz-, Verbreitungs- und Funktionsweise bestimmter Diskurse in einer Gesellschaft“ (Foucault 1969; dt. 1974, 17f.). Somit kann nicht jede Art von Diskurs Träger der Autorfunktion sein: Die Funktion ‚Autor’ habe heutzutage – so Foucault – vielmehr „ihren vollen Spielraum in literarischen Werken“ (ebd., 19). So können nicht-literarische Arten von Texten offenbar erst dann Gegenstand hermeneutischer Reflexion werden, wenn wir uns vom Begriff des Autors als textproduzierender Instanz lösen. Erst dann können wir alle möglichen Arten von Texten in einem je spezifischen Sinn, nicht aber ausschließlich in einem spezifisch literarischen Sinn, als ‚polyfunktional’ begreifen, und gerade dann, wenn die vermeintlich normative Instanz des Autors nicht mehr auszumachen ist, gewinnen auch Gebrauchstexte jene Art von „Offenheit“ bzw. Interpretierbarkeit zurück, die sie in der Spannung zwischen der praktischen Gewissheit gelingenden Verstehens und der Erfahrung scheiternder Verständigungsprozesse tatsächlich haben (müssen).

Wenn wir die Diskussion auf die Dichotomie ,Autor-Text' reduzieren wollten, wäre dies, wie alle Dichtomisierungen, wiederum zu schlicht. So argumentieren wir schon komplexer, wenn wir von einem Prozess ausgehen, an dem mindestens drei Instanzen beteiligt sind: der (nicht unbedingt personale) Textproduzent, der materiale Text und der Rezipient bzw. Leser des Textes. Während wir uns zunächst mit der Frage nach der Autonomie des Textes bzw. nach der Rolle des Autors als normatives Korrektiv für die „Richtigkeit" einer Textdeutung beschäftigt haben, so ist nun für den gesamten Prozess der schriftlichen Kommunikation noch einmal zu fragen, welchen Status der Text hat und was schließlich der Leser als Rezipient des Textes mit dem materialen Text macht, wenn er ihn liest.

„Sinn-Entnahme"? – Ein Text ist kein Container

Ein verbreitetes Bild für den Prozess des Lesens ist das des Textes als eines ,Containers', als einer Art Behälter, der etwas aufnimmt, bewahrt, speichert und zu gegebener Zeit wieder abgibt. Ich kann schauen, was drin ist, und das, was ich brauchen könnte, nehme ich bei Gelegenheit einfach heraus. Das ,Etwas' in dem Behälter ist nun aber kein Wasser, kein Sand oder Sperrmüll, sondern es sind Texte oder sind es ,Bedeutungen' oder ist es ,Sinn'?

Das Container-Modell und dem entsprechend die Vorstellung der ,Sinn-Entnahme' erweist sich jedoch offensichtlich als inadäquat, wenn wir, wie wir es bisher mehr oder weniger implizit getan haben, den Verstehensprozess als einen kognitiv-aktiven, konstruktiven Prozess betrachten. Das dreigliedrige Bild vom ,Hineingeben' – ,Aufbewahren' – ,Herausnehmen' bildet exakt die Vorstellung eines gängigen Kommunikationsmodells ab, in dem ,Encodieren' und ,Decodieren' die Prozesse bezeichnen, die Sprecher und Hörer -

im Modell in der Regel als ‚Sender' und ‚Empfänger' bezeichnet - beim Sprechen und Hören bzw. beim Schreiben und Lesen vollziehen. Auch wenn hier auf dem Hintergrund des Code-Begriffs eher an schlichte Repräsentationsfunktion der Zeichen im Sinne einer eineindeutigen Zuordnung von Form und Inhalt zu denken ist, könnte der Begriff des Decodierens – abgesehen von einer Reihe anderer Probleme der Übernahme eines nachrichtentechnischen Kommunikationsmodells – durchaus auch Deutungsprozesse implizieren.

Mit dem Begriff der Sinn-Entnahme, wie wir ihn gerade in deutschdidaktischen Kontexten immer wieder finden, wird dagegen suggeriert, der Sinn liege in einer Weise bereit, dass man nur noch hineingreifen und ihn „entnehmen" müsse. Aber wo hinein und wie heraus? Der Text als ein komplexes Gebilde aus Einzelzeichen mit Inhalt und Ausdruck und einem möglicherweise darüberhinausgehenden Sinn ist der Container und ‚drinnen' – oder auch ‚dahinter'? – ‚liegt' oder ‚steht' der Sinn, ist den äußerlichen ‚Zeichen' (Signifikanten) ‚eingeschrieben' (vom Autor im Prozess des Encodierens?). In derartigen Metaphernmodellen kommt ein kognitiv-aktiver Leser, der sich deutend und mühsam Sinn konstruierend, manchmal auch mehr oder weniger hilflos, über den Container beugt, offenbar nicht vor. Aber so irreführend muss das Container-Modell gar nicht sein, wenn wir das Bild ein wenig anders entfalten: Nicht als einen gläsernen Sarg, der uns in ein „Wunderland der Bedeutungen" (E.D. Hirsch) blicken lässt, sondern als das, was ich spazierend am Rhein sehe, wenn die mit Containern beladenen Schiffe flussabwärts, flussaufwärts vorbeiziehen. Die Container sehen sich auf den ersten Blick sehr ähnlich, sie sind alle von der gleichen Machart, in Form und Größe bestimmten Normen entsprechend und in ähnlicher Weise gestapelt; sie sind aber oft auch unterschiedlich, rot oder blau gestrichen, mit unterschiedlichen Aufschriften wie Hapag Lloyd oder Hanjin. Und wie oft habe ich mich gefragt, was in diesen Container verladen worden ist und wohin es transportiert wird. Ist Hapag Lloyd nicht eine Fluggesellschaft und Hanjin irgendwo in China? Ich sehe ein Moment eines komplexen logistischen Prozesses, den Transport, das Schiff, das seine Ladung von einem Punkt A zu einem Punkt B zu bringen hat und dazu die Wasserstraße Rhein als Transportweg gewählt hat. Ich weiß weder, woher es kommt, noch wohin es fährt, ich weiß nicht, was es geladen hat – und dies gerade, weil die Ladung (nur) aus Containern besteht. Also doch ein aufschlussreiches Bild, wenn wir nur andere Aspekte des Containermodells instantiieren?

In der Tat ist jetzt ‚Divination' gefragt, ein ‚Erraten' dessen, was sich in dem einen oder anderen Container (vor unseren Augen) ‚verbirgt'. Wir werden es wohl nie zu Gesicht bekommen, es nie ‚wissen' und trotzdem kann ich, während das Schiff vorbeizieht, ohne Probleme darüber reden, solange ich nicht beanspruche, aus dem Container etwas ganz Bestimmtes, eben einen ganz bestimmten Sinn entnehmen zu können. Auch dann nicht, wenn ich auf irgendeine Weise hineinschauen könnte. Wahrscheinlich würde ich das, was ich dort sehen könnte, nicht ohne weiteres verstehen. Ich könnte den Schatz ebenso wenig heben, wie das Rheingold, das vielleicht im Rheingoldbogen direkt vor meiner Haustür zu finden ist. Der Text ist kein Container, sondern eine Schatzhöhle, in der es eine Menge unterschiedlicher Schätze zu heben gibt? Eine Schatztruhe oder eine Pforte, zu der wir den Schlüssel noch nicht haben? Schatzsucher haben es nicht einfach: Sie suchen einen Weg zu etwas, das sie vielleicht noch gar nicht kennen – das entspricht m.E. ziemlich genau dem, was Ch.S. Peirce „Abduktion" nennt (s.o).

Was leisten solche kognitiven Metaphernmodelle? Sie bilden nicht einen Realitätsbereich ab oder veranschaulichen ein theoretisches Problem, sie schaffen ihn bzw. es in eben jener Sichtweise, die das gewählte Metaphernmodell insinuiert. Ich habe nicht deshalb gegen das Container-Modell argumentiert, weil es mir aus irgendeinem Grund nicht gefällt, sondern deshalb, weil ich glaube, dass es eine Sichtweise eines Realitäts- oder Problembereichs suggeriert, die nach meinem Verständnis dieses Problembereichs, nämlich dem Verstehen von Texten, nicht angemessen, sondern irreführend ist. ‚Verstehen' ist keine „Sinn-Entnahme", sondern eher eine Art ‚Singebung'; es ist seiner Struktur nach Auslegung und als solche keine Technologie, sondern „Kunst".

„Auslegen ist Kunst"

Das methodische Selbstverständnis der Hermeneutik-Tradition ist nicht nur geprägt durch Gadamers Formel „Verstehen ist Auslegen" (Gadamer 1965), sondern genauso, vielleicht mehr noch, durch die Formel Schleiermachers „Auslegen ist Kunst": "Die Ausgleichung beider Momente [des Individuellen und des Allgemeinen; B.U.B.] macht das Verstehen und Auslegen zur Kunst (Schleiermacher, Entwürfe zu einem System der Sittenlehre, in: Schleiermacher 1977, 384). Obwohl Begriffe wie ‚ars interpretandi', ‚ars explicandi', Auslege-Kunst oder ‚ars hermeneutica' (Leibniz) bereits lange vor Schleiermacher gebräuchliche Bezeichnungen des hermeneutischen Geschäfts sind, erhält die Formel „Auslegen ist Kunst" erst mit Schleiermacher einen sprachtheoretisch begründeten Sinn und damit wissenschaftliches Format.

Wenn Schleiermacher Hermeneutik als „Kunstlehre" konzipiert, so sind damit zwei Ansprüche zugleich erhoben, nämlich: (i) das Auslegen sei eine kunstmäßige Tätigkeit und (ii) diese Tätigkeit sei gleichwohl lehr- und lernbar. Die Antwort auf die Frage, inwieweit das Kunstmäßige nicht an die Grenzen der Lehr- und Lernbarkeit stößt, führt auf den sprachtheoretischen Kern der Schleiermacherschen Hermeneutik-Konzeption: Im hermeneutischen Geschäft kann

„nicht mechanisiert werden", „weil mit den Regeln [Kunstlehre; B.U.B.] nicht auch die Anwendung [Kunstlehre; B.U.B.] gegeben ist" (Schleiermacher 1977, 81). Das, worum es im sprachlichen Verstehen geht, um die „Konstruktion eines endlichen Bestimmten aus dem unendlichen Unbestimmten", kann „nicht durch Regeln gegeben werden, welche die Sicherheit ihrer Anwendung in sich trügen" (ebd., 80f.). Regeln kommt zwar ein intersubjektiver Status zu, so dass sie in Tat lehr- und lernbar sind, sie können jedoch nicht das „Talent" („Sprachtalent" auf der grammatischen, „Talent der einzelnen Menschenkenntnis" auf der psychologischen Seite) ‚erzwingen'; d.h. sie können nicht (i.S. von Regeln für die Anwendung der einen oder anderen Regel) vorgeben, auf welche Fälle welche Regeln anzuwenden sind, sie ersetzen nicht die Urteilskraft, die allein den Sprung zwischen der Regel und der ihrerseits nicht wieder durch Regeln determinierbaren Anwendung der Regel auf einzelne Fälle (Subsumtion) möglich macht.

(Erstveröffentlichung in: Bachmann-Stein, Andrea/ Merten, St./ Roth, Chr. (Hrsg.): *Perspektiven auf Wort, Satz und Text. Semantisierungsprozesse auf unterschiedlichen Ebenen des Sprachsystems. Festschrift für Inge Pohl.* Trier: WVT Wisssenschaftlicher Verlag Trier, 2009, 31-44).

6 Verständlich-Machen. Plädoyer für eine neue Einheit von Literaturwissenschaft und Linguistik

Abschied von der Philologie?

Anfang der 70er Jahre hatte es den Anschein, als hätte sich die (germanistische) Linguistik in dem Moment, in dem sie sich aus der Mediävistik herauslöst und sich als eigenständige Disziplin ein eher szientifisches Profil zu geben versucht, sich auch aus den philologischen Wissenschaften verabschiedet. War ‚Mediävistik' einerseits Ausdruck dafür, Sprache und Literatur als ‚Einheit' zu denken, war sie andererseits doch auch Ausdruck dafür, Sprache (wie Literatur) in dieser Einheit ausschließlich historisch als wissenschaftlichen Gegenstand zu konstituieren. Sprachwissenschaft betrachtete Sprache in diachroner Perspektive, zudem oft beschränkt auf ältere Sprachstufen. Ebenso wenig wie deutsche Gegenwartsliteratur Thema neueren deutschen Literaturwissenschaft war, war deutsche Gegenwartssprache ein würdiger Gegenstand sprachwissenschaftlicher Betrachtung. Dies wurde allerdings auch von einer sich noch aus der Philologie heraus begründenden Sprachwissenschaft schon gesehen, bevor die Rezeption strukturalistischer (allgemeiner) Sprachwissenschaft, generativer Grammatik oder Valenztheorie Ende der 60er Jahre vehement einsetzte. Ein Indiz dafür dürfte die Gründung eines außeruniversitären Forschungsinstituts (als Stiftung bürgerlichen Rechts) gewesen sein, die Gründung des Instituts für Deutsche Sprache (IDS) 1965 in Mannheim, durch eine Gruppe von Germanistikprofessoren, die sich durchaus auch als Philologen verstanden. Das IDS sollte sich im Sinne der Gründungsintention jedoch ausschließlich der Erforschung der deutschen Sprache in ihrem gegenwärtigen Gebrauch widmen und so eine auf die Gegenwartssprache bezogene Sprachwissenschaft etablieren helfen. Dies geschah dann in der Folge tatsächlich relativ zügig auch im universitären Fach Germanistik, das sich, wenn auch nicht durchgängig, nun in die drei Teildisziplinen Mediävistik, Neuere deutsche Literaturwissenschaft und Germanistische Sprachwissenschaft aufgliederte.

Was zunächst als „Geburt der synchronen Sprachwissenschaft aus dem Geist der Philologie" hätte erscheinen können, bekam in der zweiten Hälfte der 60er Jahre allerdings einen weiteren, nun jedoch dezidiert nicht philologisch motivierten Impuls durch die Rezeption strukturalistischer, generativer und valenztheoretischer Ansätze europäischer wie amerikanischer Provenienz. Rekonstruierten diese Sprache bzw. eine auf Syntax reduzierte Grammatik in einem formalen Beschreibungssystem, so geschah dies größtenteils – besonders in der Tradition des amerikanischen Strukturalismus Bloomfieldscher Prägung - unter Verzicht auf die Beschreibung von Bedeutung. Damit ging es nicht mehr um den Sinn von Texten, sondern nur noch um die grammatische Wohlgeformtheit von Sätzen. Dies war insofern konsequent als Sätze tatsächlich keinen „Sinn" haben, sondern „Sinn" erst im Akt des Äußerns von Sätzen bzw. in deren Rezeption durch einen kognitiv-aktiven Leser „konstruiert" wird. Die Eskamotierung des Sprachgebrauchs (parole) und die Kaprizierung auf Sprache als generatives System musste wohl konsequenterweise dazu führen, dass die moderne Linguistik sich in einem anderen Wissenschaftsparadigma als dem philologischen, historisch-hermeneutischen, eben in einem szientifischen, neu zu verorten und zu legitimieren versuchte.

Das Auseinanderdriften der Wissenschaftsparadigmen – im Methodenstreit in den Sozialwissenschaften diskursiv inszeniert – mag seinen Höhepunkt in der These von zwei differenten (Wissenschafts)kulturen gefunden haben, auch wenn diese nicht lange unbestritten geblieben ist.

War der „Geist“ in dieser wissenschaftshistorischen Perspektive – letztlich wohl als späte Nachwirkung behavioristischen Denkens – ins Abseits gestellt, so gerieten auch die philologisch-hermeneutischen Wissenschaften, sprich die Geisteswissenschaften, gefährlich nahe an den Rand dessen, was man überhaupt noch ‚Wissenschaft’ zu nennen geneigt war. (Vielleicht hat sich die Hermeneutik dem gerade dadurch entzogen, dass sie „philosophisch“ wurde und sich gewissermaßen „entmaterialisierte“.) Allerdings konnte man durchaus vermuten, dass der „Geist“ irgendwann, vielleicht sogar als d a s große Thema, zurückkehren würde.
Vielleicht hatte ja bereits der Chomsky-Titel „*Language and Mind*“ die Perspektive auf das eröffnet, was sich dann seit Anfang der 70-er Jahre als interdisziplinäres kognitionswissenschaftliches Forschungsprogramm tatsächlich zügig etablierte (wenn auch teilweise eher unter einem technischen Erkenntnisinteresse als neu verstandene Frage nach „the ghost in the machine“).

So boten die Kognitionswissenschaften auch der (kognitiven) Linguistik eine neue Heimat, allerdings jenseits philologisch-hermeneutischen Denkens. ‚Verstehen’ wird zwar als ‚Textverarbeitung’ jetzt durchaus wieder „material“ gedacht, der Leser wird zunehmend als sinnkonstituierende Instanz wiederentdeckt, dennoch bleibt die Reflexion auf hermeneutische Traditionsstränge (jedenfalls innerhalb des mainstream, wo zunächst eher repräsentationistisch als prozessual oder prozedural gedacht wird) weitgehend aus. Wenn, dann bietet sich als grundlagentheoretischer Bezugspunkt wohl jetzt eher der (radikale) Konstruktivismus als die Hermeneutik an.

Im Folgenden versuche ich, den Begriff des Verstehens einerseits „konstruktivistisch“ zu rekonstruieren (was m.E. bereits in der Tradition Schleiermachers und auch Gadamers angelegt ist), ihn aber andererseits um den Begriff des „Verständlichmachens“ zu ergänzen, mit dem das von

Schleiermacher in die Rhetorik verwiesene „Auslegen“ in das Zentrum einer gemeinsamen Aufgabenstellung einer hermeneutischen Linguistik und Literaturwissenschaft (und Didaktik) als „Vermittlungswissenschaften“ rückt.

Verstehen

Auf der Basis der Unterscheidung von „Textrezeption“ und „Textverarbeitung“ (vgl. Biere 1988) argumentiert S.J. Schmidt (1994) aus radikal-konstruktivistischer Sicht m.E. zu recht gegen kognitionswissenschaftliche Verstehenstheorien, die den Verstehensprozess in handlungstheoretischen Termen zu interpretieren versuchen. Denn der Begriff des Verstehens erfüllt, wenn man sich an den Gebrauchsanalysen Wittgensteins (1967) orientiert, tatsächlich nicht die Kriterien für Handlungen, wie sie in Handlungstheorien entfaltet worden sind (vgl. Heringer 1984, 58; Biere 1989, 17 ff. sowie Busse 1992, 121ff.).

Was eine handlungstheoretische Explikation aber gerade deutlich machen kann, ist der Unterschied zwischen Verstehen und Interpretieren, indem sie zeigen kann, dass ‚Interpretieren’, insbesondere in seiner kommunikativen Ausdeutung als Verständlichmachen (s.u.), in der Tat eine bestimmte Art sprachlichen Handelns ist. Grundlage dafür ist zunächst die Unterscheidung von Ereignissen und Handlungen (vgl. Keller 1987). Sodann bleibt eigentlich nur noch die Frage, ob Verstehen ein Ereignis und darüber hinaus etwas Prozesshaftes, sich in der Zeit auf ein Ergebnis (nicht: Handlungsergebnis!) hin Entwickelndes ist.

Verstehen kann durchaus prozesshaft konzipiert werden, ohne damit zwangsläufig als Handlung betrachtet werden zu müssen. Wir können den (sich ereignenden) Prozess des Verstehens und sein Ergebnis (‚jetzt verstehe ich!’) terminologisch auseinander halten, wenn wir den Prozess mit dem

Verbalsubstantiv Verstehen und das Ergebnis mit dem Substantiv Verständnis bezeichnen. Dem entsprechend wäre Textrezeption der Prozess des Verstehens, der im Ergebnis zu einem Verständnis des rezipierten Textes führt. Textverarbeitung wäre dem entsprechend das kommunikative Komplement: Textinterpretation und Leser-Leser-Kommunikation (Entwicklung, Begründung, Vermittlung – oder das „Aushandeln" – eines kommunikativ tragfähigen Verständnisses). In diesem Sinn ist der Begriff der Textverarbeitung dann nicht mehr synonym mit dem Verstehensbegriff, sondern als Handlungsbegriff klar von diesem abzugrenzen.

Wenn wir mit Wittgenstein und auch Ryle (vgl. Biere 1989, 15ff.) die ereignisbezogene Variante von verstehen ausschließen und es auschließlich als Dispositionsprädikat verwenden wollten, müssten wir es auf das „Verstanden-Haben" (ähnlich einem Wissen, Können) reduzieren, „denn eine Disposition ist kein Ereignis" (Hermanns 2003, 137; Anm. 11). Wenn wir dieses Verstanden-Haben als Ergebnis eines prozesshaften Verstehens, eben als „Verständnis" (spezifischer „Textverständnis") betrachten, kommen wir zu dem umgekehrten Ergebnis, dass ‚Verstehen' zwar keine Disposition wie ‚Wissen' ist, wohl aber eine Fähigkeit, ein ‚Können', das im Prozess des Verstehens mehr oder weniger habitualisiert angewendet wird. Da wir jedes zeichenhafte Gebilde (d.h. etwas, dem wir Zeichenhaftigkeit unterstellen) potenziell verstehen (können), wenn auch manchmal durchaus falsch, insbesondere wenn wir das verwendete Zeichensystem, die betreffende Sprache nicht hinreichend gut kennen/ können, stellt sich (irgend)ein Verständnis schlechterdings ein. Es muss sich einstellen bzw. eingestellt haben, damit wir mit dem Interpretieren überhaupt beginnen können; auch und gerade dann, wenn wir dieses Verständnis als ‚Vor-Verständnis' relativieren, brauchen wir es als (hypothetischen) Ausgangspunkt für das Interpretieren, das als professionelles Handeln seinerseits auf ein (Handlungs)ergebnis gerichtet ist, das wir ebenso ‚Verstehen/ Verständnis' nennen wie den Ausgangspunkt des Interpretierens. Was also ist „passiert" auf dem Weg des Interpretierens, vom ersten (Vor-)verständnis zu einem zweiten (neuen?) Verständnis? Und warum haben wir uns der Mühe des Interpretierens unterzogen?

Auslegen als Verständlich-Machen

Das (professionelle) Interpretieren oder „Auslegen" schiebt sich gewissermaßen zwischen ein erstes und ein zweites, modifiziertes, spezifiziertes, diskursiv begründetes Textverständnis. Als Philologen können wir uns wohl nicht mehr mit „jenem unmittelbaren Verstehen" (Schleiermacher 1838; 1977, 62) zufriedengeben („Wer seine philologische Unschuld verloren hat, kann für das gewöhnlichste nur in der philolog(ischen) Wissenschaft Heil finden" (ebd.)), sondern müssen es methodisch absichern, kritisch rekonstruieren. Wir handeln professionell und müssen gleichwohl die Spannung zwischen „Kunst" und „Technik" des Interpretierens aushalten. Nicht zuletzt deshalb stehen wir wohl auch in einer Art permanentem Legitimationszwang gegenüber den (vermeintlich) exakte(re)n Wissenschaften. Hat sich die moderne Linguistik eine Zeit lang, wie oben skizziert, diesem Druck zu entziehen versucht, indem sie einfach aus dem philologischen Denken ausgeschert ist, scheint sich die Situation seit einigen Jahren, vielleicht schon seit zwei Jahrzehnten, allmählich zu wandeln. Wenn in der Linguistik jetzt für die „Einrichtung eines in der Linguistik bislang fehlenden Teilfaches", für ein „linguistische Hermeneutik" (Hermanns 2003) plädiert wird, so deshalb, weil nicht nur literarische, sondern Äußerungen jeder Art (mündliche wie schriftliche, „kunstvolle" wie „kunstlose", verstanden werden müssen. Wenn zudem die Grenze zwischen „Literarischem" und

Nichtliterarischem" auch nicht mehr so leicht zu ziehen scheint, ist es dann nicht an der Zeit, den Zusammenhalt von Literaturwissenschaft und Linguistik (und nicht zuletzt auch Didaktik) im Hinblick auf die Einheit des akademischen Fachs wie auch des Schulfachs ‚Deutsch' neu zu überdenken? Diesen Versuch möchte ich im Folgenden unternehmen, ausgehend von einem kommunikativen Konzept des Interpretierens, wie es m.E. im Begriff des Verständlichmachens gefasst werden kann. - Wenn wir die Geschichte der Hermeneutik vom 18. Jahrhundert bis heute in groben Umrissen skizzieren wollen, könnte das etwa so aussehen:

Aufklärungshermeneutik (18. Jh.), J.M. Chladenius: (Identisches) Verstehen ist prinzipiell möglich und nicht grundsätzlich problematisch. Dennoch sind einzelne Textstellen für bestimmte Leser schwer verständlich („dunkle Stellen"), weil ihnen die zum „wahren Verstand" notwendigen „Begriffe" (d.h. das notwendige Wissen) fehlen. Dann tritt der Ausleger auf den Plan, bringt den Lesern diese Begriffe bei und führt sie damit zum „wahren Verstand" dieser Stellen („Stellenhermeneutik"). Er macht sie ihnen verständlich, indem er sie „auslegt". Das Auslegen ist somit im aufklärungshermeneutischen Sinn eine didaktische Vermittlungsaufgabe, die am jeweiligen Wissen bzw. Nicht-Wissen des Lesers (Schülers!) ausgerichtet sein soll. Der Ausleger bringt als Aufklärer Licht in die Dunkelheit, er „erhellt" die dunklen Stellen. So kann im Prinzip jeder zur Erkenntnis, zum (richtigen!) Verstehen bzw. Verständnis geführt werden und tatsächlich muss es dabei das Ziel des Auslegers, wie jedes Pädagogen, sein, sich letztlich selbst überflüssig, d.h. das verstandesbegabte Subjekt (aufgrund der allen innewohnenden identischen (!) Vernunftkräfte) zu einem autonomen Subjekt zu machen.

Romantische Hermeneutik (19. Jh.), F. D. Schleiermacher: Die grundsätzliche Problematik des Verstehens zu klären und methodische Hilfen zur Interpretation zu geben (grammatische und psychologische Auslegung), grundsätzlich zum Verstehen anzuleiten, dies aber zugleich als eine „unendliche" Aufgabe zu erweisen, ist die eigentliche Aufgabe der Hermeneutik. Das Verstehen wird als „universal" gesehen, weder beschränkt auf Schrift, noch auf kunstmäßige Rede. Allerdings gehört das Auslegen nun nicht mehr in die Hermeneutik, sondern, da es seinerseits wieder Rede ist, in die Rhetorik. Nur in einem anderen – nicht-rhetorischen Sinn – hat das Auslegen noch Platz in der Hermeneutik, nämlich in dem, den später H.G- Gadamer (1965, 380) auf die prägnante Formel bringt: „Alles Verstehen ist Auslegen".

Philosophische Hermeneutik (20. Jh.), H.G. Gadamer: Verstehen heißt stets, etwas als etwas zu verstehen, es auszulegen, indem man es in den gegenwärtigen „Horizont" einrückt. Alles andere wäre ein historistisches Missverständnis. Dies wiederum hat – schon bei Schleiermacher durchaus angelegt – sprach- und zeichentheoretische Implikationen bzw. Konsequenzen. Sprachphilosophie, Sprach- und Zeichentheorie wird „pragmatisch" (Hätte sich nicht spätestens hier die Linguistik wieder in die philologische Tradition einordnen können?).

Ein (sprachliches) Zeichen „ist" nicht einfach die konventionelle (wiewohl in einem anderen Sinn arbiträre) Verschmelzung von Inhalt und Ausdruck - eine Auffassung, die zwar de Saussures ‚Cours' zugeschrieben wird, tatsächlich aber wohl nur dessen ahermeneutisches Missverständnis durch Sechehaye und Bally ist und nicht der „hermeneutischen Sprachidee" de Saussures entspricht, die L. Jäger (1975) in den ‚sources manuscrites' freizulegen versucht hat. Es bedarf vielmehr des Zeichenbenutzers, eines

„Interpreten“, der ein Zeichen als Zeichen im semiotischen Prozess (Semiose) allererst konstituiert, indem er ihm eine („seine“) Bedeutung zuschreibt. „Konventionell“ wird ein Zeichen lediglich dadurch, dass es von Sprechern und Hörern in ähnlicher Weise gebraucht bzw. verstanden wird. Dieses „konventionelle Band“ kann aber jederzeit brüchig werden, wenn es nicht in Akten der permanenten Semiose beständig neu geflochten wird. Wir bemühen zwar immer wieder die zwei Seiten eines Blattes oder einer Münze, aber es verhält sich wohl eher wie bei den neuen Euro- und Cent-Münzen. Wenn wir sie umdrehen, finden zwar oft noch das Erwartete, immer öfter aber auch Nicht-Erwartetes, manchmal sogar durchaus auch Unbekannteres als etwa den Kopf Dantes.

War das „Allgemein-Werden“ der Hermeneutik, auch als „Überbietung“ der Spezialhermeneutiken, immer noch materiell gedacht als „Kunstlehre des Verstehens“, so bindet die philosophische Hermeneutik ‚Verstehen' schließlich ganz an die Sprachlichkeit des Daseins. Obwohl hier das philologische Moment durchaus „aufgehoben“ ist, wird doch keine „materiale“ Methode mehr intendiert. ‚Verstehen' ist nicht mehr Gegenstand einer Kunstlehre, sondern existenzieller Philosophie. Unser Dasein löst sich sozusagen in Sprache auf.

Mehr oder weniger als Reaktion darauf finden wir in der Folge im literaturwissenschaftlichen Kontext ein erneutes Bemühen um eine „materiale Hermeneutik“ (Szondi 1975, Nassen 1979), die schließlich auch eine Grundlage für eine mögliche linguistische Hermeneutik abgeben könnte. Dennoch wird eine linguistische Hermeneutik andere Akzente setzen als eine literaturwissenschaftliche. Sie wird den gemeinsamen Impetus des Verständlichmachens sowohl kognitiv-heuristisch wie auch kommunikativ deuten müssen, wenn sie die Funktionalität von Sprechen/Schreiben und

Hörverstehen/Leseverstehen gleichermaßen erschließen will.

Wie also kann sich das Konzept des Verständlich-Machens aus linguistischer Sicht darstellen? - Die Linguistik sollte m.E. weder allein an die aufklärerische, noch allein an die romantische Konzeption von Hermeneutik anknüpfen. Erstere erscheint kommunikativ relevant, aber sprach- und zeichentheoretisch inadäquat, letztere erscheint (mir) sprachtheoretisch angemessen, weist aber den partnerbezogenen Begriff des Auslegens zurück. Lässt sich in einem Konzept des Verständlich-Machens das scheinbar Widersprüchliche zusammenführen? In meinem Verständnis des Zusammenhangs von Theorie und Praxis (das auch den von Fachwissenschaft und Fachdidaktik einschließt) müssen wir wohl gerade diesen Zusammenhang immer wieder thematisieren, wenn wir dem „praktischen Erkenntnisinteresse“ der Geisteswissenschaften, dem Interesse an „Verständigung“ und Traditionsbildung gerecht werden wollen.

Wenn das Auslegen (i. Ggs. zum Verstehen) eine Handlung ist, dann ist es wohl nicht nur i.S. seiner allgemeinen Sprachlichkeit, sondern auch in einem konkreter bestimmbaren Sinn eine bestimmte Art des sprachlichen Handelns, ein Sprechakt. In der Tat bestätigt die Analyse des Interpretierens als illokutionärem Akt die ursprünglich kommunikativ-didaktische (und damit auch rhetorische) Dimension des Auslegens. Nach Austin kann das Verb ‚interpret’ den Verdiktiva zugerechnet werden. Diese setzen eine „definite difficulty of judgement“ voraus, so dass man hier eine „non-easiness“ oder „expertise condition“ ansetzen müsse (Hancher 1981, 267). Damit verweist der sprechakttheoretisch begründete Begriff des Interpretierens offensichtlich zurück auf jene „dunklen Stellen“, um deren Aufhellung sich schon die Auslegungslehre des Chladenius bemühte, wie übrigens schon in der gesamten vorromantischen Tradition durchweg nach dem Prinzip ‚in claris non fit interpretatio’ verfahren worden ist. In genau diesen Argumentationszusammenhang passt sich nun auch der Begriff des Verständlich-Machens ein (jedenfalls in einer seiner möglichen Lesarten), der diejenige Art von „erhellender“ sprachlicher Vermittlung meint, die auf bereits Hervorgebrachtes (i.d.R. Sprachliches), auf „Objektivationen des Geistes“ (Dilthey 1900) bezogen ist, die jedoch für einen Dritten oder für bestimmte Gruppen von Lesern unklar, schwer oder gar nicht verständlich sind.

In genau diesem Sinn erklärt der Rechtshistoriker E. Betti (1957, 259) die „zur didaktischen Aufgabe bestimmte Auslegung“ zum „Elementartypus der Auslegung, die fremdes Verstehen fördern soll.“ Gleichwohl hält es auch Betti für ein naives Vorurteil, „zu glauben, daß der angemessene und klare Ausdruck ein solcher sei, der ein vollkommen genaues und sicheres Verständnis ermöglicht“ (ebd., 251). Dieses könne allenfalls ein „Endprodukt und Ergebnis eines Auslegungsprozesses“ (ebd.) sein. Wenn somit das Prädikat ‚klar’ erst auf einen interpretierten Text angewendet werden kann, dann gibt es keinen Text, der nicht interpretationsbedürftig wäre. Dies leuchtet gerade dann ein, wenn man sich klarmacht, dass ‚klar’ ein zweistelliges Prädikat ist: ‚etwas ist klar für jemanden’. Denn wir werden wohl immer jemanden finden (eben gerade in Lehr-Lern-Kontexten), dem etwas (noch) nicht klar ist. (Der für alle möglichen Leser klare oder verständliche Text ist nicht einmal in jenen eher künstlichen als kunstvollen Texten zu finden, die uns bestimmte Verständlichkeitskonzeptionen anempfehlen.)

Damit liegt der Widerspruch offen zu Tage: Entweder „alles“ ist auslegungsbedürftig, weil es (wie Betti meint, „wegen des elliptischen Charakters von Sprache“ (ebd.)) keine vor interpretativen Bemühungen liegende Klarheit gibt, oder nur einzelne Stellen sind unklar, und diese Unklarheit kann jederzeit durch geeignete Intervention eines pädagogisch motivierten Auslegers beseitigt werden. Sehen wir es sprachtheoretisch noch radikaler: Es gibt auch keine nach interpretativen Bemühungen liegende Klarheit, weil Verstehen, wie Schleiermacher deutlich gemacht hat, ein „unendlicher“, stets approximativer Prozess ist. Dieser schafft allenfalls in dem Sinn Klarheit, dass er ein vormethodisches (ereignishaftes) Verstehen in ein methodisch abgesichertes, plausibilisierbares, aber letztlich nicht ‚beweisbares' Verständnis ‚überführt'. Verständlich habe ich mit einer solchen methodischen (ggf. auch verstehenskritischen) Argumentation aber trotzdem etwas gemacht. Ich habe zumindest eine Verstehensmöglichkeit aufgezeigt und diese methodisch reflektiert ‚abgesichert'. Und das ist schon viel, wenn ich nicht mehr versucht bin, einem inadäquaten Eindeutigkeitspostulat zu huldigen, wiewohl wir bei bestimmten Textsorten einen solchen Anspruch durchaus zu Recht (u.U. sogar juristisch) geltend machen können. Aber ob und wie, das ist wiederum Auslegungssache, es ist „Arbeit mit Texten“ (s. Busse 1992, 191ff.). Vor allem die Juristen müssen wohl das scheinbar Paradoxe von „Regeln“ (hier: Rechtsnormen) „aushalten“, das darin besteht, dass es keine Regel für die Anwendung der Regel auf bestimmte Fälle gibt (Subsumtionsproblematik). Und genau deshalb haben wir es mit einem „kunstmäßigen“ Verfahren und nicht mit einer reinen Technik zu tun: es kann nicht „mechanisiert“ werden (Schleiermacher 1838; 1977, 81).

Eine linguistische Hermeneutik ist nun aber nicht ausschließlich auf die Ebene der Textrezeption verwiesen. Denn wenn das „Erkannte“ immer nur im Zeichen gegeben ist, so muss es in diesem auch kommunikabel, vermittelbar sein. Da es als solches wiederum auslegungsbedürftig ist, eröffnet sich für eine linguistische Hermeneutik das ganze Feld von Hermeneutik und Rhetorik, ein Spannungsfeld, in dem die Hermeneutik nicht ohne Rhetorik, die Rhetorik aber auch nicht ohne Hermeneutik zu denken ist. Wenn Schleiermacher das Auslegen (in Abgrenzung zum Verstehen) in die Rhetorik verweist, so kann die Konsequenz für eine linguistische Hermeneutik nur die sein, die Rhetorik schlicht mit einzubeziehen. Das bedeutet dann eben auch, dass die aufklärungshermeneutische Position in ihrem kommunikativen Vermittlungsanspruch, der ja tatsächlich als Aufgabe des Verständlich-Machens konzipiert ist, „bewahrt“ werden kann, während die romantische Hermeneutik in ihrem sprachtheoretischen Anspruch „bewahrt“ und gleichzeitig zu einer Hermeneutik und Rhetorik umfassenden Disziplin ausgeweitet werden kann.

Eine andere Frage ist, ob sich mit der sprachtheoretischen Vermittlung von Individuellem und Allgemeinem auch der sich in poststrukturalistischem oder de-konstruktivistischem Denken eher auflösende Begriff des Subjekts „retten“ lässt, ebenso wie der des vernunftbegabten autonomen Subjekts, das uns ja nicht nur als Rezipient, sondern auch als Produzent, als „Autor“ entgegentritt. Wenn auch der „Autor“ im Schreibspiel für tot erklärt werden mag (Foucault 1974), so bleiben doch „Instanzen“ der Textproduktion, die die klassische individualistisch gedachte Form der Textproduktion zwar um vielfältige Formen des eher anonymen oder auch kooperativen Schreibens erweitern, die Möglichkeit individueller Autorenschaft (freilich mit allen Implikationen intertextueller Bezüge) jedoch nicht gänzlich ausschließen müssen. Und wenn es faktisch so wäre, so bräuchten wir doch zumindest in schreibdidaktischer Hinsicht das (dann freilich normative) Konzept des „seinen“ Text individuell verantwortenden Autors, der sich weder in „kreativen Schreibspielen“, noch in „Schreibkonferenzen“ auflöst. Denn kooperativ verhandelte Bearbeitungsvorschläge werden zwar kommunikativ abgewogen, die Entscheidung aber, einen Text letztlich so und nicht anders zu gestalten, verbleibt beim „Autorenkind“, wie auch schon im Konzept des „heuristischen Aufsatzes“ (Ingendahl 1972), der dies im markanten „ICH gestalte“ zum Ausdruck bringt.

Die relative Autonomie des gestaltenden Ich tritt freilich, wenn nicht schon in kooperativen bzw. arbeitsteilig zu bewältigenden Schreibaufgaben, im Moment der „Veröffentlichung" hinter den Text zurück, verschwindet sozusagen mit und in ihm, indem das Objektivgebilde Text sich vom Prozess seiner Herstellung ablöst und fremde Deutungsversuche auf sich zieht. Diese fragen bei nicht adressierten Texten nicht, „was der Autor mir sagen will", sondern was der Text mir sagt. Vielleicht scheint dabei gelegentlich so etwas wie eine Autorintention noch einmal auf, aber der Autor „verfügt" nicht mehr über die Deutungsmöglichkeiten seines Textes und kann deshalb auch keine Instanz mehr sein, der über die „Legitimität" der einen oder anderen Deutung entscheiden könnte. Jede Deutungsmöglichkeit, die der Text „zulässt", jede am Text begründete Deutung ist gleichermaßen legitim, ihre (kommunikative) Gültigkeit wird nicht zwischen Leser und Autor, sondern zwischen Lesern ausgehandelt.

In diesem Sinn ist das Verständlich-Machen eines Textes eine spezielle Form der Kommunikation zwischen Lesern, die einerseits voraussetzt, dass der zum Ausleger werdende Leser mehr, besser oder Anderes verstanden hat als diejenigen, denen er den Text verständlich machen möchte. Aber macht er tatsächlich den Text als solchen verständlich? Vorsichtiger sollte man wohl sagen, er macht anderen Lesern seine (d.h. eine mögliche) Deutung des Textes, sein Textverständnis verständlich, plausibel, indem er es methodisch begründet. Genau diesen argumentativen Anspruch hatte auch bereits die Aufklärungshermeneutik, wenn sie auch glaubte, es gebe den einen „richtigen Verstand" einer Stelle.

Im Kontext einer linguistischen Hermeneutik wäre dagegen das Verständlich-Machen wohl eher die methodische Entfaltung von begründbaren Verstehensmöglichkeiten (etwa im Sinne einer „Hermeneutik der Entfaltung", wie sie von Japp (1977) vertreten wird i.Ggs. zu einer „Hermeneutik der Reduktion", die den Text auf einen eindeutigen Sinn zu reduzieren versucht). Dies gilt zunächst für alle Gegenstände, die die Linguistik auf der Ebene der parole zu ihren Analysegegenständen machen kann. Gilt dies auch für die Ebene der langue? – Heißt „eine Sprache verstehen" etwas anderes als „Texte verstehen"? Und wenn wir auf einen Text treffen, den wir nicht (so richtig) verstehen? Zweifeln wir dann gleich daran, ob wir die Sprache verstehen bzw. „können"? Wohl nicht. Die Kenntnis bzw. das Können einer Sprache impliziert offensichtlich nicht, dass wir alle Realisierungen dieser Sprache in Form von Texten verstehen müssen. Und diese Überlegung verweist nun wiederum auf jene schon von Schleiermacher herausgearbeitete Spannung zwischen allgemeinem Sprachsystem und je individueller Realisierung, zwischen einer Regel und ihrer Anwendung, zwischen ‚Technik' und ‚Kunst'. Und damit auch darauf, dass die Linguistik, wie Hermanns es formuliert hat, „Verstehenswissenschaft ist: Hermeneutik." (2003, 125).

Literaturwissenschaftliches Interpretieren

Dass auch die Literaturwissenschaft „Verstehenswissenschaft" ist, erscheint weitaus naheliegender, als wenn sich die Linguistik anheischig macht, eine solche sein zu wollen. Dies mag daran liegen, dass die Gegenstände der Literaturwissenschaft vielleicht „dunkler" erscheinen mögen als vielleicht Alltagstexte, oder auch daran, dass es nur dort, wo die Rede „kunstvoll" verfasst ist, auch zum Verstehen derselben der „Kunst des Verstehens" bzw. des Auslegens zu bedürfen scheint. Muss sich demnach die Literaturwissenschaft anders als die Linguistik nicht mehr als Hermeneutik legitimieren? Und liegt das wirklich daran, dass das Interpretieren von literarischen Texten etwas völlig anderes ist, als das Auslegen von nicht literarischen, gleichwohl aber zu verstehenden

Gegenständen? – Auf den ersten Blick erscheint es so, als erzeugten literarische Texte mithilfe der poetischen Funktion der Sprache (Jakobson 1960) Fiktionalität, ein ästhetisches „Spiel“ um der Sprache selbst willen, in dem die Referenzialität von Sprache „aufgehoben“ scheint bzw. nur noch als Selbstrefenzialität Bestand hat. Auf dem Hintergrund solcher Überlegungen könnte man dann mit Brinker (1997, 63) Narration als Gegenstand textlinguistischer Betrachtung ausklammern. Aber natürlich gibt es auch „Erzählen im Alltag“?

Die Einführung in die Textlinguistik von Heinemann/Viehweger (1991) geht dagegen einen anderen Weg. Nicht nur dass sie im Sinne des linguistischen Textbegriffs die Analyse von Gesprächen mit einbezieht, sondern sie setzt auch die „poetische Funktion“ nicht als separate Funktion neben anderen Textfunktionen an. Die „poetische Funktion“ liegt gewissermaßen quer zu den anderen Textfunktionen, d.h. sie realisiert sich auf die eine oder andere Weise in allen Textfunktionen, ist also eher eine „Zusatzfunktion“ („Ästhetisch Wirken“; ebd., 150) als eine eigenständige Funktion „neben“ den anderen. Somit müssten sich (wenn auch unterschiedliche) Anteile, „Spuren“ des Poetischen in allen Arten von Texten ausmachen lassen und zwar nicht zuletzt in appellativen Textsorten. Schließlich könnte es sogar umgekehrt sein, dass es nicht die literarische Sprachverwendung ist, die in der alltäglichen ihre Spuren hinterlässt, sondern dass die „poetische Funktion“ ihre Wurzeln gerade in der Alltagssprache hat und literarisch nur herausgelöst und in einem eigenen (selbstreferenziellen) Sprachspiel stilisiert und inszeniert wird. Der mit dieser Stilisierung einhergehende „Realitätsverlust“ erzeugt dann seinerseits neue – im Spannungsfeld von Form und Inhalt entstehende – fiktionale Realitäten, mögliche (und „unmögliche“?) Welten, in denen die Protagonisten sich jedoch genau so selbstverständlich zurechtfinden (manchmal allerdings auch nicht), wie wir uns in der „realen“ Alltagswelt zurechtfinden (manchmal auch nicht). Wir deuten ihr Handeln im Prinzip so, wie wir alltagsweltliches Handeln deuten, insbesondere Fremdes oder Befremdliches, um es in irgendeiner Weise verstehen zu können: wir vergleichen es mit Vertrautem, hypostasieren Ähnlichkeiten und hoffen einen „Schlüssel“ zu finden, der uns die fremde Welt erschließt.

Dann aber wäre der Unterschied zwischen Fiktion und Realität wohl nur ein gradueller, und gerade in der Wahrnehmung medial vermittelter bzw. erzeugter Welten kehren sich die Pole bisweilen tatsächlich um: Die „Lindenstraße“ wird genauso als real wahrgenommen wie die Reportage aus einem Krisengebiet, die vielleicht (so in einem bekannt gewordenen Fall) vor einer Garage in Stuttgart gedreht wurde, also tatsächlich ebenfalls „Fiktion“ ist. Vertrauen wir nicht mehr auf den kategorialen Unterschied von Fiktion und Realität, können wir ihn wohl ebenso wenig als konstitutiv für eine gegenstandbezogene Differenzierung von Linguistik und Literaturwissenschaft, wie für eine Grenzziehung zwischen Poetischem und Nicht-Poetischem heranziehen.

Will sich die Germanistik – dem allgemeinen Trend folgend, aber vielleicht auch auf der Suche nicht nur nach neuen Gegenstandbezügen, sondern nach neuen Fragestellungen – als Medienwissenschaft und/oder als Kulturwissenschaft neu definieren, so müsste wohl gerade dies ein gemeinschaftliches Unternehmen von Literaturwissenschaft und Linguistik sein, die nicht die „Gegenstände“ untereinander aufteilen, sondern unter ihren jeweiligen Forschungsperspektiven die (neuen) Gegenstände in einem jeweils anderen Licht erscheinen lassen, was dann letztlich auch heißt, sie als ihre Forschungsgegenstände jeweils spezifisch und dennoch als gemeinsame (identische) zu konstituieren.

Vielfalt in der Einheit

Die Wahrnehmung eines identischen Moments in der je spezifischen Gegenstandskonstitution hat nicht zur Folge, dass wir eine neue „Einheitswissenschaft“ postulieren müssten, in der es weder Streit um Methoden, noch um Deutungsperspektiven gäbe. Vielmehr muss in einem gewissen Sinn die „Selbigkeit eines Gegenstands“ vorausgesetzt werden – so Schleiermachers Ausgangsthese in § 3 der Einleitung in die Dialektik (Schleiermacher 1942; 1977, 426) – weil das „Verschiedendenken“ überhaupt nur ein „streitiges Denken“ werden kann, wenn es sich auf den „gleichen“ Gegenstand, auf „ein Selbiges für beide streitenden Teile“ (mindestens auf ein „als dasselbige gesetzte(s) Sein“) bezieht (ebd., 428). Dies gilt sicherlich nicht nur für Literaturwissenschaft und Linguistik, es gilt auch innerhalb der Teildisziplinen, ebenso wie in interdisziplinären Forschungszusammenhängen. Entsprechend der Approximativität des Verstehens gilt auch in der Dialektik, dass das Wissen „ein werdendes“ ist, wobei sich unterschiedliche Perspektiven auf den als identisch gesetzten Gegenstand auch nicht immer als komplementäres Teilwissen darstellen müssen, sondern durchaus auch konkurrieren können. – Löst sich damit die postulierte „Einheit“ aber nicht tendenziell wieder auf? Worin besteht sie denn nun oder worin wollen wir sie sehen? Dass es in Linguistik und in Literaturwissenschaft in der Germanistik (nur) um Texte in deutscher Sprache geht, ist wohl entweder trivial oder falsch. Es erinnert eher an einen obsolet gewordenen Begriff von Nationalliteratur oder eben „deutscher“ Philologie, die ebenso wenig ‚deutsch‘ sein kann, wie Literatur nur im nationalen Rahmen gesehen werden kann.

Das Verbindende ist etwas, das Trennendes impliziert. Identität und Differenz bedingen sich wechselseitig. Und wenn die „Einheit“ nicht mehr in der Tradition „deutscher Philologie“ gefunden werden kann, dann vielleicht in dem, was man neuerdings die „europäische Dimension" (inter)kulturellen Lernens oder die „Europäisierung der Forschung" nennt. In dieser Dimension löst sich zwar nicht die historische Einzelsprache auf, wohl aber die disziplinäre Aufteilung der Gegenstände. Wenn sich damit die Begrenzung der Einzelphilologie ebenfalls tendenziell auflöst, bleiben doch andere Einheiten, nämlich die von „Sprache" und „Literatur", von Schreiben und Lesen und von Sprechen und Hören, die sich nicht als streng abgegrenzte Modalitäten des Sprachgebrauchs darstellen, sondern als ein Kontinuum oder ein interaktiver Zusammenhang, in dem Schreiben und Lesen einerseits gleichzeitig geschieht im Prozess des Schreibens und in dem andererseits überlieferte Texte wieder in einen diskursiv-kommunikativen Zusammenhang, in die „Verständlichkeit", zurückgeholt werden können, wenn wir darüber sprechen oder sie anderen verständlich zu machen versuchen. Dass sie diese Prozesse der Textproduktion und –rezeption, mündliche wie schriftliche, monologische wie dialogische Prozesse beschreiben und damit zugleich das selbst tun, was Gegenstand und Ziel ihrer Beschreibung ist, erscheint mir als das eigentlich einheitsstiftende Moment von Literaturwissenschaft und Linguistik, wie aller Wissenschaften, deren Gegenstände sich durch das Moment der Zeichenhaftigkeit auszeichnen.

(Erstveröffentlichung in: Merten, Stephan/ Pohl, Inge (Hrsg.): *Texte. Spielräume interpretativer Näherung. Festschrift für Gerhard Fieguth.* Landau: Verlag Markus Knecht 2005, 15-31)

7 Die Rolle des Übersetzers: Bote, Ausleger, Verständlichmacher?

Fragestellung

Im Alltag sind wir uns relativ schnell darüber einig, welche Rolle der Übersetzer oder Dolmetscher in einer Kommunikation zwischen Menschen verschiedener Muttersprachen einzunehmen hat: Als Dolmetscher übersetzt er simultan oder konsekutiv „hin“ und/oder „her“, was sich zwei Kommunikationspartner in jeweils ihrer Muttersprache, die der andere Partner jedoch nicht versteht, mitteilen möchten. Als Übersetzer überträgt er einen schriftlich vorliegenden Text aus der Sprache, in der dieser verfasst ist, in eine Zielsprache (L2), in der Leser, die der Quellensprache (L1) nicht mächtig sind, ihn verstehen können. Manchmal macht er das so gut, dass die Leser gar nicht bemerken, dass es sich um einen aus einer anderen Sprache in ihre Sprache übersetzten Text handelt.

Der Dolmetscher/Übersetzer stellt somit einen kommunikativen Kontakt her, der angesichts der Vielfalt der Sprachen nur noch durch seine vermittelnde Leistung (freilich mehr oder weniger ‚gebrochen’) herstellbar ist, wenn die Partner nicht spontan eine andere Möglichkeit finden, Sprachendifferenzen zu überbrücken, z.B. durch den allgemein üblichen Versuch, auf eine ‚interlanguage’ bzw. auf Englisch als ‚lingua franca’ auszuweichen, wenn denn beide Partner (auch hier, wenn auch in einem anderen Sinn, mehr oder weniger ‚gebrochen’, darüber verfügen). So kann man den Übersetzer zunächst einmal in der Tat als einen „Kommunikator“ betrachten, wie Basil Hatim und Ian Mason es im Titel ihres

1997 erschienenen Werks “The Translator as Communicator“ programmatisch zum Ausdruck bringen.

Wir wollen in diesem Beitrag differenziertere Vorschläge zur Diskussion stellen, wie die Rolle des Übersetzers in einem historisch-hermeneutischen Kontext, aber auch darüber hinaus, sprach- und übersetzungstheoretisch angemessen - aufgefasst werden könnte. Dabei müssen wir die Aufgabe des Übersetzers nicht zwangsläufig auf eine „Rolle“ reduzieren; die Aufgaben und „Rollen“ des Dolmetschers/Übersetzers sind so vielfältig, wie die kommunikativen Anforderungen, die (potentielle) Auftraggeber an ihn stellen, wie die Erwartungen, die sie an seine Leistung haben. Obwohl diese Erwartungen in der Dolmetsch-Situation sicherlich andere sind als in der Übersetzungssituation, wollen wir hier auf beide Situationen Bezug nehmen, ohne auf die jeweiligen Unterschiede im Einzelnen näher einzugehen. Allerdings ist gerade der Übergang von der Schriftlichkeit zur Mündlichkeit in einer Theorie des Verständlichmachens (vgl. Biere 1989, 260ff.), die wir auch für den hier avisierten übersetzungstheoretischen Kontext zugrunde legen wollen, von besonderer Bedeutung.

Übersetzen als kommunikativer Prozess

Als eine Form sprachlichen Handelns kann die Tätigkeit des Übersetzens zweifellos als komplexer kommunikativer Prozess aufgefasst werden. Damit – d.h. mit der Frage nach dem spezifischen Moment translatorischen Handelns - rückt zu Recht die Frage „Was tut der Übersetzer?“ ins Zentrum übersetzungstheoretischer Überlegungen (s. Holz-Mänttäri 1984, 17). Ein einfaches kommunikationstheoretisches Modell des Übersetzens erscheint als Modell der „übersetzerischen Kompetenz“ (Diller/Kornelius 1978, 17) freilich wenig aussagekräftig. Der eigentliche Übersetzungsvorgang (etwa mit Krings 1986 gefragt: „Was geht in den Köpfen von Übersetzern vor?“), die spezifische Art und Weise des Verfassens eines Zieltextes auf der Basis eines Ausgangstextes bleibt mit der schlichten „Formel“ ($E_{AS} = S_{ZS}$) im Dunkeln. Die doppelte Rolle des Übersetzers, Empfänger eines ausgangssprachlichen und zugleich Sender eines zielsprachigen Textes zu sein, ist durchaus der eines Boten, eines Vermittlers oder eben (Sprach)mittlers vergleichbar, der eine Botschaft „aufnimmt“, um sie an einem anderen Ort zu einer anderen Zeit, wie auch immer durch Erinnerungsprozesse überformt oder transformiert, wiederzugeben, (einem Auftraggeber) abzuliefern. Aber beide Modelle - das des Übersetzers wie das des Boten - liefern mit der Ineinssetzung von Empfänger- und Senderrolle in einer Person noch kein hinreichendes Explikationspotential für die Frage, was der Übersetzer tatsächlich im Prozess des Übersetzens tut. Zudem fehlt einem solchen rudimentär-kommunikativen Übersetzungsmodell eine pragmatisch-funktionale oder sprechsituationsbezogene Komponente. Es hypostasiert Texte als invariante Größen sowie eine ebenso invariante außereinzelsprachliche Bedeutung, aufgrund derer „Bedeutungsgleichheit“ (Diller/ Kornelius 1978, 16) von Ausgangstext und Zieltext zum Bewertungskriterium für übersetzerische Qualität gemacht werden können soll.

Die Vorstellung einer „Verdopplung des gebräuchlichen Modells für einsprachige Kommunikation“ (ebd., 17) ist charakteristisch für eine „Zweistufentheorie der Translation“, deren Anhänger nach Reiß/Vermeer (1984, 42) die Ansicht vertreten, „bei der Translation werde ein Ausgangstext vom Translator rezipiert und der rezipierte Sinn des Ausgangstextes werde dann im Kode der Zielsprache erneut enkodiert und so dem Zielempfänger übermittelt.“ Analog dazu wird das Übersetzen dann als „Umkodierung“ verstanden, bei der die

> Vermittlung der Kommunikation (…) dadurch zustande (kommt), dass er [der Sprachmittler; B.U.B.] im Kommunikationskanal den Text (das ‚Original') aus der Sprache des Senders (des ‚Originators') in die Sprache des Empfängers bzw. eines (potentiellen oder angenommenen) Adressaten umkodiert" (Kade 1980, 15).

Der in den 70er und 80er Jahren gängige Bezug auf den Kode-Begriff macht einmal mehr deutlich, dass hier schlicht „(…) Zeichen der Quellensprache durch Zeichen der Zielsprache ersetzt (werden)" (ebd., 16), dass das Übersetzungsmodell also ein reines Substitutionsmodell ist, in dem „Zeichen" – anders als etwa bei de Saussure - als Ausdruckseinheiten verstanden werden, die im Sinne des Kode-Begriffs ausgetauscht werden können, ohne die unabhängig von der Verschiedenheit der Kodes als stabil präsupponierte Identität der Bedeutung zu affizieren.

Im Kode-Modell fallen denn auch ‚Bedeutung' und ‚Meinung' (‚Sinn') zusammen; d.h. es bedarf lediglich der Kenntnis der beiden Kodes, nicht aber eines Verstehensprozesses, um die jeweils richtige, d.h. äquivalente „Ersetzung" vorzunehmen. Wird der Rezeptionsprozess des Übersetzers (als „Empfänger" des Quellentextes) dagegen nicht als Prozess der Dekodierung eines ausgangssprachlichen Textes, sondern als Prozess des Verstehens des Sinns eines fremdsprachigen Textes als Einheit der parole aufgefasst, kann der Übersetzungsprozess insgesamt auch nicht mehr als „Umkodierung" im Sinn eines Modells des De- und Enkodierens verstanden werden. Wie Reiß/ Vermeer (1984, 58) betonen,

> (setzt) Translation (…) Verstehen eines Textes, damit Interpretation des Gegenstandes ‚Text' in einer Situation voraus. Damit ist Translation nicht nur an Bedeutung, sondern an Sinn/ Gemeintes […], also an Textsinn-in-Situation, gebunden.

Es wird also weiterhin darum gehen müssen, spezifische in den Kontext des Übersetzungsprozesses eingebettete Verstehensprozesse weiter zu explizieren, sei es in einer bestimmten Lesart der romantischen wie der Aufklärungshermeneutik, sei es in Termen von Kognition und Kommunikation (vgl. Kupsch-Losereit 1996). So erörtert Koller (2001, 107ff.) die „Spezifik der Übersetzungskommunikation" weitaus differenzierter als Diller/Kornelius (1978), wenn er beispielsweise den jeweiligen kommunikativen Zusammenhang sowie die jeweilige Textfunktion anspricht, um aus den jeweiligen „Abständen" der „kommunikativen Zusammenhänge von AS und ZS" (ebd., 166) den Grad der Übersetzbarkeit zu bestimmen. Wenn das Verstehen eines Textes somit „nie absolut sein kann", wäre damit „auch die Übersetzbarkeit eines Textes immer relativ" (ebd., 178). Eine derartige hermeneutische Argumentationsbasis „untergräbt" freilich das „concept de l'équivalence" so weit, dass in der Praxis „on pourra lui substituer l'idée d' a p p r o x i m a t i o n" (Ladmiral 1981, 393). Damit hätten wir eine hermeneutische Begrifflichkeit zurück gewonnnen, die das Denken in Kode-Modellen weitgehend verschüttet zu haben scheint, nämlich das Konzept der Approximativität des Verstehens, wie es bereits von Friedrich D. Schleiermacher im romantisch-hermeneutischen Kontext entwickelt worden ist; ein Konzept, das durchaus geeignet erscheint, auch einen übersetzungstheoretischen Bezugspunkt abzugeben.

In der Hermeneutik Schleiermachers lässt sich eine – wie ich es nennen möchte - radikal-hermeneutische Idee des Verstehens freilegen, die einen großen Teil dessen vorwegnimmt, was konstruktivistisch oder kognitivistisch als Konstruktion mentaler Modelle vorgestellt wird. Hermeneutisch fließen derartige Vorstellungen im Begriff jenes „kühnen Entwurfs" zusammen, mit dem das Verstehen seinen divinatorischen Anfang nimmt: ein Entwurf, der ein Ganzes vorwegnehmen muss, um die sukzessiv zu verstehenden Teile auf eine Idee projizieren zu können, von der aus diese Teile einen möglichen Sinn als Teile eines hypostasierten Ganzen erhalten. - Was ist dies anderes als die Vorstellung einer ständigen Wechselwirkung von top-down und bottom-up Prozessen? „Unendlichkeit“ und Approximativität des Verstehens lassen es zu einer ständigen Probe werden, wie weit sich ein Verständnis (bzw. eine Übersetzung) als kommunikativ tragfähig erweist. Was wir da immer wieder auf die Probe (und damit auch zur Disposition) stellen, sind im Prozess des Verstehens wie im Prozess des Übersetzens unsere „Konstruktionen“ eines Sinns, der in der Materialität des Textes bzw. der AS- und ZS-Texte als Möglichkeit ‚aufgehoben’ scheint, gleichwohl nicht aus ihm bzw. aus ihnen deduzierbar ist. Konstruktionen also eines virtuellen Sinns, den wir nicht schlicht „dechiffrieren“ im Sinne der gängigen Vorstellung einer „Sinn-Entnahme“, sondern den auch der Übersetzer immer wieder neu konstruieren und nicht in einer Zuordnungsoperation „dechiffrieren“ muss. Eine Zeit lang mögen solche Sinn-Konstruktionen des Übersetzers durchaus als „identisch“ wahrgenommen werden, solange wir uns in einem gemeinsamen Diskurs zu bewegen glauben, der einmal in der einen, ein anderes Mal in der anderen Sprache weitergeführt wird. Unser „Vertrauen“ in den Übersetzer bzw. in die Übersetzung will uns dies zumindest glauben machen.

Radikal hermeneutisch betrachtet, ist dieser wechselseitige durch den Übersetzer vermittelte Verstehensprozess jedoch mindestens so unabgeschlossen wie der einsprachige Verstehensprozess; ja, er ist prinzipiell nicht abschließbar, weil stets konstruktiv. Und auch Friedrich Schleiermacher liest sich in der Dialektik-Vorlesung von 1822 einmal mehr konstruktivistisch bzw. „radikal hermeneutisch“: „Alle Mitteilung über äußere Gegenstände ist ein beständiges Fortsetzen der Probe, ob alle Menschen ihre Vorstellungen identisch konstruieren“ (in: Schleiermacher 1977, 460). Und mehr noch: ob sie es in der einen wie in der anderen Sprache tun.

So entspricht die Jakobson'sche Formel der „equivalence in difference" (Jakobson 1959, 233) letztlich der übersetzungstheoretisch ausbuchstabierten Spannung von Identität und Differenz, wie sie sich durch die gesamte neuere Philosophiegeschichte zieht bis hin zu den bekannten Versuchen Adornos und Derridas, das identitätsphilosophische Denken zu überwinden, einmal in dem dialektischen Versuch, durch den Begriff über den Begriff hinaus zu gelangen (Adorno 1966), dann in dem dekonstruktivistischen Versuch, die Differenz als solche zu denken (Derrida 1983).

Im Kontext des Unendlichkeits- und Approximativitätstopos, im „beständige(n) Fortsetzen der Probe", bleibt die Identität letztlich hypothetisch: eine kontrafaktische (gleichwohl kommunikativ notwendige) idealisierende Annahme der Kommunikationspartner. Wir halten voller Hoffnung inne, und in diesem Moment des Innehaltens scheint nicht nur die romantische Sehnsucht auf, das individuelle Bewusstsein des Anderen jenseits der sprachlichen Verschiedenheit mit Hilfe des Übersetzers irgendwann doch noch verstehend erreichen zu können, sondern auch die Verzweiflung, es letztlich niemals schaffen zu können. Albert Camus mag uns mit einem der Kern-Sätze seines Sisyphos-Essays trösten: „Wir müssen uns Sisyphos als einen glücklichen Menschen vorstellen". Und dies gerade in jenem Moment des Innehaltens kurz vor Erreichen des Ziels, in dem Sisyphos begreift, dass die Hoffnung eitel ist; gerade dieser Moment größter Verzweiflung - oder moderner: Frustration - „vollendet gleichzeitig seinen Sieg" (Camus 1960, 156).

Was auch der Übersetzer letztlich „aushalten" muss, ist eben diese Einsicht, dass das „Wesen" von Sprache sich uns nur in ihrer doppelten, scheinbar paradoxen Charakterisierung als „individuelles Allgemeines" (Frank 1977) erschließt: So „(entsteht) von Seiten der Sprache (...) die technische Disziplin der Hermeneutik daraus, daß jede Rede nur als objektive Darstellung gelten kann, inwiefern sie aus der

Sprache genommen und aus ihr zu begreifen ist“, auf der anderen Seite kann sie aber

> nur entstehen [...] als Aktion eines Einzelnen, und als solche, wenn sie auch ihrem Gehalt nach analytisch ist, doch von ihren minder wesentlichen Elementen aus freie Synthesis in sich trägt. Die Ausgleichung beider Momente macht das Verstehen und Auslegen zur Kunst. (Schleiermacher, Entwurf zu einem System der Sittenlehre, in: Schleiermacher 1977, 384)

Eine „radikale Hermeneutik“, die sich einerseits zu ihrem Kunstcharakter bekennt und andererseits den Anspruch auf Wissenschaftlichkeit nicht aufgibt, sollte m.E. nicht nur der theoretische und methodische Ausgangspunkt einer hermeneutischen Linguistik bzw. einer linguistischen Hermeneutik (vgl. Biere 2007) sein, die es erlaubt, Sprachwissenschaft gleichermaßen als verstehende Wissenschaft wie als (Sprach)verstehenswissenschaft zu charakterisieren (vgl. Biere 2008a und 2008d), sondern auch einer hermeneutisch begründeten Übersetzungswissenschaft (vgl. Stolze 1992), die es erlaubt, dem approximativen Charakter des Verstehens des ausgangssprachlichen Textes durch den Übersetzer, wie seines in die Zielsprache übersetzten Textes durch den Leser Rechnung zu tragen.

Was der Übersetzer wie übersetzen kann

Abgesehen von den vielen theoretischen Problemen der Möglichkeit oder Unmöglichkeit verstehensbasierten Übersetzens haben Übersetzer in der Regel weniger theoretische, als vielmehr praktische Probleme. Da faxt ein Unternehmen in Polen am späten Abend einen polnisch-sprachigen Vertragsentwurf mit der Bitte, diesen bis zum nächsten Morgen um 10 Uhr ins Deutsche zu übersetzen: Nachtschicht. Da werden dem Übersetzungsdienst der EU in Luxemburg am Abend Dokumente des Europäischen Parlaments in Strasbourg übermittelt, die am nächsten Morgen übersetzt in die Amtsprachen der EU dem Parlament vorliegen sollen: Nachtschicht. Unsere Übersetzer stehen früh auf oder arbeiten die Nacht durch, wie auch immer: Sie haben unsere theoretischen Probleme nicht wirklich, sie haben Termindruck und die Anforderungen ihrer Auftraggeber im Nacken, kämpfen vielleicht ums wirtschaftliche Überleben. – Sollten wir da aus pragmatischen Gründen nicht lieber zum bewährten Kode-Modell zurückkehren, das den Übersetzungsprozess doch im Prinzip als unproblematisch erscheinen lässt?

Nun: Wie der Übersetzer übersetzt, hängt auch davon ab, was er für wen zu welchem Zweck übersetzt. Es hängt vom Auftraggeber ab, der die Leistung „definiert", für die er den Übersetzer bezahlt. Welche Art von Übersetzungsleistung er erwartet, hängt wiederum von seinen Interessen ab; davon, was die Übersetzung (für ihn) leisten soll. Nicht immer brauchen wir die spitzfindigen diplomatischen Feinheiten, die in Ausgangs- wie Zielsprache genau zwei kontroverse Deutungen zulassen, oft reicht vielleicht schon eine Rohübersetzung aus. Das Interesse an einer bestimmten Art von Übersetzungsleistung ist allerdings nicht willkürlich, sondern weitgehend abhängig von der Art des Textes, der Textklasse oder Textsorte und ihrer kommunikativen Funktion. Wenn Brinker (2001) für die linguistische Textanalyse Texte mit narrativer Funktion zunächst ausklammert, so verweist dies auf die Annahme eines fundamentalen Unterschieds zwischen Gebrauchstexten (jeglicher Art) auf der einen und erzählenden, d.h. tendenziell literarischen Texten auf der anderen Seite. Die sog. „literarische" Übersetzung scheint in der Tat etwas völlig anderes zu sein, als die eher zweckorientierte Übersetzung einer Gebrauchsanweisung, einer Bedienungsanleitung, eines Reiseführertextes oder eines Vertragsentwurfs, so dass man in der Tat mit Koller (2001, 272) „die zwei Haupt-Textkategorien Fiktivtexte und Sachtexte“ ansetzen sollte. Möglicherweise verkennt diese Unterscheidung die Bedeutung poetischer „Spuren“ in Gebrauchstexten oder umgekehrt alltagssprachlich-poetischer „Spuren“ in literarischen Texten, unter pragmatischen Gesichtspunkten erscheint sie sinnvoll, denn spezifische poetische Funktionen in der Ausgangssprache sind in der Zielsprache u.U. so schwer „nachzubilden“, dass das Äquivalenzproblem („equivalence in difference“; Jakobson 1959, 233) in der Frage kulminiert, ob wir hier nicht doch an die Grenzen der Übersetzbarkeit stoßen, wo wir nicht mehr von ‚Übersetzung’, sondern von ‚Übertragung’, nicht von ‚Translation’, sondern von ‚Transposition’ sprechen sollten. Bereits Jäger (1975, 31f.) verwendet den Begriff der Transposition für „intralinguales Übersetzen“ und unterscheidet weiter zwischen heterovalenter Transposition (= „Bearbeitung“) und äquivalenter Translation (= „Übersetzung“), wiewohl auch „kommunikativ äquivalente Transpositionen“ nicht ausgeschlossen werden (ebd., 32). Obwohl Jäger damit das Äquivalenzproblem schon weitaus differenzierter angeht, fehlt doch noch der Schritt zu einer durchgängig kommunikativ-funktionalen Perspektive, wie sie sich dann bei Reiß/ Vermeer findet, wenn sie ‚Äquivalenz’ so fassen, dass der Zieltext

> in der Zielkultur bei gleicher Funktion unmittelbar der (alltäglichen, literarischen oder künstlerisch-ästhetischen) Kommunikation dienen kann und dabei dem Original (möglichst) in allen seinen Dimensionen (syntaktisch, semantisch und pragmatisch) gleichwertig, äquivalent ist (Reiß/Vermeer 1984, 135).

Die Äquivalenzproblematik wird bei Reiß/Vermeer allerdings nicht konsequent auf die Unterscheidung alltäglicher, literarischer und künstlerisch-ästhetischer Textfunktionen bezogen, obwohl sie in der Tat den Versuch machen, die gängige Äquivalenzforderung, wenn nicht zu operationalisieren, so doch weitgehend theoretisch zu explizieren. Bereits in der Jakobschen Formel steckt, wie gesagt, das Grundproblem von Identität und Differenz, von sprachlich Differentem und, wenn nicht inhaltlich, so doch kommunikativ-funktional Identischem. Hier machen Reiß/Vermeer (1984) zu Recht einen (bedeutsamen!) Klammerzusatz: „*möglichst*“ äquivalent, d.h. sie stellen genau das in Rechnung, was Ladmiral (1981) wie schon F.D. Schleiermacher im 19. Jahrhundert als Prinzip der Approximativität, der eine für die Übersetzung, der andere für das Verstehen, auf den Begriff gebracht hat.

Was auch immer der Übersetzer für wen wie zu übersetzen hat, welchen Grad von Äquivalenz er je nach Anforderungen des Auftraggebers bzw. der Textsorte auf welchen formalen oder kommunikativ-funktionalen Ebenen auch immer anstrebt, letztlich fungiert das Äquivalenzprinzip genauso als normatives Korrektiv wie jene hypostasierte Identität, die den Übersetzer immer wieder erfahren lässt, dass er sich dem Ziel einer äquivalenten Translation zwar wieder einmal sisyphosgleich ein Stück weiter angenährt hat, dass er es jedoch gleichwohl nie erreichen wird. Die Spannung zwischen Identität und Differenz ist wie jenes Moment der „Unendlichkeit“ und der Approximativität auch für den Übersetzer etwas, das er auszuhalten lernen muss. Und vielleicht gehört auch gerade dies mit zu seiner Vermittlerrolle: diese Spannung nicht zu unterdrücken, sondern auch für den zielsprachigen Leser erfahrbar zu machen.

Der Übersetzer als Bote

Wenn der Übersetzer hierbei eine Art Boten-Funktion übernimmt, so ist er sicherlich kein ‚Bote' im Sinne eines schlichten Briefträger-Konzepts, das ihn auf eine reine Transportfunktion im Übersetzungs- und Vermittlungsprozess reduzieren würde. Wenn man nach Konzepten des

Boten sucht, die geeignet sein könnten, die Rolle des Übersetzers angemessen theoretisch zu modellieren, muss man historisch weiter zurückblicken, in Zeiten zwar einerseits bereits literaler, andererseits aber auch weitgehend noch oraler Kulturen, in Zeiten, wo beides, Mündlichkeit und Schriftlichkeit, nebeneinander existiert und vielleicht zum ersten Mal in systematischer Weise sprachlich-funktional klar differenziert wird. Diese besondere Art eines nicht nur transportierenden und überbringenden, sondern (mündlich) erklärenden Boten wird historisch manifest in dem sog. „Institut der missi" im Reich Karls des Großen. Als Modell für die Rolle des Übersetzers eignet sich diese missi-Rolle besonders deshalb, weil sie nicht zuletzt eine besondere Art von Übersetzungsprozess impliziert, nämlich eine Art „erklärender Übersetzung" eines (schriftlichen) lateinischen Text eines Gesetzes oder einer Verordnung in die (mündliche) Volkssprache der jeweiligen Landesteile des Fränkischen Reichs.

Wollen wir also das „Institut des Boten" nicht (wie schon im Grimm'schen Wörterbuch) letzten Endes auf die „Briefträgerfunktion" reduzieren („endlich um briefe zu tragen"; Sp.271), so mag neben den genannten missi im mehrsprachigen Reich Karls des Großen auch an den Götterboten Hermes erinnert werden, der als „Dolmetsch" des göttlichen Willens und schließlich – so ein Erklärungsversuch – als Namensgeber für die Hermeneutik galt.

Historisch wird die Funktion des Boten zunächst in mündlichen Kulturen manifest, in denen die Notwendigkeit der Überwindung eines raumzeitlichen Abstandes zwischen potentiellen Kommunikationspartnern ihn zum „Träger der Übermittlung" (Ehlich 1983, 30) macht: „Der Text wird von der primären unmittelbaren Sprechsituation abgelöst und dadurch für die weitere Verwendung in anderen Sprechsituationen zur Verfügung gestellt" (ebd., 32). Der Bote begründet somit die „Überlieferungsqualität von Texten", die demnach „keineswegs an die schriftliche Überlieferungsform gebunden“ ist (ebd., 33). Wir sehen hier einen ersten einfachen Fall der Ablösung einer sprachlichen Handlung von der unmittelbaren Sprechsituation, die über diese hinaus „aufbewahrt“ und „in eine zweite Sprechsituation transportiert wird“ (ebd., 31), was Ehlich im Begriff der „zerdehnten Sprechsituation“ (ebd., 32) terminologisch zu fassen versucht. Bereits hier, in der mündlichen Überlieferung von Texten, stellt sich die Frage nach der Identität von aufgenommener und übermittelter Sprechhandlung: Will der Bote nicht durch schlichtes Auswendiglernen der Botschaft lediglich den Äußerungsakt „identisch“ halten, so muss er den propositionalen Gehalt sowie den illokutionären Modus der Sprechhandlung (mental) repräsentieren, um den in einer solchen „Textbasis“ (nicht-identisch!) „gespeicherten“ bzw. „repräsentierten“ Text, seinen „Inhalt“ wie seine illokutionäre Qualität, in einer anderen, zweiten Sprechsituation wieder erzeugen zu können.

Wie der Bote den Text „repräsentiert“, ist jedoch bereits abhängig von seinem Verständnis der primären Sprechhandlung. Somit ist die Wiedergabe gegenüber den Hörern in einer zweiten Sprechsituation keine Wiederholung, sondern eine verstehensbasierte Re-Konstruktion des Sinns des ursprünglich Aufgenommenen und kognitiv Verarbeiteten, das von den Hörern nun ihrerseits wieder „verstanden“ werden muss. Somit entspricht das weiter entfaltete Modell der zerdehnten Sprechsituation in der Tat bereits der gängigen Vorstellung des Übersetzungsprozesses als sozusagen doppeltem Verstehensprozess. Aber die Pointe ist m.E. noch eine andere: Gerade in dem Maße, in dem der mündlich übermittelte und ja auch primär mündlich vollzogene Akt zwar noch situations- und leibgebunden re-aktualisiert wird, jedoch nicht mehr an die ursprüngliche Verständigungssituation, in die er kommunikativ-funktional eingebettet war, „gebunden“ ist, erscheint er wesentlich als (übermitteltüberlieferter, vermittelter und vermittelnder) „Text“, der – seiner „Unmittelbarkeit“, die ihm in der ursprünglichen Sprechsituation zukam, verlustig gegangen – dem Adressaten notwendig als „fremd“ erscheinen muss. Bereits die mündliche Überlieferung schafft somit als textbildender Prozess eine genuine hermeneutische Situation; d.h. eine Situation, in der das kognitiv-kommunikative Verständigungspotential einer ursprünglichen Verständigungssituation zwischen zwei kopräsenten Partnern bereits tendenziell verloren ist und nur noch durch einen vermittelnden Dritten, hier: durch den Boten, der als (vermeintlicher) Garant der Identität der Botschaft jenseits der Differenz der Verständigungssituationen auftritt, wieder hergestellt werden kann. Die Abwesenheit des ursprünglichen Sprechers und die Herauslösung der sprachlichen Handlung aus ihrem raum-zeitlichen Entstehungskontext schaffen eine Distanz bzw. Differenz, die in der nunmehr ‚exegetischen' Situation gegenüber dem Text, in einer sekundären Verständigungssituation nur noch approximativ aufzulösen ist. So kann in der Tat bereits in einer in der Mündlichkeit verbleibenden, gleichwohl aber „zerdehnten“ Sprechsituation mit einer neuen Qualität von Verstehensproblemen gerechnet werden:

> the text can reach hearers/readers other than those it was aimed at, if, for example, it is transmitted along unintended lines, or can be preserved much longer than had be planned at the time of production (Ehlich 1981, 159).

So kann bereits hier die charakteristische Situation des Philologen entstehen, dessen ‚Daten' Texte sind, „which were never adressed to him but which have been transmitted to him“ (ebd.). In diesem Sinn entsteht ein spezifisches Verstehensproblem sozusagen mit dem Auseinandertreten von ‚Adressat' und ‚Rezipient', d.h. daraus, dass wir zu Lesern von Texten werden können, die nicht an uns adressiert, nicht für uns gedacht sind, z.B. weil wir der Sprache, in der sie verfasst sind, gar nicht mächtig sind. Dies ist natürlich bei Texten im Medium der Schrift erst recht, wenn nicht, von Briefen abgesehen, wesensmäßig der Fall. Die kognitiv-aktive Funktion des die Botschaft memorierenden, den ,Text' oder dessen propositionale Basis in seinem Gedächtnis ,tragenden' Boten im Übermittlungsprozess scheint sich auf die rein körperliche Dimension des Transportierens von Schriftstücken zu reduzieren. Ist die zu überbringende Botschaft einmal schriftlich fixiert, so scheint der Bote ein für allemal zum „Briefträger" herabgestuft zu sein: Was er nicht mehr im Kopf haben musste, hatte er auf dem Papier (und in den Beinen).

Im Gegensatz zu einer solchen Trivialisierung des „Instituts des Boten" kann das Aufkommen der Schrift jedoch umgekehrt auch zu einer neuen Qualität der Botenfunktion führen: Der Bote wird vom Übermittler zum Vermittler, zum Übersetzer und Ausleger. Bereits in der Mündlichkeit können wir zwei Typen von Boten unterscheiden: den Boten „ohne Vollmacht", dessen Aufgabe die bloße ,Verlautbarung' ist, vergleichbar der Übergabe eines Schriftstücks und den Boten „mit Vollmacht", der die zu überbringende Botschaft durchaus eigenverantwortlich – z.B. im Sinn verständnissichernder Maßnahmen – den kommunikativen Gegebenheiten der zweiten Sprechsituation, der Übermittlungs- oder Vermittlungssituation anzupassen befugt ist. So kann der autorisierte Bote kein stummer Überbringer bleiben, ja, seine Aufgabe besteht geradezu darin, den ,an sich' stummen Text zum Sprechen zu bringen, den Text und die in ihm zur Sprache gebrachte Sache für den jeweiligen Adressatenkreis verständlich zu machen.

Bei den Texten, die zu ,vermitteln' Aufgabe der missi war, wird dies auf der funktionalen wie auf der kommunikativen Ebene deutlich. Die Aufgabe der Königsboten war es allgemein, als „Bevollmächtigter", wenn nicht als „Stellvertreter" ihres Herrn, „*in vice domini* zu handeln" (Krause 1890, 194).

Hierzu wurden die Boten zunächst als außerordentliche Königsboten ad hoc für die Erledigung einzelner, genau bestimmter Geschäfte ausgesandt. Bald jedoch werden sie als ordentliche Königsboten, als *missi dominici*", die „dem karolingischen Staatswesen sein eigenthümliches Gepräge gegeben [...] haben" (Krause 1890, 197), einmal im Jahr vom König ausgewählt und mit dem allgemeinen Auftrag versehen, „das Recht zu wahren" (ebd.). In dieser Funktion reisen sie als eine Art „wandernde Boten" (ebd., 198) in den ihnen zugewiesenen Amtsbezirken, in denen sie selbst jedoch nicht ansässig waren, unabhängig von den Interessen der Ortsgewalten umher. Mit der Entwicklung „ständiger", d.h. ortsansässiger Königboten (etwas ab 825) beginnt das Institut dann auch bereits wieder zu zerfallen, zumal die Ortgewalten in die Stellen der Königsboten drängen und entsprechend partikulare Interessen vertreten (vgl. ebd., 197). – Der allgemeine Auftrag, „das Recht zu wahren", muss sich auf eine Vollmacht gründen, weil die Anwendung allgemeinen Rechts ‚Auslegung' (im Sinn der Subsumtionsproblematik) ist und es daher einer Art (richterlicher) Auslegungsvollmacht bedarf, wenn in den Landesteilen praktisch wirksam Recht gesprochen werden soll. Das allgemeine, auf den Einzelfall anzuwendende Recht oder Gesetz liegt nun als schriftlicher lateinischer Gesetzestext vor, der als Garant jener Auffassung von Gerechtigkeit gelten soll, die dem Grundsatz der Einheitlichkeit und damit auch der Gleichbehandlung verpflichtet ist.

Um aber der königsrechtlichen Gesetzgebung zu regionaler Wirksamkeit zu verhelfen, galt es nicht nur, das Gesetz in den verschiedensprachigen Landesteilen ‚durchzusetzen', sondern eben auch volkssprachlich zu ‚vermitteln'. Die Spannung zwischen Identität und Differenz tritt hier historisch so in Erscheinung, das funktional differenziert wird: Die Ebene der lateinischen Schriftlichkeit gilt als (sprachlicher) Garant der Einheitlichkeit des Rechts in allen

Landesteilen, während die je volkssprachliche mündliche Vermittlung, Auslegung und Anwendung des allgemeinen Rechts dieses praktisch erfahrbar und auch verständlich werden lassen soll. Charakteristischerweise bleiben – trotz vereinzelt vorkommender volkssprachlicher Paraphrasierungen in den lateinischen Texten – die volkssprachlichen Erklärungen Bestandteile der mündlichen Kommunikationssituation, „kommunikative Paraphrasen“ (Rath 1975), die den lateinischen Text zwar verständlich zu machen suchen, seine Latinität und deren einheitswahrende Funktion aber nicht antasten. Aber – und das ist historisch und systematisch ebenso bedeutsam – der Bote darf und muss hier, sozusagen in der Ausübung seiner „Reiseherrschaft“, über die bloße Verlesung des lateinischen Textes, beispielsweise der Kapitularien, hinausgehen, denn es versteht sich, dass „die wichtigsten Teile der adnuntiatio, die Erläuterung der in dem Kapitular enthaltenen Bestimmungen und der Befehl, ihnen Folge zu leisten, in der Volkssprache gegeben werden mußten“ (Ganshof 1961, 94), wenn unter den Adressaten – von den höheren Vertretern der Staatsgewalt und dem Klerus einmal abgesehen – sich kaum einer fand, der des Lateinischen mächtig gewesen wäre. Daher sollte von den Boten, wie auf dem Konzil von Tours (813) bestimmt, die rustica Romana lingua aut Thiotisca verwendet werden, so dass ihre Rolle in dieser Art von kommunikativ-vermittelndem Kontext immer auch die eines Übersetzers und Dolmetschers bzw. eines Auslegers und Erklärers war.

Die Aufgabe, den (lateinisch-schriftlichen) „Einheitstext“ ‚vor Ort‘ in eine mündliche Verständigungssituation ‚zurückzuholen‘ und ihn damit anwendbar zu machen, war das notwenige kommunikative Korrelat der an den lateinisch-schriftlichen Text gebundenen Idee der Vereinheitlichung des Rechts und der Rechtsprechung. Recht kann somit der Sprache nach (Latein) wie dem Medium nach (Schrift) auf einer den unterschiedlichen Volkssprachen gleichermaßen fremden Ebene, tendenziell übereinzelsprachlich, tendenziell auch fachsprachlich, einheitlich kodifiziert werden, so dass einerseits eine territorial vereinheitlichte, für das gesamte fränkische Reich gültige Gesetzgebung möglich erscheint, während andererseits in der durch die missi zu bewerkstelligenden regional-sprachlichen Anpassung die Möglichkeit der Anwendung des Rechts in den einzelnen Landesteilen gewährleistet ist. Zum Prinzip der Vereinheitlichung muss also das Prinzip der Verständlichkeit bzw. des Verständlichmachens als Korrelativ hinzutreten, wie es sich in karolingischer Zeit in der Rolle der Königsboten, der *missi*, quasi institutionalisiert. Die Spannung zwischen Latinität und Volkssprache, wie auch die zwischen Schriftlichkeit und Mündlichkeit, wird einerseits in einer funktionalen Differenzierung produktiv genutzt und andererseits im Akt der mündlich-volkssprachlichen Vermittlung des schriftlich-lateinischen Textes, in der Rolle des Botens als Übersetzer/ Dolmetscher, als „Verständlichmacher“, kommunikativ ‚aufgehoben'.

Mit einer so verstandenen Botenrolle ist aber nicht nur ein frühes historisches Modell mehrsprachiger Staatswesen gegeben, vielmehr könnten Elemente eines solchen Boten-Modell auch genutzt werden, um spezifischere systematische Vorstellungen von der Rolle des Übersetzers zu gewinnen und gleichzeitig unterschiedliche Formen der „Übersetzung“, von der intralingualen (heterovalenten?) Transposition bis zur interlingualen (äquivalenten?) Translation oder aber auch zu einer „erklärenden Übersetzung“ präziser voneinander abgrenzen und aufeinander beziehen zu können.

Der Übersetzer als Ausleger

In verschiedenen Versuchen einer text-, kognitions- oder auch computerwissenschaftlichen Modellierung bzw.

(quasi-experimentellen) Simulation von Prozessen des Sprachverstehens bzw. in Versuchen, diese übersetzungswissenschaftlich fruchtbar werden zu lassen (vgl. Kupsch-Losereit 1996, 218f.), ist einerseits verstärkt das inferentielle Moment des Verstehens, sein Schlusscharakter in den Vordergrund gerückt worden (vgl. Biere 1989, 101ff.), andererseits wird verstärkt nach den verschiedenen Arten von Wissen gefragt, die entsprechende Inferenzen erst ermöglichen. Mit der Unterscheidung von Wort- und Sacherklärungen ist eine derartige Fragestellung allerdings auch der Tradition der Hermeneutik nicht fremd. – Bereits aus der aufklärungshermeneutischen Position des J. M. Chladenius (Chladenius 1742) ergibt sich m.E. die Möglichkeit, bestimmte Formen des Übersetzens, die sich aus der Rolle des Übersetzers als Ausleger ableiten lassen, historisch-systematisch zu begründen.

Im Sinne des Chladenius hat das Auslegen wie das Übersetzen eine kommunikative Grundstruktur: Es ist eine Lehr-Lern-Situation, in der der „wissende“ und verstehende Ausleger, sozusagen in der Rolle eines „Lehrers“ einen „Schüler“, der bestimmte „dunkle“ oder „schwierige“ Stellen eines Textes (noch) nicht versteht, zum „wahren Verstand“ dieser Stellen anzuleiten versucht. Eine Textstelle kann für Chladenius aus verschiedenen Gründen „dunkel“ genannt, wobei einmal mehr ein Übersetzer bzw. „Sprach-Lehrer“ oder „Philologe“, ein anderes Mal mehr ein Ausleger gefragt ist. Grundsätzlich – und dies macht einen wichtigen Aspekt der kommunikativen Grundstruktur aus – ist es nicht die Textstelle als solche dunkel, sie kann vielmehr immer nur für jemanden dunkel genannt werden, und sie mag sich für den einen auf die eine Art, für den anderen auf die andere Art als dunkel erweisen. Die erste Art von Dunkelheit ist die „einer verderbten Stelle“; diese „hebt der Criticus, wenn er den Text verbessert und ergänzt darstellet“. Die zweite Art von Dunkelheit „entstehet aus einer nicht genugsamen Einsicht in die

Sprache, worinnen das Buch abgefasset ist“; diese zu beheben, ist Aufgabe des „Sprach-Lehrers“ und des „Philologen“. Und schließlich kann eine dritte Art von Dunkelheit „gar nicht auf gegründete Art […] gehoben werden“, wenn nämlich „die Worte (…) an sich zweydeutig gesetzt (sind)“ (Chladenius 1742: Vorrede fol. a_5). Der Ausleger ist allerdings erst bei einer noch anderen Art von Dunkelheit gefragt, nämlich dort, „wo die Erkäntniß der Sprache allein uns nicht in Stand setze, alle in derselben abgefaßte Bücher und Stellen zu verstehen“ (ebd.). Der Gedanke, dass Sprachkenntnis nicht einen Automatismus des Verstehens von Texten zur Folge hat, wird 200 Jahre später in einer kognitionstheoretischen Explikation des Verstehens bei Bransford und Carell (1974, 215) wieder aufgegriffen: „A person may […] have knowledge of a language and yet fail to comprehend an utterance […]“. Der Verstehensprozess laufe leer, wenn der Leser nicht in der Lage sei, „to make the necessary cognitive contributions“ (ebd.). Die Argumentation bei Chladenius erweist sich als analog:

> ein Gedanke, der durch die Worte bey dem Leser hervorgebracht werden soll, setzet offters schon andere Begriffe voraus, ohne welche er nicht begreiflich ist: Daher, wenn der Leser dieselben Begriffe nicht schon hat, so können die Worte nicht die Wirckung bey im thun, noch die Begriffe veranlassen, welche bey einem anderen Leser, der gehörig unterrichtet ist, gewiß erfolgen werden (Chladenius 1742: Vorrede fol. a_5).

Aus einem derartigen verständigungskritischen Befund ergibt sich im konkreten Fall die Aufgabe des Auslegers, den betreffenden Lesern die fehlenden „Begriffe“, d.h. im aufklärungshermeneutischen Kontext das fehlende (Sach)wissen, beizubringen, um ihnen so den „wahren Verstand“, das richtige Verstehen der betreffenden Stelle(n) zu ermöglichen. Hieraus ergibt sich zwangsläufig die Notwendigkeit, sich bei der Auslegung nach dem (fehlenden) Vorwissen des jeweiligen Lesers zu richten, die Auslegung mithin adressatenspezifisch zu konzipieren.

Der Übersetzer muss den jeweils vorliegenden Ausgangstext zunächst einmal (wie der Ausleger) selbst verstehen, sonst kann er ihn nicht übersetzen. Wird er aber vielleicht auch in dem Sinn zum Ausleger, dass er sich bei der Übersetzung nach den Adressaten und deren Vorwissen richtet bzw. bei einer bestimmten Art von Übersetzung richten muss? Hat der Übersetzer, wenn das zum Verständnis einer Übersetzung erforderliche „Vorwissen in der Zielkultur (noch) nicht vorhanden ist“ (Reiß/ Vermeer 1984, 136), nicht tatsächlich in Formen „erklärender Übersetzung“ ganz im Sinn des Chladenius genau dies zu leisten: den Lesern in der Zielkultur das Verständnis ausgangssprachlicher Sachzusammenhänge gerade dort zu ermöglichen, wo es schwierig wird? Muss er dann nicht vielleicht analog zur intralingualen Transposition interlinguale Formen der Translation bzw. Transposition entwickeln, bei denen „eine äquivalente Übersetzung (...) von der Natur der Sache nicht möglich (ist)“ (ebd.)?

Der Übersetzer als ‚Verständlichmacher'

Nicht erst Luthers Bibelübersetzung, sondern die bereits im Kontext der Christianisierung im 8./9. Jahrhunderts noch radikaler auftretende Übersetzungsproblematik liefert das historische Modell der erklärenden Übersetzung, wenngleich in diesen Anfängen des Übersetzens (Glossierens und Kommentierens) das Problem nur pragmatisch zu lösen war: Es musste von lateinischer Schriftsprache in eine als Schriftsprache kaum konsolidierte Volkssprache übersetzt werden. Entsprechend rudimentär waren jene ersten Formen oder Vorformen des Übersetzens, die tentative Verständnishilfen boten, die den lateinischen Text zunächst durch vereinzelte (Rand)glossen, später durch Wort-für-Wort-Übersetzungen oder durch Interlineare, ansatzweise verständlich und damit – wie bei den Kapitularien auf der Ebene der Gesetzgebung - kommunikativ wirksam werden zu lassen. Vom Ideal etwa einer „kommunikativen Übersetzung“ sind wir noch weit entfernt und es ist nicht einmal klar, in welchem Sinn wir hier überhaupt von ‚Übersetzung' sprechen können. Wo ist die Grenze zu ziehen zwischen mehr oder weniger subjektiven oder auch dogmatischen „Übersetzungen“ bzw. „Bearbeitungen“ und „objektiven“ Bemühungen, den Textsinn „aufzuhellen und für Dritte verständlich zu machen“, was E. Betti als Ziel der (eigentlichen) „Übersetzung“, nicht der Bearbeitung, apostrophiert, wenn er meint, bei der Übersetzung seien „der Subjektivität des Übersetzers durch die Gebundenheit zur Treue und strengen Unterordnung im Hinblick auf den Sinn des Textes feste Grenzen gesetzt“ (Betti 1967, 527).

Aber die „erklärende Übersetzung“ ist keineswegs ‚subjektiv'; allerdings ist sie – und insofern ist Betti dann doch zuzustimmen – eine Gratwanderung, bei der gleichermaßen dem Sinn des Textes wie den Verstehensvoraussetzungen der zielsprachigen Rezipienten in angemessener Weise Rechung getragen werden muss. Letzten Endes – und damit setzt sich der Gedanke der Approximativität einmal mehr gegen den der Äquivalenz durch – kann sich der Übersetzer der sich in diesem doppelten Anspruch manifestierenden Spannung nur dadurch ‚entziehen' bzw. sie ‚aushalten', dass er ‚anerkennt', dass er dem sachlichen Anspruch des Textes und dem Verstehens- und Verständlichkeitsanspruch des zielsprachigen Publikums immer nur tentativ, approximativ, gerecht zu werden vermag, weil bereits das muttersprachliche Verstehen, sein Verstehen des Ausgangstextes, unter eben diesem Approximativitäts-Vorbehalt steht. Der erklärende Übersetzer befindet sich in der gleichen quasi didaktischen Situation eines „Verständlichmacher“ wie derjenige, der innerhalb einer Sprache den Konflikt zwischen den Maximen „Sage, was zu sagen ist“ (Relevanzmaxime) und „Rede so, dass dein Partner dich versteht“ (Verständlichkeitsmaxime) aushalten und (approximativ) zu lösen versuchen muss. Genau diese Spannung ist konstitutiv für die Aufgabe des Verständlichmachens wie für die Aufgabe des erklärenden Übersetzens. Der Übersetzer leistet die gleiche Sisyphos-Arbeit wie der Ausleger und „Verständlichmacher“: Er versucht den fremden oder fremd gewordenen Text ins „Sprachleben“ der Zielsprache und damit für die zielsprachigen Leser in die Verständlichkeit zurück zu holen.

Ausleger wie Übersetzer haben gleichermaßen ein Verstehens- bzw. Kommunikationshindernis zu überwinden, „intralinguale“ und „interlinguale Übersetzung“ können daher im Prinzip nach dem gleichen Modell konzipiert werden und zwar unabhängig von der Frage nach Äquivalenz oder Heterovalenz. ‚Übersetzung’ ist überall, wo Sprache ist, wo einsprachige oder mehrsprachige Kommunikation stattfindet, und so scheint es, als erweise sich neben der ‚Ubiquität’ von Hermeneutik und Rhetorik nunmehr die Ubiquität der Translation:

> When we read or hear any language-statement from the past [...] we translate. Reader, actor, editor are translators of language out of time. The schematic model of translation is one in which a message from a source-language passes into a receptor-language via a transformational process. The barrier is the obvious fact that one language differs from the other, that an interpretative transfer, sometimes, albeit misleadingly, described as encoding and decoding must occur so that the message ‘gets through’. Exactly the same model – and this is what is rarely stressed – is operative within a single language. But here the barrier as distance between source and receptor is time (Steiner 1993, 28).

Kommt der Übersetzung generell das hermeneutische Moment des Verstehens und Verständlich-Machens zu, so gilt dies geradezu paradigmatisch für die erklärende Übersetzung. In der modernen Übersetzungswissenschaft taucht der Begriff der erklärenden Übersetzung, wenn ich recht sehe, bislang nicht auf, obwohl es eine Reihe von Begriffen gibt, die eine ähnliche Problemstellung umschreiben, wie z.B. den der „interlingualen Bearbeitung" (Snell-Hornby et al. 1998, 153). Selbst im Hinblick auf die „Ausrichtung an der zielkulturellen Situation" scheint großer Wert auf die Unterscheidung von „Ausrichtung" an der zielkulturellen Situation und „Anpassung" gelegt zu werden (ebd., 146). Gleichwohl fehlt der Begriff der „erklärenden" Übersetzung auch im Kontext einer „kulturwissenschaftlichen Öffnung der Übersetzungsforschung" (Bachmann-Medick 1997, 2). Die Notwendigkeit einer weitgehenden Anpassung des zielsprachigen Textes an spezifische Gegebenheiten der Zielsprache und -kultur und dementsprechend notwendige „Umschreibungen" wird allerdings durchaus gesehen. So betonen Reiß/Vermeer (1984, 55), dass ein Übersetzer beispielsweise gehalten sei, „aus englischem kulturspezifischem Denken heraus geschriebene Formulierungen in seiner Translation so zu umschreiben, daß sie für deutsches kulturspezifisches Verhalten akzeptabel und verständlich sind".

Werfen wir noch einmal einen Blick zurück auf jene frühen pragmatischen Übersetzungsvorstellungen in der Zeit der Christianisierung bzw. im Reich Karls des Großen. Was hier voreilig als Übersetzungsfehler kritisiert worden ist, könnte durchaus – so Betz (1965, 300) – auf Karls Drängen zurückzuführen sein, „dass die Geistlichen und die Laien intellegent, bene intellegent, was sie beten, geloben und glauben sollten. Wenn dies „für den weiteren Kreis der Laien nur durch Erklärung in der eigenen Sprache erreicht werden" konnte (ebd.), so konnte es

> nicht damit getan sein, nun nur ein anderes, zwar deutsches, aber auch unverstandenes, vielleicht gar neugebildetes Wort an die Stelle der Vokabel zu setzen. In seinem Sinne [i.S. Karls des Großen; B.U.B.] mußte es eine erklärende Übertragung sein, die zum richtigen Verständnis führte (ebd.).

Um nur ein Beispiel (mit Betz) anzuführen: In der Sankt Galler Übersetzung des ‚Credo' finden wir ahd. *kimatrot in kiwaltiu Pilates* für die lateinische Stelle *passus sub Pontio pilato*. Was hier für „Unverständnis" des Übersetzers gehalten worden sei, der *sub Pontio* wohl als *sub potentia* gelesen habe, sei wohl eher eine „wohlüberlegte, auf Verständnis zielende Übertragung" (ebd., 301), denn der Übersetzer habe hier „nur eine Schwierigkeit der Erklärung beseitigt, die für den Hörer in dem Doppelnamen Pontius Pilatus lag" und gleichzeitig die Möglichkeit genutzt, das *sub* „frei und erklärend mit ‚*in kiwaltiu* – unter der Herrschaft'" (ebd.) zu übersetzen. - „Klar und gewaltiglich verdeutschen" wolle er: Damit rechtfertigt Luther (1530; 1959) die eine oder andere verdeutlichende und verständlichmachende Hinzufügung. Auch wenn es sich dabei nicht unbedingt um eine erklärende Übersetzung handelt, sehen wir doch in einer Reihe übersetzerischer Entscheidungen den Versuch, Unbekanntes oder Fremdes durch (explizite oder implizite) Erklärung für die Adressaten in der Zielsprache verständlich zu machen (vgl. in Bezug auf Luthers Übersetzungstheorie und -praxis: Schöndorf 2000).

Bleibt die Frage, ob wir das alles mit Fug und Recht Übersetzungen nennen wollen, Ein Grund, warum wir in der Literatur keinen Hinweis auf die erklärende Übersetzung gefunden haben, dürfte darin liegen, dass derartige Formen unter Begriffen gefasst werden, die gerade auf eine deutliche Abgrenzung von der (eigentlichen) Übersetzung anzielen. Gleichwohl bleibt m.E. relativ unklar, wo die Grenze zu Bearbeitungen, Kommentaren, Paraphrasen usw. zu ziehen ist bzw. ob hierfür die Kriterien ‚Äquivalenz' vs. ‚Heterovalenz' und ‚intralingual' vs. ‚interlingual' wirklich geeignet sind. Der traditionell interlingual verstandene Übersetzungsprozess weist durchaus eine vergleichbare Struktur auf wie der intralinguale Prozess einer Textbearbeitung in verständlich machender Absicht. Ob Translation oder Transposition, stets gilt es, Verstehensschwierigkeiten oder -hindernisse zu beseitigen, Verstehen zu ermöglichen, Leser „zum wahren Verstand" eines Textes anzuleiten.

Indem der Übersetzer all dies auf je spezifische Weise tatsächlich tut, ist er einmal mehr, einmal weniger Bote, Ausleger und Verständlichmacher zugleich, ist er allemal mehr als bloßer „Sprach-Mittler".

(Erstveröffentlichung in: Cercel, Larisa (Hrsg.): *Übersetzung und Hermeneutik. Traduction et Herméneutique*. Bucharest: Zeta books, 2009, 187-210).

8 Wissenschaft – Kunst – Leben. Ein Essay

Aufhören können – *let it be*

Können wir irgendwann aufhören: zu denken, zu zweifeln, zu schreiben, zu leben? Oder: Wann wollen wir es? - Wann können wir mit dem Aufhören anfangen? Wann wollen wir es? Was wir nicht wollen: aufhören zu leben (Warum suchte sich jemand gerade dieses Wortfeld „Aufhören des Lebens" aus, um daran die Wortfeldtheorie zu exemplifizieren?) Müssen wir zurückblicken, um zu sehen, was vor uns liegt? Was müssen wir dekonstruieren, um Platz zu schaffen für neue Konstruktionen? Sozusagen post-professionale, post-professorale Konstruktionen.

Was wollen wir da noch konstruieren bei aller Dekonstruktion, die uns im Leben vorangebracht hat? Rückblickend erzählen wir unsere Geschichte. Keine Dekonstruktion meistens, sondern die (verzweifelte?) Suche nach Kohärenz. Wenn nicht das Leben, so könnten doch wenigstens die Texte kohärent sein, die das Leben „beschreiben". Nicht die Texte, die das Leben schreibt? Aber schreibt das Leben denn „Texte"? Das Leben schreibt nicht, wir schreiben unser Leben. Wir schreiben es um in Texte unter dem Gebot der Kohärenz. Wir interpretieren Texte unter dem Gebot der Kohärenz. Weil wir sie anders nicht verstehen können? Wohl wissend, dass wir damit nichts über die Kohärenz der Texte aussagen, sondern lediglich etwas über unser Bedürfnis nach Kohärenz. Alles muss irgendwie zusammenhängen. „Brüche" lassen wir nicht zu, wir kleistern sie mit „Kohärenz-Kitt" zu. Es gibt sie nicht, weil unsere Texte kohärent, mindestens kohäsiv sein müssen. Alles klebt aneinander. Wir kleben die Texte immer wieder neu zusammen, weil niemand andauernd Neues, neue, unerwartete Kohärenzen schaffen kann. Wenn wir es könnten, würde es niemand bemerken bzw. verstehen. Wir sind in unserem Kohärenzdenken befangen, so inkohärent wir auch manchmal denken (wenn es uns gerade passt). Da erscheint der Dekonstruktivismus oder Poststrukturalismus wie eine Lektion, die uns lehren könnte, das Inkongruente auch ebenso zu denken. Aber wir können es nicht. Warum nicht? Weil wir nicht den Mut zum Aphoristischen haben? Weil wir Wissenschaftler sind, aber nicht Lichtenberg oder Wittgenstein?

Rationalität 1 – *so what?*

Denken wir auch wissenschaftlich, wenn es um lebenspraktische Entscheidungen geht? Oder führt das Denken gar nicht zu solchen Entscheidungen? Es führt uns an (rationale?) Entscheidungsmöglichkeiten heran, aber es induziert nicht die eine richtige Entscheidung. Die müssen wir „treffen“, so dass sie uns bei Abwägung aller Möglichkeiten als „rational“ erscheint oder als die rationalste, auch wenn Rationalität nicht steigerbar ist. Soweit die Wissenschaft. Wir müssen keine Bilder malen (freilich tun wir es manchmal doch, wenn nicht mit dem Pinsel, so mit Worten), um „kreativ“ zu sein. Gleichwohl gilt die (Bildende, auch die Darstellende) Kunst als Inbegriff des Kreativen. Aber auch bei unseren wissenschaftlichen Aktivitäten konnten und können wir kreativ sein, beim „Er-finden“ einer Hypothese oder einer Deutung. Nur: Sobald wir darüber reden oder schreiben, beugen wir uns wieder dem Kohärenzgebot (für Texte). Alles kommt schön der Reihe nach, logisch miteinander verknüpft, das Eine aus dem Anderem herleitbar, wenn nicht deduzierbar. Nix mit „anything goes“ (Feyerabend 1975; 1986). Alles geht, aber eben nicht in seiner sprachlichen Darstellung. Alles ist ausdrückbar, aber: „S p r i c h t die Seele [auch: „das Herz“] so spricht ach! schon die S e e l e nicht mehr“ (F. Schiller). Das „Gefühl“ ist unaussprechbar, oder verändert sich durch seine sprachliche Fixierung? Da hilft uns auch kein „Lexikon der Gefühlsausdrücke“. Was hilft uns dann? Eine Theorie der kommunikativen Kompetenz?

Ja, das Erstaunliche ist ja, dass wir das alles können, aber wie es funktioniert, wissen wir nicht, wir können es weder lexikographisch noch syntaktisch-semantisch erfassen: das Leben. Nicht einmal das sprachlich-kommunikative. Wir reden und reden, wir schreiben und schreiben, kommunikativ oder heuristisch – und wir begreifen es nicht, das Leben. Aber auch die Kunst stellt, wie die Wissenschaft, permanent diesen unsäglichen Anspruch, etwas zu begreifen (Pardon: die Wissenschaft soll es ja erklären, aber dann hat sie meistens nicht viel begriffen). Nur die Medien der Vermittlung dessen, was wir glauben begriffen zu haben, sind andere. Die Sprache und die vielfältigen Vermittlungsmöglichkeiten der Kunst, die uns beständig etwas sagen will, nur wissen wir nicht, was. Und wir wissen auch nicht, was uns jemand mit (manchmal allzu vielen) Worten sagen will. Wir schreiben (interpretierende) Texte über Texte, die das, was uns jemand sagen will, anders auszudrücken versuchen, eben so, wie wir es selbst verstehen und wie wir andere glauben machen möchten, es verstehen zu müssen. Aber „zwingen“ können wir niemanden, unser Verständnis zu teilen. Wir versuchen, es mehr oder weniger argumentativ plausibel zu machen, aber „zwingen“ können uns selbst Argumente nicht. Vielleicht könnte die Logik uns „zwingen“, aber nicht einmal sie kann es, weil wir faktisch immer befangen sind. Soweit, dass wir weder Argumenten zugänglich sind, noch die Regeln logischen Schließens uns überzeugen können. Wenn wir es nicht wollen. Weil unser Interesse, etwas anders sehen zu wollen, stärker ist als Logik und Argumentation. Aber, oh je, das kann doch nicht Wissenschaft sein? Ist es dann Kunst? Vielleicht ist ja Wissenschaft mehr Kunst, als wir zu glauben geneigt sind. Wissenschaft ist Kunst! Aber ist dann umgekehrt Kunst auch Wissenschaft? Das sind wir (als Wissenschaftler) nicht geneigt zu glauben. Erkenntnis – ist Kunst genauso wie Wissenschaft ein Weg dazu? Was „erkennen" wir, wenn wir ein Werk der bildenden Kunst betrachten, was erkennen wir, wenn wir ein wissenschaftliches Werk lesen? Lesen – ist es das? „Lesen" wir Kunstwerke wie literarische Werke oder gar wie Fachliteratur? Lesen wir sie überhaupt? Ist Lesen „dechiffrieren"? Oder wie es in didaktischen Kontexten immer so schön heißt: „Sinn-Entnahme"? Und wenn nicht das, dann können – wie oft lese ich das in studentischen Hausarbeiten – die Kinder ihrer Phantasie „freien Lauf lassen". Ja, das ist die Alternative zur „Sinnentnahme", die Alternative zur Gefäß-Metapher: der Autor tut etwas hinein und der Leser nimmt es wieder heraus. Der Autor verpackt es in Sprache und der Leser dechiffriert es. In was? Doch wohl auch in Sprache. – Und dann zitiert einer Paul Watzlawick: „Man kann nicht nicht kommunizieren." Wie schön – ein Axiom sei das, aber frag mich nicht, was ein Axiom ist. Und ich sitze hier den ganzen Tag und schreibe und denke, aber ich kommuniziere nicht. Wir haben das von Anfang an nicht geglaubt und dann waren wir doch immer wieder „total überkommuniziert" – wollten entspannen, uns ausruhen und haben eine Runde mit dem Riesenrad gedreht, das noch nicht sicherheitstechnisch abgenommen war. Wissenschaftlicher Zweifel hat uns da nicht geplagt. Wir haben es gewagt und die Sicherheitstechnik war uns egal, weil du es einfach wolltest. Nicht Wissenschaft, nicht Kunst: Leben. Das Unberechenbare, Wilde, Gewagte, das Jetzt oder Nie. Wir haben es überlebt. Das Verrückte – und in dieser Verrücktheit, waren wir da nicht ganz Wissenschaftler? Natürlich: das Unverstandene verstehen zu wollen, ist schon „verrückt". Aber dann, egal, was wir erleben, wir disziplinieren die

Verrücktheit sprachlich, schaffen Kohärenz – und das Riesenrad dreht sich weiter, jetzt mit dem sicherheitstechnischen Zertifikat, das wir uns qua sprachlicher Kohärenz nachträglich verschaffen.

Rationalität 2 – *but I won't do that*

Ein Problembereich, aphoristisch umrissen? Wissenschaft – Kunst – Leben? Manchen interessiert Ersteres mehr als das Zweite oder als Letzteres. Aber Leben ist nicht das Letzte, sondern das Erste. Und doch klingt es manchmal, wenn Kollegen in den Ruhestand gehen, anders. Sie hätten nur für die Wissenschaft gelebt (oder für die Kunst), sagen sie dann. Aber die können sie ja solange betreiben wie sie wollen, etwas schlechter (aber auch nicht schlecht) bezahlt freilich. Was werden wir vermissen? Vielleicht nicht die Wissenschaft an sich, aber den lebendigen Austausch der Meinungen und Überzeugungen, die kommunikative Dimension also. Auch die Kommunikation mit den Studierenden? Waren die uns nicht eher lästig (nein, nein, niemals!) – und jetzt vermissen wir sie? An welchen Ansprüchen (oder Normen) haben wir sie, haben sie uns gemessen. Wir wollten nicht normativ denken, aber letztlich denken wir wohl immer noch normativ: „Normen? Ja - aber meine", wie es Hans Jürgen Heringer (1980) provokant formulierte. Ist das ein kategorischer Imperativ? Aber müssen wir dann nicht auch fragen, welche Normen für andere, auch für andere in anderen Kulturen, die richtigen (oder die geeigneten) sind? Und was heißt dann noch richtig? Richtig, gemessen an dem Maßstab, an der Bezugsnorm, an der sie sich selbst messen lassen wollen.

Was ist unsere Bezugsnorm? Die der Wissenschaftlichkeit? Was ist Wissenschaftlichkeit? Intersubjektive Überprüfbarkeit? Ist Kunst auch intersubjektiv? Ist es das Leben?

– Das Leben ist subjektiv, die Kunst ist subjektiv, und die scheinbar objektive Wissenschaft ist es auch. Was uns wirklich interessiert, ist das Leben und so nutzen wir Wissenschaft und Kunst, um das Leben zu verstehen – und als Wissenschaftler, zumal als Sprachwissenschaftler, fragen wir natürlich weiter, was es heißt, „das Leben verstehen", gerade so wie Peter Winch (1972; dt. 1975) fragte, was es heißt, „eine primitive Gesellschaft zu verstehen". Und wir fragen noch weiter: Was heißt ‚primitiv'? „Liebe Neger" (Heinrich Lübke), seid ihr primitiv? Oder ist eure Sprache „primitiv" (und deshalb euer Denken)? – Das wirkliche Thema ist die Gewaltlosigkeit. Ist das nicht der Inbegriff von Rationalität, Konflikte gewaltlos zu lösen? Das habe ich geglaubt, als ich nach einer Theorie der (verbalen) Konfliktbewältigung und ihrer Genese unter Kindern suchte (Biere 1978). Konflikte gewaltlos, mithin rational, lösen zu können, ist das nicht der Fortschritt, den wir in der Europäischen Union gemacht zu haben glauben? Haben wir ihn nicht wirklich gemacht, während in anderen, gar nicht so fernen Ländern Kriege wüten? Genauer: wer oder was wütet da? Ist das eine linguistische Frage? War es für Chomsky eine linguistische Frage, sich gegen den Vietnam-Krieg zu engagieren? Er tat es und es war ihm wohl egal, ob das eine linguistische Frage war (jedenfalls keine transformationsgrammatische). Und wenn es eng wurde, konnte man wenigstens versuchen zu sagen, auch Chomsky habe…

Wie viel haben wir getan, ohne es wissenschaftlich, gleichwohl mit Rationalitätsansprüchen, begründen zu können? Die Begründung des Krieges war auch nicht rational. Wir schlugen den Gegner mit seinen eigenen irrationalen Waffen. Aber „gewonnen" haben wir trotzdem nicht. Oder doch (ein bisschen)?

Wie denn nun? – *I did it my way*

Gewinnen - oder gar „siegen“? In welcher Art von Kampf (oder Krampf)? Wenn wir nicht den Tod besiegen können, dann vielleicht das Leben? Nein, auch das nicht. Wir wollen siegen in einem „Kampf“, der im Leben spielt, aber nicht das Leben ist. In der Professionalität der Wissenschaft. Kein Krieg der Sterne oder Kampf der Welten, da halten wir uns raus – siegen im Kampf der Theorien, im argumentativen Kampf gegen die „falschen“ Theorien und die, die sie vertreten. Wir greifen sie an, zeigen ihnen ihre falschen Ausgangspunkte und Grundannahmen auf, ihre Fehlschlüsse – aber es hilft nicht, die Theorien ändern sich nur selten, ihre Vertreter sind nicht in unserem Sinn einsichtig, geben nicht klein bei, so dass uns nur die permanente Selbstbestätigung bleibt, wie gut wir sind: als Gruppenritual.

So bleibt auch die Wissenschaft subjektiv wie die Kunst und die vermeintlich objektiven Zwänge, denen wir uns gelegentlich noch mit List entziehen können, werden dadurch nicht weniger objektiv, dass wir uns ihnen entziehen. Wie dünn ist das Eis eigentlich, auf dem wir uns als Wissenschaftler (und Lebens-Künstler) bewegen? Was können wir leisten, ohne „einzubrechen“? Vielleicht geht es ja gar nicht darum zu gewinnen, sondern darum zu (über)leben? Also nicht „einzubrechen“, sondern das Eis als Tanzfläche zu nutzen, solange es geht? Ja, tanzen wir – und wenn wir dazu einen Tanzkurs zu benötigen glauben, dann machen wir ihn jetzt. Das ist freilich normativ gedacht. Die Schritte zu lernen, die der Norm der Standardtänze entsprechen. Aber wir konnten und können auch anders: Wir erfinden unsere Schritte, ohne sie zur Norm erheben zu müssen. Wir erfinden sie nur für uns. Normen ja, aber meine, d.h. Normen, an die ich mich zu halten beabsichtige, ohne zu postulieren, dass sich irgendjemand außer mir daran halten müsste.

Aber sind Normen Privatsache? Erheben sie keinerlei Anspruch, auch für (alle) anderen gelten zu sollen? Als Normen müssten sie das wohl. Oder gibt es individuelle Normen? Nein, aber meinte „Normen ja, aber meine" nicht genau dies: Wenn jeder seinen eigenen „Normen" folgt, wird der Allgemeingültigkeitsanspruch ad absurdum geführt und jeder lebt so, wie er es für richtig, d.h. für sich selbst für gut hält. Und damit landen wir dort, wo wir landen möchten, bei uns selbst – mitten im Leben. Wenn ich da endlich angekommen bin, interessieren mich keine Wissenschaftlichkeitsansprüche mehr – alles ist gut. („Alles wird besser – Nichts wird gut"? Mauerrest-Aufschrift, Berlin). Versöhnt sich das Leben endlich mit der Wissenschaft (und mit sich selbst) oder verweist es alle Wissenschaftlichkeitsansprüche in die Sphäre hypothetischer Wahrheiten, während wir im wirklichen Leben „Wahrheiten" woanders finden als in den fadenscheinigen „Ergebnissen" wissenschaftlicher Disputationen? Nein, so können wir nicht argumentieren: Das ist „inkommensurabel"!

Männer und Frauen – *diamonds are a girl's best friend*

Die Frauen ordneten unsere Welt, indem sie manchmal alles durcheinanderbrachten; sie sortierten unsere Fotos. Das Leben ein Foto-Album. Erinnerungen, sortiert nach dem Kohärenz-Prinzip, selektiv geordnet, damit alles stimmt, damit wir die passende Geschichte dazu erzählen können. Noch bleibt uns die ziemlich vage Chance, alles im rechten Licht erscheinen zu lassen: die Lebenserinnerungen zu schreiben (nicht schreiben zu lassen). Und doch sind es immer andere, die so etwas tun. Aber schön wäre es doch? Kollektive Konfessionen einer ganzen Spezies, Reminiszenzen. Wir könnten es gemeinsam tun. Aber wir müssen uns für immer unterscheiden, weil wir Individualisten sind. Wir brauchen keine Sicherheit, weil wir sie (in einem äußerlichen Sinn) haben. Wir können tatsächlich noch einmal (nicht: ein letztes Mal) etwas wagen. Alles dekonstruieren und alles neu denken, indem wir mit Adorno durch den Begriff über den Begriff hinaus zu gelangen versuchen (dialektisch) oder endlich (mit Derrida oder Luhmann) das identifizierende Denken überwinden und das Denken der Differenz praktizieren.

Es gibt keine Theorie mehr, die sich nicht selbst widerlegt. Wie schön: Früher mussten wir das selbst besorgen. Der Dekonstruktivismus dekonstruiert sich selbst. – In letzter Konsequenz, die wir selten zu ziehen bereit sind, ist Wissenschaft genau so selbstreferentiell wie ein literarischer Text. Es gibt nichts, worauf er, Bedeutung stabilisierend, verweisen könnte, weil nichts so ist, wie es ist (bzw. zu sein scheint).

Die Einschränkung der Freiheit mit anderen Mitteln: *I feel free*

Die Freiheit von Forschung und Lehre – die Freiheit des Lernens. Nein, nicht noch einmal das Thema ‚Studenten', sie sind immer anders als man denkt, in Trier, in Koblenz, wo auch immer. Auch in Heidelberg, wo mein damaliger Vermieter, ein Essener Urologie-Professor, mich fragte, ob denn die Studenten, vor allem die ewig demonstrierenden, überhaupt Zeit zum Studieren hätten. Doch, doch, sie sind sogar oft die „besseren" Studenten; manchmal sind es aber auch die, die am Tag die Kinder großgezogen und nachts am Schreibtisch gesessen haben. Sagt der Hausmeister, der sich über die nächtliche Beleuchtung wundert! - Ein bisschen Raubbau an der Gesundheit war das schon.

Wir treffen uns neuerdings wieder zu Zwecken, beraten die großen Problemlagen der Menschheit, geplagt von curricularen Sorgen. Da möchte man doch glatt Sven Regeners

„Herr(n) Lehmann“ (Regener 2003) zustimmen, der der Nachricht vom Mauerfall nichts hinzuzufügen hat als ein ausgebufftes „So’n Scheiß“ (S. 191 und öfter).

Pisa? Pisa! - Wir kennen das schon mit den „Bildungskatastrophen“ (Picht) und den daraus resultierenden Endlos-Reformen. Die Neuauflage von Sokrates/Erasmus heißt „Lifelong Learning“. Das machen wir noch mit bis zum nahtlosen Übergang in die Rentner-Professur in Kirgisien, falls es das dann noch gibt; die Rentner-Professur oder Kirgisien.

Aber jetzt steht die Umsetzung der von der KMK beschlossenen Bildungsstandards an. Nicht erst der „Rahmenplan Grundschule (Teilrahmenplan Deutsch)“ erinnert an die Lernzieldiskussion der 70er Jahre des 20. Jahrhunderts („Hessische Rahmenrichtlinien“). Was für uns „Kommunikative Kompetenz“ hieß, ist jetzt Kompetenzorientiertheit schlechthin. Aber bitte keine Lernzieldiskussion, sondern termingerechte Umsetzung in Curricula, deren Standards ihr selbst vorgegeben habt. Sind wir nur noch Erfüllungsgehilfen? Und wenn alles ausgefüllt und erfüllt ist, treten wir noch nicht ab, bis unsere credits verbucht sind und wir endlich unseren Wohnsitz ins Ausland verlegen können, wo alles angerechnet werden kann. Heimspiele in gleicher Währung, aber in fremder Sprache. Optionen: „I feel free“. Wie klein die Freiheit dann auch sein mag – größer als jetzt, wo es sie zwar prinzipiell (noch) zu geben scheint, aber die Grenzen immer enger werden, wenn nicht überhaupt die Zeit fehlt, sie zu nutzen, wird sie schon sein. –

Wie „nutzt“ man Freiheit, ohne sie abzunutzen?

Verstehen ist Kunst – *don’t let me be misunderstood*

Was wir alles zu verstehen versucht haben, was wir alles nicht verstanden haben. ‚Verstehen’ verstehen. Hier heißt die

Alternative nicht ‚Wissenschaft' oder ‚Kunst', sondern ‚Technik' oder ‚Kunst', keine mechanische Anwendung einer Regel, die die Auskunft über die Bedingungen ihrer Anwendung beharrlich verweigert. Keine Rede von Deduzierbarkeit; abduktives Schließen löst die Unterscheidung von Deduktion und Induktion in ihrer Gleichzeitigkeit im Vollzug auf. Verstehen – wie auch immer – ist ein Modus des Schließens, in dem sich das sprachliche Zeichenin in permanenter Semiose, im Zeichenvollzug, jeglicher außersprachlicher Verweisstrukturen entzieht und sich selbst hervorbringt. Kann man da noch pragmatisch denken? Pragmatik ohne Zeichenbenutzer? Oder mit Zeichenbenutzern, die sich und die Zeichen nicht mehr verstehen, nie verstanden haben, denen sich die Zeichen stets semiologisch „entziehen“ anstatt sich zu „offenbaren“. Entzugserscheinungen.

Wer eine verstehensorientierte linguistische Analyse, beispielsweise von Gesprächen, in Angriff nehmen will, kann sein Verständnis nicht einfach aus einer Gesetzeshypothese deduzieren. Er bedient sich Formen des abduktiven Schließens, das, wenn es auch zirkulär erscheint, das einzige Schlussverfahren ist, etwas Neues einzuführen:

> Abduction is the process of forming an explanatory hypothesis. It is the only logical operation which introduces any new idea; for induction does nothing but determine a value, and deduction merely evolves the necessary consequences of a pure hypothesis. Deduction proves that something must be; Induction shows that something actually is operative; Abduction merely suggests that something may be (Peirce 1965, 5.171).

Die Abduktion ist eine Art Verstehenshypothese, die genau in dem Sinn zirkulär ist, in dem wir vom „hermeneutischen Zirkel“ sprechen. Für Sisyphos scheint es einmal mehr keinen Ausweg zu geben. Aber vielleicht eine Art „Ausbruch“. Am Anfang (eines Textes) bedarf es schlicht jener Art von

Kühnheit, die vielleicht das verbindende Moment zwischen Wissenschaft, Kunst und Leben sein könnte: es bedarf einer Entscheidung, etwas so und nicht anders sehen zu wollen (begründen können wir es später); es bedarf jenes „kühnen Entwurfs", der nach Schleiermacher das „divinatorische" Moment jedes Verstehens ausmacht: Um zu verstehen, was das, was uns als Einzelnes erscheint als Teil eines Ganzen bedeuten könnte, das wir aber noch nicht kennen, müssen wir dieses Ganze gewissermaßen „erahnen", hypothetisch antizipieren, „konstruieren". Auch im Kontext des Divinationsbegriffs bilden wir also die Regelhypothese im gleichen Moment, in dem wir eine Äußerung, eine Textstelle (als Fall dieser Regel) unter sie ‚subsumieren'. ‚Abduktion' und ‚Divination' reflektieren das gleiche Problem und auch Peirce mag dies geahnt haben, wenn er den Begriff der Abduktion als „divining" und als „guesses" umschrieb (Peirce 1965, 5.173).

Wenn wir diesen divinatorischen Aspekt des Verstehens, letztlich „Urteilskraft" im Kant'schen Sinne, in Rechnung stellen, sehen wir, dass weder das (Er)finden der Regel, jener „kühne Entwurf", noch die Anwendung der Regel auf den Fall eine schlichte „Technik" sein kann. Es ist, wie sich unter Bezug auf F. D. Schleiermacher zeigen lässt, tatsächlich „Kunst".

So wird der Begriff der Kunst heimisch in einem genuin wissenschaftlichen Kontext, in Theologie und Hermeneutik, freilich romantisch gedeutet, also in einem Kontext, der nicht nur zur Aufhebung der Gattungsgrenzen in der Literatur, sondern gleichermaßen zur Aufhebung der Grenzen zwischen Wissenschaft und Kunst tendiert, der Kunst zu Leben und Leben zu Kunst stilisiert.

Das Kind als kleiner Künstler oder der deutsche Aufsatz als verkappter Schundliterat? Wenn Leben Kunst ist, sind dann die Künstler nur noch Lebenskünstler? – Manchmal scheint es so zu sein; auch, dass sie es mehr sind als die

Wissenschaftler. Aber sie inszenieren ihr Kunst-Leben nur öffentlichkeitswirksamer als die Wissenschaftler, die (zum Glück?) nicht von solchen Inszenierungen leben müssen, wiewohl von anderen, die letzten Endes nur anders, aber um keinen Deut besser sind.

Romantische Hermeneutik oder Aufklärungshermeneutik? Konstruktivismus oder Dekonstruktivismus? Wo liegen die Anknüpfungspunkte für eine verstehende Sprachwissenschaft bzw. für eine Sprachwissenschaft als Verstehenswissenschaft? Wenn etwas schwer zu verstehen ist, so sind es – wenn wir uns auf die Aufklärungshermeneutik einlassen – doch nur kleine Störungen, die wir leicht beseitigen können, weil identisches Verstehen prinzipiell möglich sein muss, damit wir weder an unserem eigenen Verstand, noch an dem anderer (ver)zweifeln (wiewohl wir letzteres ganz gern getan haben, ohne an der Aufklärung zu verzweifeln).

Ganz Didaktiker (Aufklärer!), will J.M. Chladenius diejenigen Leser, denen die zum „wahren Verstand" einzelner Stellen notwendigen „Begriffe" fehlen, zum „wahren Verstand" führen, indem er ihnen nachträglich das notwendige (quasi enzyklopädische) Wissen, also z.B. historisches Wissen, vermittelt, das ein Autor allgemein (im Fall einzelner Leser aber fälschlicherweise) vorausgesetzt hat, damit man eine Stelle richtig verstehen kann. – Fehlt dieses Wissen, tritt der Ausleger auf den Plan: Er bringt den betreffenden Lesern die fehlenden Begriffe, das erforderliche Sachwissen also, bei und führt sie damit zum „wahren Verstand" dieser Stellen. Das Auslegen ist in diesem Sinn eine genuin didaktische Aufgabe der Vermittlung von Wissen, die am jeweiligen (Vor-)Wissen bzw. Nicht-Wissen des Lesers (Schülers!) orientiert ist, was nicht zuletzt zur Konsequenz hat, dass man sich „bey der Auslegung nach der Einsicht des Schülers richten, und nach dessen seiner Unwissenheit bald diese bald jene Auslegung gebrauchen" muss (Chladenius 1742, § 182).

Adressatenorientierung wäre also nicht primär die Aufgabe des Autors, sondern die des Auslegers oder der Informatiker, die im Konzept der ‚sliced books' nach Möglichkeiten der adressatenspezifischen Vervielfältigung von Wissen durch die Adressaten selbst suchen. Produktion und Rezeption sind ebenso wenig unterscheidbar wie Autor und Rezipient. Eins zu null für Foucault.

Aufklärungs-Optimismus, den die romantische Hermeneutik eines Friedrich Schleiermachers nicht mehr zu teilen vermochte. Die Aufgabe der Hermeneutik ist eine doppelte: Positiv zum Verstehen anzuleiten, dies aber in der „Analysis des Verstehens" zugleich als eine „unendliche" Aufgabe zu erweisen. Als solche unendliche Aufgabe ist das Verstehen weder beschränkt auf Schrift, noch auf kunstmäßige Rede, erst recht nicht auf einzelne Stellen, Verstehen ist „universal". Und es hat den Charakter einer „Kunst", weil es trotz positiver hermeneutischer „Regeln", die gegeben werden können, eben nicht auf „Technik" reduzierbar ist, aus dem schlichten Grund, den nicht erst Wittgenstein (1967, S. 57), sondern bereits Schleiermacher nennt, dass nämlich „mit den Regeln nicht auch die Anwendung gegeben ist, d. i. nicht mechanisiert werden kann" (Schleiermacher 1838; 1977, S. 81).

Gerade in dem Maße, in dem sich Verstehen hier der aufklärerischen Idee prinzipiell möglicher identischer Konstruktion entzieht, wird es tendenziell „konstruktiv". - Wären dann kognitivistisch-konstruktivistische Theorieansätze vielleicht nur eine (freilich in einer anderen Tradition begründete und dementsprechend anders akzentuierte) Spielart der Hermeneutik?

Solange Begriffe wie ‚repräsentieren' und ‚abbilden' Grundbegriffe einer (orthodoxen) Kognitionswissenschaft darstellen, darf man durchaus Zweifel hegen, ob die „Vorstellung einer starren Beziehung zwischen Text und Bedeutung" (Engelkamp 1983, S. 32) wirklich aufgegeben worden ist. Zumindest die orthodoxe Kognitionswissenschaft ist von ihren Denkmustern her zunächst einmal repräsentationistisch. Erst im Rahmen holistischer Konzeptionen wird Verstehen als „ganzheitlicher mentaler Konstruktionsakt“ (Schnotz 1985, S. 16) gesehen. Und erst aus konstruktivistischer Perspektive kann beispielsweise Varela (1993) vorschlagen, Kommunikation nicht mehr als „Übertragung von Information vom Sender zum Empfänger“ zu begreifen, sondern „als wechselweise Gestaltung und Formung einer gemeinsamen Welt durch gemeinsames Handeln“.

Somit wäre das „Netzwerk von Sprechakten [...] kein Werkzeug der Kommunikation, sondern das Netzwerk, durch welches wir uns als Individuen selbst definieren“ (Varela 1993, S. 113). Dementsprechend weist auch S. J. Schmidt (1994) die „alltagshermeneutische“ Vorstellung zurück, „Verstehen sei Bedeutungsentnahme aus einem Text (bzw. anderen Medienangeboten), und der bedeutungstragende Text determiniere den Verstehensvorgang“ (Schmidt 1994, S. 123). Damit erscheint die Vorstellung einer (quasi authentischen) Rekonstruktion der „Autorintention“ auf der Basis einer vermeintlich objektiven Textbedeutung (s. Hirsch 1972) aus konstruktivistischer Sicht ebenso inadäquat wie aus radikal-hermeneutischer.

Die poststrukturalistische oder dekonstruktivistische Perspektive schließlich geht noch einen Schritt weiter. Sie sucht keine „Ausgleichung“ mehr zwischen Individuellem und Allgemeinem, zwischen Differenz und Identität, sondern setzt die Differenz primär, wenn nicht absolut, indem sie in der Qualifizierung jedes Verstehens als Missverstehen die Möglichkeit (richtigen) Verstehens grundsätzlich in Frage stellt. Verstehen’ heißt ‚anders verstehen’. Eine vergleichbare Konsequenz hatte allerdings bereits Schleiermacher gezogen, als er im Gegensatz zur Aufklärungshermeneutik das Missverstehen als den Regelfall und das Verstehen als ein immer neu zu suchendes, immer nur approximativ zu erreichendes betrachtete. Mit der Unterscheidung einer „laxeren Praxis in der Kunst“ und einer „strengere(n) Praxis“ (Schleiermacher 1838; 1977, S. 92) gesteht er jedoch immerhin zu, dass es im alltäglichen Verstehen, in der sog. „laxeren Praxis“, ein vormethodisch gewisses, d.h. ein seiner selbst sicheres Verständnis gibt (und wohl auch geben muss). Die „strengere Praxis“ allerdings kann sich nicht mehr damit zufrieden geben, „Mißverstand“ zu vermeiden, sie muss vielmehr davon ausgehen, „daß sich das Mißverstehen von selbst ergibt und das Verstehen auf jedem Punkt muß gewollt und gesucht werden“ (ebd.).Der Unterschied zwischen diesen beiden Praktiken ist darauf zurück zu führen, dass die „laxere Praxis“ von der „Identität der Sprache und der Kombinationsweise in Redenden und Hörenden“ ausgeht, während die „strengere Praxis“ „von der Differenz der Sprache und der Kombinationsweise aus(geht)“ (ebd.). Aber auch das Ausgehen von der Differenz „(muss) auf der Identität ruhen (…)“, auch wenn diese nur „das Geringere“ ist. Genau dies - dass die Identität „nur das Geringere ist“ - entgeht der „kunstlosen Praxis“.

Eine grundsätzliche „Kritik des identifizierenden Denkens“ ist dies jedoch nicht. Schleiermachers Denken zielt durchaus auf das Identische ab, wenn es auch nicht mehr unproblematisch vorausgesetzt wird, wie noch in der Aufklärungshermeneutik. Dagegen zielt das Denken der Differenz „auf das Verschiedene“ ab, das „nicht zurück(zu)führen (ist) auf dasselbe und das Gleichartige“, wie Kimmerle (1992, S. 15) mit Bezug auf Adornos „Negative Dialektik“ (s. Adorno 1982, S. 16-18, S. 34f.) hervorhebt. Wenn das begriffliche Denken „von sich aus identifizierend“ ist, so „(muß) das Besondere, Nicht-identische (…) durch die Raster dieses Denkens fallen“ (Kimmerle 1992, S. 16). Adornos Versuch, das identitätsphilosophische Denken zu überwinden, gibt sich freilich dialektisch in dem weiterhin als ‚Philosophie‘ gedachten Versuch, „durch den Begriff über den Begriff hinauszugelangen“ (Adorno 1982, S. 27). Erst Derrida scheint nicht mehr „bereit, die traditionelle Begrifflichkeit als etwas Unentrinnbares hinzunehmen“ (Kimmerle 1992, S. 17). Ohne die abstraktive Ebene des Begriffs scheint allerdings keine „Philosophie“ mehr möglich, auch keine der Differenz. So kann es nur noch eine Praxis des differenten Denkens geben, eine Praxis der dekonstruktiven Arbeit mit und an Texten.

Ist diese Praxis aber im Ergebnis etwas anderes als eine hermeneutische? Macht Derrida denn z.B. in seiner Rousseau-Interpretation unter der Leitfrage „Was sagt Rousseau, ohne es zu sagen?“ (1967; dt.1983, S. 371) etwas anderes als Schleiermacher, wenn dieser die Aufgabe des „objektive(n) und subjektiven Nachkonstruieren(s) der gegebenen Rede“ (Schleiermacher 1838; 1977, S. 93) als die Aufgabe beschreibt, „'die Rede erst ebenso gut und dann besser zu verstehen als ihr Urheber'“ (ebd., S. 94)? Auch wenn Derridas Ziel nicht mehr ein „Verstehen im Sinne einer Verschmelzung der Horizonte, sondern das Herausarbeiten der Unterschiede (ist), die nicht erneut in eine Einheit zusammengenommen werden“ (Kimmerle 1992, S. 52), so sind diese Unterschiede doch nur „Differenzen“ im Hinblick auf etwas identisch Gesetztes, selbst wenn dies „nur“ ein differentielles System ist, in dem alles (negativ bestimmt) seinen „Wert“, seinen Platz im „Spiel der Differenzen“ hat. Aber auch dies ist eben doch ein bestimmbarer Platz, weil in der Sprache – so scheint Schleiermacher bereits de Saussure zu antizipieren – „jedes Element auf eine besondere Weise bestimmbar ist durch die übrigen“ (Schleiermacher 1838; 1977, S. 80).

Dies muss Sprachwandel keineswegs ausschließen. Was konstant bleibt, ist lediglich das, was von den Kommunikationspartnern und/oder vom Beobachter jeweils als identisch gesetzt, also konstant gehalten wird, wie z.B. jene kontrafaktische Voraussetzung „intersubjektiv identischer

Bedeutungszuschreibungen“ (Habermas 1988, S. 233). Was Habermas hier benennt, ist bei Schleiermacher (in der „Dialektik“) bereits präsent als die idealisierende Unterstellung „eines (wie immer unerreichbaren) Wissens-Ideals“, ohne die es ebensowenig eine „Gewähr für die Intersubjektivität der jeweils diskursiv erzielten Übereinkünfte“ gäbe, wie für die Identität eines Gegenstandes mit sich selbst. Damit wir zumindest glauben zu wissen, wovon wir reden und wovon unsere Partner reden, muss freilich die „Selbigkeit des Gegenstandes, dem divergierende Prädikate zugesprochen werden“ (Frank 1990, S. 11) schon gemeinschaftlich unterstellt werden.

‚Identität' muss also in Hermeneutik wie Dialektik in einem je spezifischen Sinn „voraus-gesetzt“, damit aber auch „gesetzt“ werden: einmal im Habermasschen Sinn als „intersubjektiv identische Bedeutungszuschreibungen“ und dann im Schleiermacherschen Sinn als eine gemeinschaftliche Vorstellung von einem „Ding als Einheit“, das wir gleichwohl von unterschiedlichen Standpunkten betrachten können, ohne dass dies seine Einheit in Frage stellt. Im Gegenteil: Die verschiedenen Perspektiven sind geradezu konstitutiv für die Einheit eines Dinges, denn wenn

> kein Ding als Einheit anders als in der Totalität seiner Relationen zu verstehen ist, diese sich aber anders gestalten müssen, je nachdem die Position des Menschen gegen die Natur eine andere ist, so müssen auf entgegengesetzten Punkten auch verschiedene Systeme der Erkenntnis stattfinden (Schleiermacher, Ethik, 1812/13; in: Schleiermacher 1977, S. 383).

In diesem Sinn lässt sich Differenz als eine aus der jeweiligen Perspektive auf den (mit sich selbst) identischen Gegenstand resultierende begreifen, auch wenn diesem in „verschiedene(n) Systeme(n) der Erkenntnis“ divergierende Prädikate zugesprochen werden.

Die Einheit des zu verstehenden oder auszulegenden Gegenstandes, seine Identität, erscheint also in irgendeinem Sinn immer „konstruiert". Entweder vom Beobachter oder von den Beobachteten im Feld selbst. Dabei müssen diese „Konstruktionen" nicht wirklich identisch sein: Es sind idealisierende, gleichwohl kommunikativ notwendige wechselseitige Unterstellungen, tentative Sinn-Konstrukte, die durchaus aus unterschiedlichen Deutungsperspektiven gewonnen worden sein können.

Diese Einsicht vermittelt uns allerdings nicht erst eine konstruktivistische oder dekonstruktivistische Perspektive auf das Verstehen, sie ist vielmehr bereits angelegt in hermeneutischen Denkweisen, die ich unter dem Begriff einer „radikalen Hermeneutik" zusammenfasse. Eine solche radikal-hermeneutische Position finden wir noch nicht in der Aufklärungshermeneutik, obwohl gerade Chladenius in seiner Geschichtstheorie den Begriff der Perspektive wohl das erste Mal auf die Wahrnehmung und Deutung historischer Ereignisse bezieht, deren „Einheit" oder Identität nunmehr, wie ich zu argumentieren versucht habe, in der Vielfalt differenter Perspektiven auf diese Ereignisse immer wieder neu konstruiert werden muss.

In der Hermeneutik Schleiermachers dagegen lässt sich eine radikal-hermeneutische Idee des Verstehens finden, die einen großen Teil dessen vorwegnimmt, was konstruktivistisch oder kognitivistisch als Konstruktion mentaler Modelle vorgestellt wird. Hermeneutisch fließt diese Vorstellung im Begriff jenes „kühnen Entwurfs" zusammen, mit dem das Verstehen seinen divinatorischen Anfang nimmt (s.o.). Ein Entwurf, der ein Ganzes vorwegnehmen muss, um die sukzessiv zu verstehenden Teile auf eine Idee projizieren zu können, von der aus diese Teile einen möglichen Sinn als Teile eines hypostasierten Ganzen erhalten – und sei dieses Ganze nur ein einzelner Satz. - Was ist dies anderes als die Vorstellung einer ständigen Wechselwirkung von top-down und bottom-up Prozessen? „Unendlichkeit“ und Approximativität des Verstehens lassen es zu einer ständigen Probe werden, wie weit sich ein Verständnis als kommunikativ tragfähig erweist. Und was wir da immer wieder auf die Probe (und damit auch zur Disposition) stellen, sind eben unsere „Konstruktionen“ eines Sinns, der in der Materialität des Textes als Möglichkeit aufgehoben scheint. Konstruktionen also eines virtuellen Sinns, den wir nicht schlicht „dechiffrieren“ im Sinne der gerade in didaktischen Kontexten gängigen Vorstellung einer „Sinn-Entnahme“, sondern den wir immer wieder neu konstruieren. Eine Zeit lang mögen solche Sinn-Konstruktionen durchaus als „identisch“ wahrgenommen werden, solange wir uns in einem gemeinsamen Diskurs zu bewegen glauben bzw. uns und andere dies glauben machen wollen. Radikal hermeneutisch ist das Verstehen unabgeschlossen, nicht abschließbar, also konstruktiv. Und so lässt sich Friedrich Schleiermacher auch in der Dialektik-Vorlesung von 1822 einmal mehr konstruktivistisch bzw. „radikal hermeneutisch“ lesen:

> Alle Mitteilung über äußere Gegenstände ist ein beständiges Fortsetzen der Probe, ob alle Menschen ihre Vorstellungen identisch konstruieren (Schleiermacher, *Dialektik* – Vorlesung von 1822: *Über den allgemeinen Schematismus in der Sprache,* in: Schleiermacher 1977, S. 460).

Im Kontext des Unendlichkeits- und Approximativitätstopos, im „beständige(n) Fortsetzen der Probe“, bleibt die hypostasierte Identität genau das, was sie ist: eine kontrafaktische (gleichwohl kommunikativ notwendige) idealisierende Annahme. Wir halten voller Hoffnung inne, und in diesem Moment des Innehaltens scheint nicht nur die romantische Sehnsucht auf, das individuelle Bewusstsein des Anderen irgendwann doch noch verstehend erreichen zu können, sondern auch die Verzweiflung, es niemals zu schaffen. Gleichwohl oder nichtsdestotrotz: „Wir müssen uns Sisyphos als einen glücklichen Menschen vorstellen“. Genau dieser

Moment des Innehaltens, in dem er begreift, dass die Hoffnung eitel ist, „vollendet gleichzeitig seinen Sieg“ (Camus 1960, S. 156). Was wir sprachlich letztlich „aushalten“ müssen, ist eben diese Einsicht, dass das „Wesen“ von Sprache sich uns in ihrer doppelten, scheinbar paradoxen Charakterisierung als „individuelles Allgemeines“ (Frank 1977) erschließt. So

> (entsteht) von Seiten der Sprache (…) die technische Disziplin der Hermeneutik daraus, daß jede Rede nur als objektive Darstellung gelten kann, inwiefern sie aus der Sprache genommen und aus ihr zu begreifen ist,

auf der anderen Seite kann sie aber

> nur entstehen (…) als Aktion eines Einzelnen, und als solche, wenn sie auch ihrem Gehalt nach analytisch ist, doch von ihren minder wesentlichen Elementen aus freie Synthesis in sich trägt. Die Ausgleichung beider Momente macht das Verstehen und Auslegen zur Kunst (Schleiermacher, *Entwürfe zu einem System der Sittenlehre*, in: Schleiermacher 1977, S. 384).

Eine solchermaßen „radikale Hermeneutik“, die sich zu ihrem Kunstcharakter bekennt und doch nicht den Anspruch von Wissenschaftlichkeit aufgibt, ist der theoretische und methodische Ausgangspunkt einer hermeneutischen Linguistik bzw. einer linguistischen Hermeneutik, die den Rahmen dafür liefert, Sprachwissenschaft als verstehende Wissenschaft, wie auch als Verstehenswissenschaft zu charakterisieren.

Oh, Sisyphos!

Was „man“ alles (nicht) tut. „Was verboten ist, das macht uns gerade scharf“ (W. Biermann). Glück wünschen.

Deutsch sprechen. Üble Nachrede auf alle Vorreden in Wissenschaft und Kunst, die, wie diese, nicht nur nicht zum Ende, sondern nicht einmal zum Anfang, nicht zur Sache kommen. Beginnen wir noch einmal von vorn? Wissenschaft – Kunst – Leben, in dieser Reihenfolge? Leben – Kunst – Wissenschaft, besser so? Kunst – Leben – Wissenschaft? Kunst – Wissenschaft - Leben? Wissenschaft – Leben – Kunst? Alles ist selbstreferentiell und somit nicht mehr und nicht weniger als ein unendliches Spiel flottierender Signifikanten. Oder weniger freischwebender Aktanten am Heger'schen Trapez? Nein, in ein trapeziöses System müssen wir uns nicht mehr einbinden lassen. Bleiben wir das, was wir sind: „Artisten in der Zirkuskuppel – ratlos" (A. Kluge). Und unterschiedlich: am Trapez, auf dem Schwebebalken oder am Boden.

Machen wir uns mit Kompass oder mit Nordic-Walking-Ausrüstung auf den Weg. Der Jakobsweg nur für die frühpensionierten Lehrer, für uns der Königsweg. Lob der Differenz. Und kurz vor dem Ziel? Noch einmal: Oh, Sisyphos!

„Wir müssen uns Sisyphos als einen glücklichen Menschen vorstellen" (A. Camus).

(Erstveröffentlichung in: Liebert, Wolf-Andreas/ Schwinn, Horst (Hrsg.): *Mit Bezug auf Sprache. Festschrift für Rainer Wimmer.* Tübingen: Narr 2009, 21-35 (= Studien zur deutschen Sprache. Forschungen des Instituts für Deutsche Sprache, Bd. 49).

9 Wissenschaftsberichterstattung als fachexterne Kommunikation

Die Schwerverständlichkeit von Texten sollten wir nicht nur als ‚Problem' des Textes, sondern im Grunde als ein Verstehensproblem sehen, das ein konkreter Leser mit einem bestimmten Text hat. Texte erscheinen nicht zuletzt deshalb als schwierig oder schwer verständlich, weil nicht jeder Leser die Voraussetzungen mitbringt, um jeden beliebigen Text angemessen verstehen zu können. Solche fehlenden Voraussetzungen sind allerdings nicht nur sprachlicher Art, sondern oft handelt es sich auch um fehlendes Sachwissen, aufgrund dessen wir den Inhalt eines Textes nur schwer zu verstehen vermögen.

Dass der Autor eines Textes solches Sachwissen voraussetzt und auch voraussetzen darf bzw. muss, hängt damit zusammen, dass viele Arten auch von schriftlichen Texten an bestimmte Gruppen von Lesern mit einem bestimmten Vorwissen (das ggf. auch ein bestimmtes Fachwissen sewin kann) gerichtet sind; sie sind gewissermaßen *‚adressiert'*.

Wenn Leser Texte lesen, die nicht für sie geschrieben wurden, wenn sie also zu Rezipienten eines Textes werden, der nicht an sie adressiert ist, werden sie u.U. Probleme haben, diese Texte zu verstehen. Wenn Sie beispielsweise einen Brief lesen, den Goethe an Frau von Stein geschrieben hat, brauchen Sie sich nicht zu wundern, wenn Sie manches nicht verstehen, z.B. weil die Sprache ‚veraltet' ist oder weil Sie nicht die vorangegangene Korrespondenz kennen, und deshalb manchmal vielleicht gar nicht wissen, wovon eigentlich die Rede ist.

Fachtexte einerseits…

Ähnlich ist es auch bei *Fachtexten*, mit denen Experten sich untereinander ihre Forschungsergebnisse vermitteln. Auch wenn es sich dabei nicht um Briefe handelt, die persönlich adressiert wären, weiß der Autor doch ziemlich genau, an welche Gruppe von Lesern er sich wendet, nämlich an die Kolleginnen und Kollegen in seinem Fachgebiet (und vielleicht, wenn er *interdisziplinär* arbeitet, auch an die Kollegen in benachbarten Fachgebieten). Er wendet sich nicht an sog. Laien, die zwar an seinen Ergebnissen interessiert sein mögen, die jedoch in den *fachinternen* Informationsaustausch nicht als mögliche Adressaten einbezogen werden.

Somit ist der fachinterne Austausch von Informationen und Meinungen tatsächlich eine Art *exklusive Kommunikation.* Zwar sind die entsprechenden (Fach-)Texte im Prinzip für jeden zugänglich, sie sind jedoch in der Regel nicht für jedermann verständlich, weil sie in einer besonderen sprachlichen Form, in der jeweiligen Fachsprache, verfasst sind. Stellen Sie sich vor, ich schriebe meinen Text auf Französisch. Im Prinzip könnte dann natürlich jeder den Text lesen, er müsste allerdings (zumindest rezeptiv-schriftlich) der französischen Sprache mächtig sein, um ihn verstehen zu können. ‚Lesen' ohne ‚Verstehen' können wir uns nur schwer vorstellen. Nur kleine Kinder tun manchmal so, als könnten sie bereits lesen, tatsächlich setzen aber nur einzelne Buchstaben zusammen, ohne zu verstehen, was sie ‚lesen'. ‚Vorlesen' könnte man unter Umständen auch, ohne den gelesenen Text zu verstehen, aber der Normalfall ist doch, dass wir das, was wir lesen, auch verstehen. Entsprechend ist in der Fremdsprachendidaktik vom ‚*Leseverstehen*' als einem Zielbereich die Rede.

Auch die Lesen lernenden Kinder können sich wohl kaum beschweren, dass sie einen Text (noch) nicht verstehen. Sie könnten das nur, wenn sie vielleicht als 9-Jährige ein

Kinderbuch in die Hand nähmen, das ausdrücklich für 8-10-jährige Leser empfohlen wird. Dann sollte der Text der durchschnittlichen Lesekompetenz dieser Altergruppe angepasst, also für diese Altersgruppe verstehbar sein.

Sie, die Leser und Leserinnen unseres kleinen ‚Sprachlesebuchs', könnten sich allerdings durchaus ‚beschweren', wenn es mir nicht gelungen sein sollte, weitgehend so zu schreiben, dass Sie die Informationen, die ich vermitteln möchte, verstehend aufnehmen und verarbeiten können. Sie haben gewissermaßen einen Anspruch darauf, dass ein populärwissenschaftlicher Text nicht, wie man bei fachsprachlichen Texten oft mit einem kritischen Unterton sagt, in ‚Fach-Chinesisch' geschrieben ist. Ich werde mich weiterhin bemühen, diesem Anspruch gerecht zu werden.

Verständlichmachende Wissenschaftsberichterstattung andererseits…

Eine besondere Textsorte, in der wir uns einen reflektierten Umgang mit zu erwartenden Verständnisschwierigkeiten erhoffen, sind *journalistische Texte*, die Informationen aus den verschiedensten Wissenschaftsbereichen, aktuelle Forschungsergebnisse, einer breiteren interessierten Öffentlichkeit zu vermitteln versuchen: Texte in mündlicher oder schriftlicher Form (Rundfunk und Fernsehen/ Presse), in monologischer oder dialogischer Form (Berichte und Features/ Reportagen, Interviews usw.)

Mitte der 90-er Jahre haben wir innerhalb des Sonderforschungsbereichs „Sprache und Situation" (SFB 245) in einem linguistischen Projekt die sprachlichen Vermittlungsstrategien von Wissenschaftsjournalisten untersucht. Dabei haben wir uns thematisch auf Berichte konzentriert, die das in der AIDS-Forschung hervorgebrachte Fachwissen über die Vorgänge in der HIV-infizierten Zelle einem breiteren

Publikum zu vermitteln suchten. Linguistisch haben wir uns auf die Frage konzentriert, welche Rolle in solchen Vermittlungsprozessen *Metaphern* oder Bilder spielen könnten, die abstrakt-theoretische, virologische Vorstellungen dadurch verständlich zu machen versuchen, dass sie das virologische Geschehen mithilfe eines bildhaften Szenarios veranschaulichen.

Metaphern in der fachinternen Kommunikation

Anknüpfen konnten wir an eine voran gegangene Untersuchung zur mündlichen Fachkommunikation, die Wolf-Andreas Liebert im Deutschen Krebsforschungszentrum in Heidelberg (DKFZ) durchgeführt hatte. Liebert konnte feststellen, was für den Laien zunächst überraschend sein dürfte, dass nämlich bereits in der mündlichen Fachkommunikation von den Wissenschaftlern selbst Metaphern verwendet wurden, um sich über unterschiedliche theoretische Vorstellungen von der Entwicklung des HI-Virus in der infizierten Zelle klar zu werden. Die hier verwendeten Metaphern hatten in erster Linie eine *kognitive Funktion.* Sie dienten den Wissenschaftlern dazu, sich selbst darüber klar zu werden, wie man sich das Infektionsgeschehen virologisch oder immunologisch überhaupt vorstellen sollte: Was passiert eigentlich in der infizierten Zelle und wie kann ich diese Vorgänge theoretisch angemessen beschreiben?

Für den Laien bleiben jedoch auch diese von den Wissenschaftlern selbst schon bildlich veranschaulichten Vorstellungen immer noch zu abstrakt, um sie wirklich nachvollziehen zu können. Wissenschaftsjournalisten könnten jedoch in ihrem Bemühen um das Verständlichmachen solcher Informationen an die, wie wir sagen, ‚Protometaphern', die die Wissenschaftler selbst verwenden, anknüpfen und so der Metapher eine weitergehende *kommunikative Funktion* verleihen, indem sie diese je nach den Voraussetzungen ihrer Adressaten immer weiter konkretisieren. Und dies tun sie tatsächlich.

In einem Interview bestätigte uns ein Wissenschaftsredakteur des Süddeutschen Rundfunks genau dieses Vorgehen: *„Die Bilder kommen aus der Wissenschaft. Es geht eigentlich nur noch darum, vielleicht ein bisschen plakativere Begriffe zu finden, als sie die Wissenschaftler verwenden."* - Veranschaulichen wir dieses Verfahren der zunehmenden Konkretisierung eines metaphorischen Szenarios an einem Beispiel.

Kampf- und Transportmetaphorik

Bereits Ende der 80-er Jahre hatte eine renommierte amerikanische Wissenschaftsjournalistin, Susan Sontag, (kritisch) festgestellt, dass in der wissenschaftlichen wie in der öffentlichen AIDS-Diskussion immer häufiger eine Kampf- bzw. Kriegsmetaphorik verwendet wurde. In der Tat haben wir die metaphorischen *Kampf-Szenarios* in der mündlichen Fachkommunikation wie in der wissenschaftsjournalistischen Vermittlung ebenfalls gefunden. Trotzdem muss man die Beobachtungen von Susan Sontag relativieren.

In unserem Material stellte sich nämlich heraus, dass das ‚*Kampf*modell' charakteristisch zu sein schien für die immunologisch ausgerichtete Virologie, während sich dagegen in der gentechnisch arbeitenden Virologie (wie am Deutschen Krebsforschungszentrum in Heidelberg) andere Metaphernbereiche durchzusetzen schienen. Hier fanden wir beispielsweise viel häufiger ‚*Transport*-Modelle' als ‚*Kampf*-Modelle', mit denen die Virologen sich über die Prozesse in der HIV-infizierten Zelle Klarheit zu verschaffen versuchten. Auf der Ebene der Wissenschaftsvermittlung sehen wir dann wiederum das gleiche Verfahren der Wissenschaftsjournalisten, dass sie nämlich auch hier an den jeweils von den

Wissenschaftlern selbst bereits verwendeten Metaphernbereich (TRANSPORT) anknüpfen.

Sprechen die Wissenschaftler selbst das eine Mal vom KAMPF, ein anderes Mal von TRANSPORT (‚Protometaphern'), dann findet sich das abstrakte Kampf-Modell in wissenschaftsjournalistischen Texten etwa konkretisiert wieder als ‚*Boxkampf*', ‚*Piratenüberfall*' oder ‚*Kampf der Außerirdischen*'. Entsprechend wird das abstrakte Transport-Modell konkretisiert: Hier finden wir in wissenschaftsjournalistischen Texten dann beispielsweise ein Taxi als Transportmittel, Züge oder Schiffe und entsprechend metaphorisch das ‚*Gen-Taxi'* oder einen Gen-Verladebahnhof, an dem die Waggons in neuer Reihenfolge aneinandergekoppelt werden. Schließlich – und hier ist eher die Schifffahrt der Bildspender – wird immer wieder vom *Andocken* des Virus an die Zelle gesprochen. Dies ist inzwischen selbst in der Fachsprache so gebräuchlich, dass wir von ‚toten' Metaphern sprechen, die hier wie Fachtermini gebraucht werden und daher ihre Metaphorik wohl auch nicht weiter produktiv entfalten.

Bibliotheken des Lebens

Ein weiterer, eher unspektakulärer Metaphernbereich erweist sich für die AIDS-Forschung als attraktiv, nämlich der des LESENs. So sprechen Genforscher zunächst wiederum relativ abstrakt davon, dass ein ‚*Code' ‚abgelesen'* wird *(‚Protometapher')*. Der Wissenschaftsjournalist greift dies wiederum kreativ auf und spricht viel konkreter bzw. bildlicher von ‚*Bibliotheken des Lebens*', in denen es dann natürlich auch ‚*Regale*' gibt, in denen ‚*Bücher'* stehen, und irgendwie bekommt der Leser eine Vorstellung vom ‚*genetischen Code*' und dessen Mutationen; er versteht, was geschieht, wenn ein Buch ins falsche Regal gestellt oder gar (per Fernleihe) an die falsche Bibliothek geschickt wird, in der für dieses Buch kein Platz im Regal ist, und wenn Platz wäre, passt das Buch wahrscheinlich nicht in die Systematik oder hat keine Signatur, unter der die Bibliothekarin es einstellen könnte. - Man kann das einmal begonnene Bild wie ein Maler immer weiter ‚ausmalen' bzw. sprachlich ‚ausbuchstabieren', und wir haben noch gar nicht danach gefragt, was an Inhalt in den Büchern zu finden ist, welche Sätze, welche Wörter dort vorkommen, was sich wie zusammensetzt usw., wo wir also wirklich den ‚genetischen Code' finden.

Verbindung von Fachdiskurs und Vermittlung

Für die Wissenschaftler hat die Verwendung von Metaphern offensichtlich primär eine *kognitive*, für die Wissenschaftsjournalisten dagegen primär eine *kommunikative* Funktion. Beide Funktionen wirken jedoch im Bemühen um das Verständlichmachen zusammen: Das eine Mal macht der Wissenschaftler zunächst sich selbst etwas verständlich, er ‚erprobt' sozusagen sprachlich, nach welchem ‚Modell' man sich ein bestimmtes Infektionsgeschehen plausibel machen. Das jeweils gewählte Metaphern-Modell ist für den Wissenschaftler Ausdruck seiner bestimmten Theorie, die er (zusammen mit den Fachkollegen) metaphorisch weiter ‚ausspinnen' kann. Dies ist die primär kognitive Funktion der Metapher. Gleichzeitig dient das jeweilige Metaphern-Modell aber auch dazu, die betreffende theoretische Vorstellung kommunizierbar zu machen und damit auch für die Fachkollegen verständlich werden zu lassen. Dies ist die primär kommunikative Funktion der Metapher.

Der Wissenschaftsjournalist vermittelt mit der Wahl des einen oder anderen Metaphernbereichs zwar immer auch die bei den Wissenschaftlern damit jeweils verbundene theoretische Vorstellung, für ihn steht jedoch die Vermittlungsaufgabe im Vordergrund und damit hat die Verwendung von Metaphern für ihn primär die kommunikative Funktion des Verständlichmachens. Dabei knüpft er zwar an die von den Wissenschaftlern verwendeten, noch relativ abstrakten Protometaphern an, konkretisiert diese jedoch je nach dem Vorwissen und den Voraussetzungen seiner (vermuteten) Adressaten.

Damit kann die wissenschaftsjournalistische Vermittlungsarbeit für sich gleichermaßen *Sachangemessenheit* beanspruchen, weil sie von den Metaphern-Modellen der Wissenschaftler ausgeht, und *Adressatenorientierung,* weil sie sich bei der jeweiligen Konkretisierung an den Lebensbereichen und Interessen der jeweiligen Adressaten orientieren kann. – So könnten wir jemandem, der sich für Boxen interessiert, den ‚*Kampf*' in der infizierten Zelle vielleicht als *Boxkampf* veranschaulichen, einem (älteren) Kind, das sich gerade für Piraten interessiert, vielleicht als *Piratenüberfall* und jemandem, der ‚Experte' für Science-Fiction ist, vielleicht als *Kampf der Außerirdischen.* All diese Konkretisierungen des abstrakten *Kampf*-Modells haben wir tatsächlich in verschiedenen wissenschaftsjournalistischen Vermittlungstexten gefunden.

‚Gebauter Beitrag mit O-Ton'

Vermutlich haben Sie bei all diesen Überlegungen zur Bedeutung der Metaphern in der wissenschaftsjournalistischen Vermittlungsarbeit in erster Linie an schriftliche Texte gedacht, in denen entsprechende Metaphern verwendet werden. Natürlich findet die journalistische Vermittlung von Informationen aus der Wissenschaft nicht zuletzt in den Print-Medien, also in gedruckter Form in Tages- und Wochenzeitungen, in Zeitschriften und schließlich auch in Büchern statt. Für die Wissens- und Wissenschaftsvermittlung sind heute aber nicht zuletzt die audiovisuellen Medien von zunehmender Bedeutung.

Dies war einer der Gründe, warum wir uns in dem genannten Projekt zur ‚Vermittlung von Wissenschaftsinformationen' in erster Linie mit Rundfunkbeiträgen beschäftigt haben. Wissenschaftssendungen im Fernsehen sind zwar populärer, aber weitaus schwieriger zu untersuchen, weil dort in erster Linie das Zusammenspiel von Bild und Text betrachtet werden muss. Und vermutlich hätten wir in den Begleittexten auch weniger bildhafte Ausdrücke (Metaphern) gefunden, weil das audiovisuelle Medium selbst schon ‚reale' Bilder transportiert und einen Infektionsablauf tatsächlich in bewegten Bildern (Animation) zeigen kann. Sie kennen wahrscheinlich Informationssendungen für Kinder (wie z.B. ‚LOGO'), in denen die Blutkörperchen als kleine Kobolde (oder was auch immer) durch die Blutbahnen flitzen, oder einen Werbespot für ein schleimlösendes Mittel, in dem die kleinen *‚Schleimmonster'* in den Bronchien herumturnen.

Zunächst suchten wir nach Vorträgen, Interviews und ähnlichen monologischen oder dialogischen Vermittlungsformen. Natürlich gab es Sendereihen wie „Die Aula“, wo ein renommierter Wissenschaftler auftrat und im Vorlesungsstil ein aktuelles Thema für ein interessiertes Laienpublikum wissenschaftlich erörterte. Schnell stießen wir jedoch auf ein anderes ‚Format', das üblicherweise zur Vermittlung von Wissenschaftsinformationen im Rundfunk verwendet zu werden schien, ein Format, das die Redakteure *‚gebauter Beitrag mit O-Ton*' nennen.

In einem solchen Beitrag schreibt (und spricht) ein Wissenschaftsjournalist oder Redakteur seinen Text und montiert in diesen Beitrag sog. *‚O-Töne*' (Originaltöne, beispielsweise Aussagen, die Wissenschaftler in persönlichen Interviews, aber auch in öffentlichen Äußerungen oder auch auf Fachtagungen gemacht haben) ein. Ähnlich wie wir in schriftlichen Texten Zitate finden, finden sich hier im Hörtext ebenfalls ‚Zitate', allerdings in akustischer, in gesprochener Form, eben als sog. O-Ton. Der 'gebaute Beitrag mit O-Ton' ist also eine kunstvoll inszenierte Verflechtung von schriftsprachlich vorbereitetem Sprechertext und authentisch-mündlichem O-Ton.

Es handelt sich hierbei jedoch um eine künstliche, ‚inszenierte' Form von Dialog, denn der Journalist und der Informationsgeber aus der Wissenschaft sprechen ja nicht miteinander, obwohl sich ihre Text- oder Gesprächsteile quasi dialogisch abwechseln und auch aneinander anschließen und sich aufeinander beziehen. Sie haben allerdings in einer vorausgegangenen realen Kommunikationssituation, z.B. in Form eines Interviews, das aufgezeichnet worden ist, miteinander gesprochen. Der O-Ton im gebauten Beitrag ist jedoch tatsächlich nur noch eine Art Reflex jenes ursprünglichen Gesprächs, das uns fast wie zerstört und wieder neu zusammengesetzt erscheint: ‚Fetzen' eines ursprünglich mündlichen Interviews, die nun aber Teil einer anderen journalistischen Darstellungsform, eben eines kunstvoll komponierten, ‚gebauten' Beitrags geworden sind.

In der „S2 Kulturchronik" fanden wir einen solchen Beitrag (19.5.1995) unter dem ein wenig abenteuerlichen Titel „Sturmangriff der Killerviren". Der O-Ton ist der eines amerikanischen AIDS-Forschers vom Aaron-Diamond Research Center in New York. Bevor dieser durch den Redakteur vorgestellt wird, setzt der Beitrag mit einem simultan übersetzten O-Ton ein. Der englischsprachige Text des AIDS-Forschers läuft im Hintergrund. Ohne dass explizit darauf hingewiesen werden müsste, ist für den Zuhörer somit unmittelbar klar, dass hier ein angloamerkanischer Forscher über seine aktuellen Forschungsergebnisse berichtet: *„The drug we use is a protease inhibit. It blocks ...*". Die Übersetzung führt in das Thema des Beitrags ein (Exposition): Ein neues Aids-Medikament, ein Protease-Hemmer, scheint entwickelt und getestet worden zu sein. *„Das Medikament, das wir benutzen, ist ein Proteasehemmer. Er blockiert ein Enzym, das das Virus benutzt, seine Proteine in kleinere Komponenten aufzuspalten. Was dabei herauskommt, ist ein totes Virus, das sich nicht mehr vermehren kann, weil das Enzym blockiert ist.“*

KAMPF – ‚Krieg' oder ‚Sport'?

Trotz der Wahl überwiegend fachsprachlicher Ausdrücke durch den O-Ton-Sprecher ist in diesem Eingangsstatement bereits ein ganzes metaphorisches bzw. protometaphorisches ‚Szenario' präsent: Gegen ein schädliches Agens (Handlungsträger), in diesem Fall das Virus, das in den Körper eingedrungen ist, wird ein zweites Agens, das Medikament, in den *Kampf* geschickt mit dem Ziel, das Virus zu *töten.* Zumindest soll die Vermehrung des Virus dadurch aufgehalten werden, dass das Enzym, „das das Virus benutzt“ *blockiert* wird.

Auch wenn der Wissenschaftler selbst hier eher auf der sog. protometaphorischen Ebene bleibt und das metaphorische Konzept *Kampf* nicht einmal durch Nennung des metaphorisch verwendeten Wortes *Kampf* explizit angesprochen wird, ist das Kampf-Szenario doch so präsent, dass der Journalist es in seinem Textteil aufgreifen und konkretisieren kann. Über die explizite Wiederaufnahme des impliziten Kampf-Szenarios aus der O-Ton-Äußerung stellt der Journalist einen Textzusammenhang her, den die Textlinguistik als ‚*kohärent*' einstufen würde; Kohärenz wird hier sogar über den Sprecherwechsel hinaus gewährleistet: *„... doch schon vor dem Ende der asymptomatischen Phase, kurz nach der Infektion, vermehrt sich das Virus rasend schnell. Nicht erst nach zehn Jahren muss das Immunsystem Billionen von Viren in Schach halten: Ein Kampf, der lange Zeit* *unentschieden ausgehen kann, bis das überstrapazierte Immunsystem schließlich aufgibt...*" Das protometaphorische *Kampf*-Szenario entfernt sich hier immer mehr vom *Kriegs*-Szenario (in dem das Virus *getötet* wird) und wird zu einem fast friedlich erscheinenden *Wettkampf*-Szenario umgedeutet, in dem ein Kampf unentschieden ausgehen oder einer der Beteiligten auch aufgeben kann. An welche Sportart denken Sie dabei? An einen Boxkampf?

Läufer in der Tretmühle

Der relativ geringe Konkretisierungsgrad, den der Redakteur in seinem Text anzustreben scheint, lässt seine informationsvermittelnden Textteile immer noch relativ fachsprachlich erscheinen. Überraschenderweise überlässt er die Einführung neuer *Bildbereiche* den Wissenschaftlern, während wir eher erwartet hätten, dies sei die Aufgabe Redakteurs. Der Wissenschaftsjournalist kündigt zwar das ‚Bild' an, das dann der Wissenschaftler im O-Ton ausführt, allerdings in einem völlig neuen bildgebenden Bereich, der wohl den Geschwindigkeitsaspekt (*rasend schnell*) veranschaulichen soll. Der redaktionelle Text kündigt den nachfolgenden O-Ton an: „*Dr. H. vergleicht die Aids-Dynamik bildlich mit einem Läufer in einer Tretmühle.*" Und der Wissenschaftler im O-Ton (nicht der Journalist!) erschafft das neue Bild: „... *Wenn man aber die Tretmühle plötzlich anhält, wie wir mit einem Medikament, wenn wir also feststellen, mit welchem Tempo der Mensch durch die Tretmühle gerast ist, das zeigt uns, was sich vor der Behandlung abgespielt hat.*" Und ganz fachsprachlich fährt der Wissenschaftsjournalist fort: „*Billionen von Viren bauen ihr Erbmaterial in gesunde cd4-Lymphozyten ein. Direkt nach der Gabe zweier neuer Chemotherapeutika gehen die Viren zurück, doch der Körper produziert weiterhin cd4-Zellen...*". *Erbmaterial* mögen wir ja noch verstehen, aber was sind *cd4-Lymphozyten*? Und selbst von der „*Gabe*“ von Medikamenten zu sprechen, ist letzten Endes an die medizinische Fachsprache angelehnt.

Fachsprachlicher Kompetenzausweis

Warum entscheidet sich der Redakteur bereits mit der Wahl des ersten O-Tons für einen stark fachsprachlichen Einstieg? Wie soll der Zuhörer als Laie überhaupt nachvollziehen, worum es geht? – Sicherlich vermittelt ein solcher Einstieg erst einmal den Eindruck, dass hier nicht irgendwer etwas zum Stand der Aidsforschung von sich gibt, sondern dass es sich um einen fachkompetenten (amerikanischen) Forscher handelt, dessen Aufgabe es nicht ist, für Laien verständliche Erklärungen zu formulieren; nicht zuletzt als ‚Ausweis' seiner Fachkompetenz verwendet er ganz selbstverständlich seine medizinische Fachsprache, wie es Ärzte nicht einmal nur untereinander, sondern oft auch im Gespräch mit den Patienten zu tun pflegen. Der Journalist, der eine solchermaßen fachsprachliche Aussage an den Anfang seines Beitrags stellt, hat wohl eine vergleichbare Funktion vor Augen: Er signalisiert seinen Zuhörern, dass er einen fachkompetenten Informanten gefunden hat, der aber auch ihm, dem Wissenschaftsjournalisten, eine gewisse Fachkompetenz zu unterstellen scheint, denn im Interview kommuniziert der Wissenschaftler ja ausschließlich mit dem Journalisten und nicht unmittelbar mit dem Laienpublikum der Rundfunkhörer.

Muss Fachsprache unverständlich sein?

Aber ist das oben zitierte Eingansstatement des Wissenschaftlers für den medizinischen Laien wirklich unverständlich? Mir scheint, wir verstehen auch als Laien schon eine ganze Menge, und deshalb ist die fachsprachlich authentische Wissenschaftler-Äußerung am Anfang dieses Beitrags auch nicht völlig fehl am Platz, weil niemand sie verstehen könnte. Wir müssen uns allerdings auf etwas einlassen, was ich ‚*Verstehens-Toleranz*' nenne. Wir müssen es ‚zulassen', dass wir nicht alles auf einmal verstehen können, dass das Verstehen vielmehr ein Prozess ist, in dem sich allmählich ein (angemessenes) Verständnis aufbaut, ein Verständnis, das sozusagen mit voranschreitender Lektüre wächst und dabei an ‚*Verstehenstiefe*' zunimmt.

Wie wir schon bei den generellen Überlegungen zu Merkmalen der Verständlichkeit (Merkmal ‚Einfachheit') diskutiert haben, muss ein Text, der Fachwörter enthält, nicht in jedem Fall für Laien in dem betreffenden Fach schwer verständlich sein. Sofern ein *Fachwort erklärt* wird, kann es auch der Laie verstehen und er hat überdies eine erste punktuelle Einführung in die Fachsprache des betreffenden Faches erhalten und damit nicht nur seine Sach- und Fachkompetenz, sondern auch seine Sprachkompetenz erweitert.

Wir müssen in unserem Beispiel zunächst nicht unbedingt wissen, was ein *Proteasehemmer* bzw. was überhaupt eine *Protease* ist. Nur: Wie dürfen deshalb nicht gleich aufhören, den Text zu lesen, wenn wir an irgendeiner Art von Kompetenzerweiterung interessiert sind, im Sachwissen wie im Sprachwissen. Immerhin ist auch für den Laien in der fachsprachlichen Gesamtäußerung nachvollziehbar, dass es sich hier um einen bestimmten Typ von Medikament handeln dürfte. So wie uns allen *Beta-Blocker* als eine bestimmte Art von Herzmedikamenten bekannt sind, die irgendetwas ‚*blockieren*', so dürfte der Protease*hemmer* – analog dazu –

etwas *,hemmen'*. Was er hemmt, ist das, was hier *Protease* genannt wird – und wir verstehen, dass dieses ‚Hemmen' so funktioniert, dass ein ‚Enzym' ‚blockiert' wird (was uns vermutlich wieder an den Beta-Blocker denken lässt). Und weiter erfahren (und verstehen) wir, wozu das Virus dieses blockierte Enzym gebraucht hätte, letztlich wohl, um sich zu vermehren.

Kapitulieren Sie also nicht gleich, wenn Ihnen in einem Text der eine oder andere Fachausdruck begegnet, Sie müssen nicht komplett verstehen, was sich für den Fachwissenschaftler dahinter verbirgt. Oft gelingt es, aus dem nachfolgenden Text heraus zu verstehen, was mit dem Fachausdruck in etwa gemeint sein könnte. Also bitte weiterlesen: Ihre *Verstehenstoleranz* wird durch das *Kontextprinzip* belohnt, mit dessen Hilfe sich schließlich doch ein angemessenes Verständnis einstellt.

„Taxi im Dschungel" – Kann Wissenschaftsberichterstattung unterhaltsam sein?

Vielleicht wird unsere Verstehenstoleranz ja auch einmal dadurch belohnt, dass selbst dort, wo der an sich als ‚trocken' (was für den Wissenschaftler ‚sachlich' und ‚unpersönlich dargestellt' heißt) empfundene wissenschaftliche Inhalt ein wenig dramatisiert wird und dadurch durchaus als *unterhaltsam* empfunden werden kann. Bereits die Schlagzeilen zu Meldungen aus der Wissenschaft, wie sie sich im SPIEGEL Mitte der 90-er Jahre finden, deuten auf Dramatisierung und einen damit hervorgerufenen Unterhaltungseffekt hin, wie wir ihn eher in der sog. Boulevardpresse vermutet hätten. Deshalb sprechen normbewusste Medienwissenschaftler hier auch kritisch von *‚Boulevardisierung'*, von einer dem wissenschaftlichen Stoff eher unangemessenen journalistischen Darstellungsweise. Müssen wir ebenso wie wir E- und

U-Musik (ernsthafte Musik und Unterhaltungsmusik) oder auch literarisch wertvolle (‚hohe') Literatur und Unterhalts- oder ‚Trivialliteratur' kategorisch unterscheiden möchten, auch ernsthafte und unterhaltsame Wissens- und Wissenschaftsvermittlung unterscheiden?

Fragen wir umgekehrt: Warum sollten nicht Unterhaltungselemente genutzt werden, um die nicht immer leicht verdauliche Kost aus den verschiedensten Wissenschaftsbereichen einem breiteren Laienpublikum appetitlich zubereitet und arrangiert zu servieren? Oder wäre das letztlich nur eine ‚*Mogelpackung*', in der die zu vermittelnden Informationen gar nicht mehr auffindbar sind in einem Paket voller weißer Styroporkügelchen, die manchmal aussehen wie Kartoffelchips?

Schauen wir uns die erwähnten SPIEGEL-Titel an, die Wissenschaft zu einem Abenteuer werden lassen. (Hat ein Wissenschaftsmagazin des SWR 3 nicht vielleicht sogar Recht, wenn es sich ‚*Abenteuer Wissenschaft*' nennt?): „*Taxi im Dschungel*" (SPIEGEL 18/1995), „*Dämon aus dem Busch*" (20/1995), „*Palmen auf Helgoland*" (12/1995), „*Ohren aus der Retorte*" (17/1995). Vielleicht erraten Sie, worum es in den so titulierten Beiträgen gehen könnte: um die Aidsforschung, um das Ebola-Virus, um den Klimawandel, um die Schönheitschirurgie.

Gewiss gehen uns manchmal die Pferde durch und dort wo ein wenig Spannung dem Leser guttäte, überfluten wir ihn mit einer auf die Spitze getriebenen Metaphorik, die von einem Bildbereich in den nächsten schwappt, so dass wir kaum noch nachvollziehen können, in welchem Szenario wir uns eigentlich befinden. So ist unser „*Taxi im Dschungel*" zunächst das *Gen-Taxi*, mit dem man das protometaphorische Transport-Modell konkretisieren könnte, das die Wissenschaftler benutzen, um den Weg zu beschreiben, den das ‚*angedockte*' Virus durch die Zelle nimmt. Seltsamerweise entwickelt sich aus der Transport-Metaphorik aber schnell die (ja ebenfalls unter den Virologen übliche) Kampf-Metaphorik; diese wird jedoch nicht mehr auf die Immunabwehr in der Zelle bezogen wird, sondern auf den *Kampf* der Medizin gegen Aids: Die Kampf- Metapher schwenkt sozusagen von den Objekten der Forschung, den Genen, zu den Subjekten, den Forschern.

Von der „Elite der Gentherapeuten"

Von dieser ‚Elite' von Forschern, die sich auf einem Kongress zusammengefunden hat, handelt unser kleiner Bericht im Spiegel 18/1995: „*Taxi im Dschungel*". Die *Kampf*-Metapher ist sofort präsent, auch wenn sie sich jetzt auf die Forscher selbst bezieht, eine „*Forschertruppe*", die zu einer „*Heerschau der Gentherapeuten*" aufgezogen ist. Aber auch andere Bildbereiche werden genutzt, um die Forschungstätigkeit der Gentherapeuten zu veranschaulichen: zunächst ganz im Sinn des *‚Abenteuers Wissenschaft*", schließlich jedoch eher im Sinn des Moments des Spielerischen (und Kreativen) in der Forschung.

Den Wissenschaftlern selbst erscheint die Gentherapie als „*ein unerforschter Dschungel, den wir jetzt zum ersten Mal betreten*". So sieht es der zumindest der „Forschungs*pionier*" K. Culver, der in dem Bericht zitiert wird (mit einer ähnlichen kommunikativen Wirkung wie bei dem besprochenen O-Ton im gebauten Rundfunkbeitrag). Das Szenario, das wir jetzt erschließen könnten, wäre nicht mehr das eines Kriegsschauplatzes, sondern das einer Forscher*truppe,* die sich nicht kriegerisch, sondern entdeckerisch wie Pioniere in einem unerforschten Land fortbewegt, dessen Topographie ähnlich einem Dschungel noch weitgehend unbekannt ist. Wenn die Forschungsarbeit dieser *Truppe* schon nicht den Status eines großen *Feldzugs* gegen das HI-Virus erhält, so erhält er doch ein anderes, durchaus für Forschung charakteristisches Merkmal, nämlich das des Spielerischen: Die Wissenschaftler betreiben „*Molekülbastelei*“, „*basteln an neuen Gentransfersystemen*“, an „*Gentaxis*“.

Der unerforschte Dschungel ist das ‚*weite Feld*‘ (Th. Fontane), das vor denjenigen liegt, die sich auf die Erforschung des HI-Virus einlassen. Dabei aber kann, vielleicht muss ihrer rationalen Tätigkeit wohl immer auch ein Moment künstlerisch-kreativer Arbeit innewohnen, ein Moment des Spielerischen gerade dort, wo es sehr ernsthaft zugeht. Wer das Spiel nicht ernst nimmt, wie ich das Monopoly-Spiel, ist ein Spielverderber. Trotzdem – so der Tübinger Biochemiker und Chaosforscher Otto Rössler zu – muss ein Wissenschaftler „*obwohl er die Pubertät längst hinter sich hat, so tun als hätte er sie noch vor sich ... Wissenschaft ist ein Spiel, ein Happening. Aber es ist nicht leicht, ein gutes Happening zu veranstalten.*“ (Die Zeit, 2.6.1995). So trifft ein Bild wie das des ‚*Bastelns*‘ (*Molekülbastelei*) wohl ziemlich genau ein Wesensmerkmal wissenschaftlicher Tätigkeit.

Auch die Wissenschaftler selbst sehen ihre Tätigkeit ja nicht völlig unmetaphorisch, sie sprechen beispielsweise von einem „*Weg mit Hindernissen*“ oder davon „*mit einer Taschenlampe das dunkle Unbekannte zu erforschen*“, doch erst die Wissenschaftsjournalisten konkretisieren das ‚Unbekannte‘ als ‚Dschungel‘ und bringen den Hauch von ‚Indiana Jones‘ in das ‚Abenteuer Forschung‘.

Und wenn die Wissenschaftler auf einem Kongress wie dem der Gentherapeuten, von dem der SPIEGEL-Artikel berichtet, ihre Theorien und Forschungsergebnisse diskutieren, dann zeigt sich hierin ein weiteres Wesensmerkmal einer lebendigen Wissenschaft: das Moment des Dialogischen, des Gesprächs, des mündlich-kommunikativen Austauschs. Und darüber hinaus, wie der SPIEGEL zu berichten weiß, ist auch ‚*Begeisterung*‘ den Wissenschaftlern nicht fremd, wenn die

Experten als „*Hoffnungsträger*“ figurieren, die den „*begeisterten Kollegen*“ berichteten.

Entsprechend dem mündlich-dialogischen Ereignis prägen Stilmerkmale der Mündlichkeit auch den kleinen SPIEGEL-Bericht. Der ‚Ton' ist locker-flapsig, was dem ernsten Gegenstand vielleicht unangemessen erscheinen mag, auf der anderen Seite macht gerade dieser Ton den Bericht leicht lesbar, verständlich und unterhaltsam, obwohl es um die Darstellung relativ komplexer gentherapeutischer Sachverhalte geht. Sollte das vielleicht nicht ‚erlaubt' sein? Müssen wir den teutonischen Ernst, der tatsächlich die ‚germanische' Wissenschaft oft zu prägen scheint, wirklich auch dort einfordern, wo *über Wissenschaft* berichtet wird?

Menschliches, allzu Menschliches

Das wirklich Erfrischende an einem solchen Artikel ist, dass er Wissenschaftler, *Experten*, *Genmediziner* und *Gentransplanteure*, zurück holt in die Welt leibhaftiger Menschen mit ihren Wünschen und Hoffnungen, Sorgen und Ängsten: So wird davon berichtet, dass die Wissenschaftler auf dem genannten Kongress, der „*Heerschau der Genmediziner*“, *sich trösten, klagen, schwärmen, etwas monieren* und gar (welch altertümlich-biblischer Ausdruck) *frohlocken*.

Das ist nicht nur unterhaltsam, sondern eben ‚menschlich', holt den Wissenschaftler für den Leser vielleicht so weit vom Podest oder Katheder, dass wir tatsächlich zu verstehen beginnen, dass Wissenschaft durchaus ein (wenn auch ernstes) ‚*Spiel*' sein kann, eine ‚*Bastelei*', ein ‚*Austesten*' von abstrakten Theorien, die kaum anders als mithilfe von Metaphern verständlich gemacht werden können. Ist eine derart ‚personalisierende' Berichterstattung der soliden Vermittlung von Wissenschaftsinformationen abträglich oder ist diese nicht gerade dem Laien-Verständnis förderliche

Vermittlungsstrategie. Muss denn das didaktische Bemühen um Verständlichkeit immer ‚ernst' bleiben? – Ja, es muss *ernsthaft* bleiben, aber nicht unbedingt *ernst.* Warum sollten unsere Kinder in der Schule nicht auch durch Lachen etwas lernen können? Der Rektor einer Koblenzer Grundschule beschrieb mir einmal die Doppelrolle eines Lehrers als die eines Entertainers und die eines Dompteurs oder Löwenbändigers; er, der Rektor, wäre dann der Zirkusdirektor. Sicherlich: Nichts ist einfach, aber mit ein bisschen Schmunzeln werden wir wohl eher klüger als dümmer…

Aber wie überall gibt es auch hier Grenzen: Grenzen der *‚Boulevardisierung*' von Wissenschaftsinformationen, jenseits derer es nicht mehr um gut gemachtes *‚Infotainment*' geht, sondern um *‚Comedy'*. – Was die Berichterstattung über medizinische Themen angeht, steckt der *„Ehrenkodex des Deutschen Presserats*" in Art. 14 die Grenzen ab: *„Bei Berichten über medizinische Themen ist eine unangemessen sensationelle Darstellung zu vermeiden, die unbegründete Befürchtungen oder Hoffnungen beim Leser erwecken könnte. Forschungserkenntnisse, die sich in einem frühen Stadium befinden, sollten nicht als abgeschlossen oder nahezu abgeschlossen dargestellt werden.*"

Ebensowenig sollten *„Gewalt und Brutalität*" *„unangemessen sensationell*" dargestellt werden (Art. 11) und die *„Berichterstattung über schwebende Ermittlungs- und Gerichtsverfahren*" gebietet, *„dass ein Verdächtiger ... nicht vor einem gerichtlichen Urteil als Schuldiger hingestellt werden (darf).*" (Art. 13) Weiter verbietet der „Ehrenkodex" ethnische, religiöse, soziale oder nationale Diskriminierungen (Art. 12), sowie das Eindringen in Privatleben und Intimsphäre (Art. 8).

‚Boulevardisierung' könnte dann als die Art von Berichterstattung gelten, die eine oder mehrere dieser Grenzen in einer bestimmten Weise systematisch überschreitet. Dies tut der besprochene Bericht über die *„Heerschau der*

Gentherapeuten“ keineswegs, auch wenn der ‚Ton’ gelegentlich etwas despektierlich erscheint.

Ähnlich wie bei den Metaphern, die die Virologen bereits selbst benutzen, kann es nicht falsch sein, die (mündlichen) Äußerungen, mit denen die Wissenschaftler ihren Erkenntnisstand oft flapsig zu beschreiben versuchen, zu zitieren. Denn hier wird mehr als deutlich, dass auch Wissenschaftler umgangssprachlich-mündlich formulieren können und nicht nur fachsprachlich differenziert argumentieren wie sie es in Fachtexten tun: So werden Äußerungen zitiert wie die, dass die Flugpioniere Wright *„schon nach 260 Metern wieder ins Gras geplumpst“* seien, *„Alles steckt noch in den Kinderschuhen*“, *„Jetzt können wir ganz neue Dinge tun*“, *„Wir wissen auch nicht, wie die Gentherapie eines Tages funktionieren wird*“.

Was uns solch ‚lockere’ Äußerungen möglicherweise befremdlich erscheinen lässt, dürfte wohl der mündliche Duktus sein, der uns, wenn er Schrift wird, vielleicht nicht mehr dem erwarteten wissenschaftlichen Duktus angemessen erscheint. - Wie dem auch sei, unzulässige Boulevardisierung im Sinn einer Überschreitung der vom Presserat gesetzten Grenzen ist dies sicherlich nicht.

Mag es den Leser trösten, dass gerade Wissenschaftler sich nicht damit brüsten, alles zu wissen (dann hätten sie ja nichts mehr zu tun), sondern nach einem Kongressbesuch unumwunden zugeben können und dürfen:

„Wenn ich dann nach Hause fahre, fühl’ ich mich richtig dumm.“

Literaturverzeichnis

Abel, Th. (1953): „The operation called ‚Verstehen'". In: Feigl, H./Brodbek, M. (Hrsg.): *Readings in the philosophy of science*; dt. in: Albert (Hrsg.): *Theorie und Realität*. Tübingen: Niemeyer, 177-188.

Adorno, Theodor W. (1966): *Negative Dialektik*. Frankfurt/M.: Suhrkamp.

Augst, Gerhard/Faigel, Peter (1986): *Von der Reihung zur Gestaltung. Untersuchungen zur Ontogenese der schriftsprachlichen Fähigkeiten von 13 – 23 Jahren*. Frankfurt/Bern: Lang.

Bachmann-Medick, Doris (Hrsg.) (1997): *Übersetzen als Repräsentation fremder Kulturen*. Berlin: Erich Schmidt.

Baum, Michael/Gohrbandt, Detlev (Hrsg.): *Wissenschaft der Fachdidaktik: Literatur und Sprache im Vermittlungszusammenhang*. Landau: Knecht.

Baurmann, Jürgen (2002): *Schreiben, Überarbeiten, Beurteilen. Ein Arbeitsbuch zur Schreibdidaktik*. Seelze: Friedrich.

Betti, Emilio (1962): *Die Hermeneutik als allgemeine Methodik der Geisteswissenschaften*. Tübingen: Mohr (2. durchges. Auflage 1972).

Betti, Emilio (1967): *Allgemeine Auslegungslehre als Methodik der Geisteswissenschaften*. Tübingen: Mohr.

Betz, Werner (1965): „Karl der Große und die Lingua Theodisca". In: Braunfels, Wolfgang. (Hrsg.): *Karl der Große: Lebenswerk und Nachleben*. Bd. 2, hrsg. von Bernhard Bischoff, *Das geistige Leben*. Düsseldorf: Gasser, 300-306.

Biere, Bernd Ulrich (1978): *Kommunikation unter Kindern. Methodische Reflexion und exemplarische Beschreibung*. Tübingen: Niemeyer.

Biere, Bernd Ulrich (1988): „‚Textverarbeitung' – Leser-Text-Interaktion oder Kommunikation zwischen Lesern?" In: Oellers, Norbert (Hrsg.): *Germanistik und Deutschunterricht im Zeichen der Technologie – Selbstbestimmung und Anpassung*. Vorträge des Berliner Germanistentages 1987. Bd. 4. Tübingen: Niemeyer, 95-102.

Biere, Bernd Ulrich (1989): *Verständlich-Machen. Hermeneutische Tradition – Historische Praxis – Sprachtheoretische*

Begründung. Tübingen: Niemeyer.

Biere, Bernd Ulrich (1998): „Verständlichkeit beim Gebrauch von Fachsprachen“. In: *Fachsprachen. Ein internationales Handbuch zur Fachsprachenforschung und Terminologiewissenschaft*. Herausgegeben von L. Hoffmann; H. Kalverkämper; H.E. Wiegand. Berlin, New York: de Gruyter, 402-407.

Biere, Bernd Ulrich (2005): „Verständlich-Machen – Plädoyer für eine neue Einheit von Literaturwissenschaft und Linguistik“. In: Merten, Stephan/ Pohl, Inge (Hrsg.): *Texte. Spielräume interpretativer Näherung.* Festschrift für Gerhard Fieguth. Landau: Knecht, 15-31.

Biere, Bernd Ulrich (2006): „Linguistische Hermeneutik und hermeneutische Linguistik“. In: Ehlich, Konrad (Hrsg.): *Germanistik in und für Europa.* Texte des Münchener Germanistentages 2004. Bielefeld: Aisthesis, 493-509.

Biere, Bernd Ulrich (2007a): „Fachdidaktik als Transferwissenschaft“. In: Baum, Michael/Gohrbandt, Detlev (Hrsg.): Wissenschaft der Fachdidaktik: Literatur und Sprache im Vermittlungszusammenhang. Landau: Knecht, 43-57.

Biere, Bernd Ulrich (2007b): „Linguistische Hermeneutik und hermeneutische Linguistik“. In: Hermanns, Fritz/Holly, Werner (Hrsg.): *Linguistische Hermeneutik. Theorie und Praxis des Verstehens und Interpretierens.* Tübingen: Niemeyer, 7-21.

Biere, Bernd Ulrich (2007c): „’Varietas delectat’ – Varietäten des Deutschen im fremdsprachlichen und muttersprachlichen Unterricht“. In: *Estudios Filológicos Alemanes. Revista del Grupo de Investigación Filología Alemana* 13, 234-256.

Biere, Bernd Ulrich (2008a): „Sprachwissenschaft als verstehende Wissenschaft“. In: *Jahrbuch des Instituts für Deutsche Sprache 2007*. Berlin: de Gruyter, 262-276.

Biere, Bernd Ulrich (2008b): „Linguistische Hermeneutik, Konstruktivismus und Dekonstruktivismus – Identität und Differenz“. In: Thurswalder, Georg (Hrsg.): *Derrida und danach? Literaturtheoretische Diskurse der Gegenwart*. Wiesbaden: VS Verlag für Sozialwissenschaften, 85-100.

Biere, Bernd Ulrich (2008c): „Historisch-hermeneutische Grundlagen einer verstehensorientierten Linguistik“. In: *Estudios Filológicos Alemanes. Revista del Grupo de Investigación Filología Alemana* 15, 87-101.

Biere, Bernd Ulrich (2009): „Ein Text ist kein Container. Textbedeutung und Textdeutung“. In: *Perspektiven auf Wort, Satz und Text. Semantisierungsprozesse auf unterschiedlichen Ebenen des Sprachsystems.* Festschrift für Inge Pohl. Hrsg. A. Bachmann-Stein/St. Merten/Chr. Roth. Trier: WVT Wissenschaftlicher Verlag Trier, 31-44.
Biere, Bernd Ulrich (2010): „Identität und Differenz als Grundbegriffe einer interkulturell orientierten Didaktik des Deutschen als Fremdsprache“. In: Jarillot Rodal, Christina (Hrsg.): *Bestandsaufnahme der Germanistik in Spanien. Kulturtransfer und methodologische Erneuerung.* Bern u.a: Lang, 161-170.
Biere, Bernd Ulrich/Liebert, Wolf-Andreas (Hrsg.) (1997): *Metaphern, Medien, Wissenschaft. Zur Vermittlung der Aidsfor schung in Presse und Rundfunk.* Opladen: Westdeutscher Verlag.
Biere, Bernd Ulrich (2017): Einheit und Vielfalt des Deutschen. Diachronie und Synchronie. Brey: mykum 2017.
Biere, Bernd Ulrich (2017): Ein Europa – Viele Sprachen. Mehrsprachigkeit in Europa. Brey: mykum 2017.
Biere, Bernd Ulrich (2017): Deutsch als Fremd- und Zweitsprache. Grammatik, Wortschatz, Orthographie. Brey: mykum 2017.
Boeckh, August (1886): *Enzyklopädie und Methodologie der philologischen Wissenschaften*. Hrsg. von C. Bratuschek. Leipzig (repr. Darmstadt: Wissenschaftliche Buchgesellschaft, 1966).
Bopp, Franz (1827): „Besprechung von Grimms Deutscher Grammatik, 1. u. 2. Tl.“ In: *Berliner Jahrbücher für wissenschaftliche Kritik*. 1827.
Bransford, John D./N.S. Mc Carell (1974): „A Sketch of a Cognitive Approach to Comprehension: Some Thoughts About Understanding. What it Means to Comprehend”. In: Weimer, Walter B./David S. Palermo (Hrsg.): *Cognition and the Symbolic Processes*. Hillsdale N.J.: Erlbaum, 188-229.
Brinker, Klaus (1997): *Linguistische Textanalyse. Eine Einführung in Grundbegriffe und Methoden*. Berlin: Erich Schmidt.
Brinker, Klaus/S. F. Sager (1989): *Linguistische Gesprächsanalyse. Eine Einführung.* Berlin: Erich Schmidt.
Busse, Dietrich (1991): „Angewandte Semantik. Bedeutung als

praktisches Problem in didaktischer Perspektive." In: *Der Deutschunterricht* 43, H.5, 42-61.

Busse, Dietrich (1992): *Textinterpretation. Sprachtheoretische Grundlagen einer explikativen Semantik.* Opladen: Westdeutscher Verlag.

Camus, Albert (1960): „Der Mythos von Sisyphos". In: Camus, Albert: *Der Mythos von Sisyphos. Ein Versuch über das Absurde.* Düsseldorf: Rauch, 153-158.

Chladenius, Johann Martin (1742): *Einleitung zur richtigen Auslegung Vernünftiger Reden und Schriften.* Leipzig (repr., mit einer Einleitung von Lutz Geldsetzer. Düsseldorf 1969: Stern-Verlag).

Cicourel, Aaron. V. (1964; dt.1974): *Methode und Messung in der Soziologie.* Frankfurt/M.: Suhrkamp [2. Auflage].

Clyne, Michael (1995): *The German Language in a Changing Europe*. Cambridge: Cambridge University Press.

Cooper, David (1978): *Die Sprache der Verrücktheit*. Berlin: Rotbuch Verlag.

Coseriu, Eugenio (1952): *Sistema, norma y habla.* Montevideo: Gredos (dt. 1975.: „System, Norm, Rede". In: Coseriu, E.: *Sprachtheorie und allgemeine Sprachwissenschaft: Fünf Studien.* München: Fink, 11-101.)

Coseriu, Eugenio (1980): *Textlinguistik. Eine Einführung.* Hrsg. und bearb. von J. Albrecht. 2. durchges. Aufl. Tübingen: Narr.

Derrida, Jacques (1983): *Grammatologie*. Frankfurt/M.: Suhrkamp.

Diller, H.J./ Kornelius, J. (1978): *Linguistische Probleme der Übersetzung.* Tübingen: Niemeyer.

Dilthey, Wilhelm (1900): „Die Entstehung der Hermeneutik". In: *Gesammelte Schriften V.* Bd., 6. unveränderte Auflage, Stuttgart/ Göttingen: Vandenhoek&Ruprecht, 1974, 317-338.

Dörner, Dietrich (1976): *Problemlösen als Informationsverarbeitung.* Stuttgart: Kohlhammer.

DUDEN (1996): *Die deutsche Rechtschreibung.* 21., völlig neu bearbeitete Auflage. Mannheim: Bibliographisches Institut.

DUDEN (2006): *Die deutsche Rechtschreibung.* 24. Auflage. Mannheim: Bibliographisches Institut.

Eco, Umberto (1985): *Semiotik und Philosophie der Sprache.* München: Fink.

Ehlich, Konrad (1981): „Native Speaker's Heritage. On Philology of 'Dead' Languages". In: Coulmas, Florian: *A Festschrift for Native Speaker.* Berlin/ New York: de Gruyter, 153-168.

Ehlich, Konrad (1983): „Text und sprachliches Handeln. Die Entstehung von Texten aus dem Bedürfnis nach Überlieferung". In: Assmann, A./Assmann, J./Hardmeier, Ch. (Hrsg.): *Schrift und Gedächtnis.* München: Fink, 24-43.

Ehlich, Konrad/Jochen Rehbein (1976): „Halbinterpretative Arbeitstranskription (HIAT)". In: *Linguistische Berichte* 45, 21- 45.

Ehlich, Konrad/Bernd Switalla (1976): „Transkriptionssysteme – Eine exemplarische Übersicht". In: *Studium Linguistik*, H. 2, 21-42.

Eigler, Gunther et al. (1990): *Wissen und Textproduzieren.* Tübingen: Narr.

Engelkamp, Johannes (1984): „Sprachverstehen als Informationsverarbeitung". In: Ders. (Hrsg.): *Psychologische Aspekte des Textverstehens*. Berlin, Heidelberg, New York: Springer,

Feyerabend, Paul (1975; dt. 1986): *Wider den Methodenzwang.* Frankfurt/M.: Suhrkamp.

Fischer. Hermann (2001): *Friedrich Schleiermacher.*München: Beck.

Fluck, Hans-Rüdiger (1991): *Fachsprachen. Einführung und Bibliographie.*Tübingen: Francke.

Fluck, Hans-Rüdiger (1992): *Didaktik der Fachsprachen. Aufga ben und Arbeitsfelder, Konzepte und Perspektiven im Arbeitsfeld Deutsch.* Tübingen: Narr.

Frank, Manfred (1977): *Das individuelle Allgemeine. Textstrukturierung und -interpretation nach Schleiermacher*. Frankfurt/M: Suhrkamp.

Frank, Manfred (1990): *Das Sagbare und das Unsagbare. Studien zur deutsch-französischen Hermeneutik und Texttheorie.* Frankfurt/M.: Suhrkamp.

Gadamer, Hans-Georg ([2]1965): *Wahrheit und Methode. Grundzüge einer philosophischen Hermeneutik.* Tübingen: Mohr.

Gipper, Helmut/ Peter Schmitter (1985): *Sprachwissenschaft und Sprachphilosophie im Zeitalter der Romantik.* 2. Auflage. Tübingen: Mohr.

Göpfert, Winfried/ Ruß-Mohl, Stephan (1996): *Wissenschafts-*

journalismus. Ein Handbuch für Ausbildung und Praxis. München/ Leipzig: List.
Grimm, Jacob (1880; 1970): *Geschichte der deutschen Sprache.* Hildesheim/ New York: Olms [reprographischer Nachdruck].
Grimm, Jacob/ Wilhelm Grimm (1854ff.; 1984): *Deutsches Wörterbuch.* 33 Bde. München: Deutscher Taschenbuchverlag fotomechanischer Nachdruck].
Groeben, Norbert (1982): *Leserpsychologie: Textverständnis – Textverständlichkeit.* Münster: Aschendorff.
Ganshof, Francois L. (1961): *Was waren die Kapitularien?* Wiemar: Böhlau.
Gardt, Andreas (1999): *Geschichte der Sprachwissenschaft in Deutschland. Vom Mittelalter bis ins 20.Jahrhundert.* Berlin/New York: Mouton/ de Gruyter.
Gipper, Helmut/ Peter Schmitter (1985): *Sprachwissenschaft und Sprachphilosophie im Zeitalter der Romantik.* 2. Aufl. Tübingen: Narr.
Greimas, Algirdas J. (1986): *Sémantique structurale. Recherche de méthode.* Nouvelle éd. Paris (zuerst erschienen 1966).
Habermas, Jürgen (1968): „Erkenntnis und Interesse“. In: ders.: *Technik und Wissenschaft als ‚Ideologie'*. Frankfurt/M.: Suhrkamp, 146-168.
Habermas, Jürgen ([4]1988 [1985]): *Der philosophische Diskurs der Moderne. Zwölf Vorlesungen.* Frankfurt/M.: Suhrkamp.
Hancher, Michael (1981): “What Kind of Speech Act is Interpretation?” In: *Poetics* 10, 263-281.
Hatim, Basil/ Mason, Ian (1997): *The Translator as Communica tor.* London: Routledge.
Heinemann, Wolfgang/ Viehweger, Dieter (1991): *Textlinguistik. Eine Einführung.* Tübingen: Niemeyer.
Henne, Helmut/ H. Rehbock (1982): *Einführung in die Gesprächsanalyse*. 2. Aufl., Berlin: de Gruyter.
Heringer, Hans Jürgen (1970): *Theorie der deutschen Syntax.* München: Hueber.
Heringer, Hans Jürgen (1980): „Normen? Ja – aber meine!“ In: Mogge, B. (Hrsg.): Die Sprachnormendiskussion Presse, Hörfunk und Fernsehen. Stuttgart: Klett, 58-72.
Heringer, Hans Jürgen (1984): „Textverständlichkeit. Leitsätze

und Leitfragen“. In: *Zeitschrift für Literaturwissenschaft und Linguistik (LiLi)* 55, 57-70.

Heringer, Hans Jürgen (2004): *Interkulturelle Kommunikation. Grundlagen und Konzepte.* Tübingen: Francke.

Hermanns, Fritz. (2003): „Linguistische Hermeneutik. Überlegungen zur überfälligen Einrichtung eines bislang in der Linguistik fehlenden Teilfaches“. In: Angelika Linke/Hanspeter Ortner/ Paul R. Portmann-Tselikas (Hrsg.): *Sprache und mehr. Ansichten einer Linguistik der Praxis.* Tübingen: Niemeyer, 126-163 (= Reihe Germanistische Linguistik 245).

Hermanns, Fritz/ Holly, Werner (2006): „Linguistische Hermeneutik – Sektionsberricht.“ In: *Germanistik in und für Europa.* Texte des Münchener Germanistentages 2004. Hrsg. von K. Ehlich. Bielefeld: Aisthesis, 487-491.

Hirsch, Eric D. (1970): “The Paradoxes of Perspectivism”. In: *Lebendige Form. Interpretationen zur deutschen Literatur.* Festschrift für H.E.K. Henel. Hrsg. von Sammons, J.L. und E. Schürer. München: Fink, 15-20.

Hirsch, Eric D. (1967; dt.:1972): *Prinzipien der Interpretation.* München: Fink.

Hirsch, Eric D. (1976): *The aims of interpretation.* Chicago: University of Chicago Press.

Holz-Mänttäri, Justa (1984): *Translatorisches Handeln: Theorie und Methode.* Helsinki: Suomalainen tiedeakatemia.

Hoppe-Graff, Siegfried (1984): „Verstehen als kognitiver Prozess. Psychologische Beiträge zum Textverstehen“. In: *Zeitschrift für Literaturwissenschaft und Linguistik (LiLi)* 50, 10-37.

Humboldt, Wilhelm von (1836): *Über die Verschiedenheit des menschlichen Sprachbaus und ihren Einfluß auf die Entwickelung des Menschengeschlechts.* Berlin: Dümmler.

Humboldt, Wilhelm von (1968): „Grundzüge des allgemeinen Sprachtypus“. In: *Gesammelte Schriften,* hrsg. Von Albert Leitzmann. 17 Bde., Bd. 5. Berlin: Behr [fotomechanischer Nachdruck].

Huneke, Hans-Werner/ Steinig, Wolfgang (2002): *Deutsch als Fremdsprache. Eine Einführung.* Berlin: Erich Schmidt [3.Aufl.].

Ingen, Ferdinand v. (1974): „Die Revolte des Lesers oder Rezeption versus Interpretation. Zu Fragen der Interpretation und der

Rezeptionsästhetik“. In: *Amsterdamer Beiträge zur neuen Germanistik* 3, 83-147.

Jäger, Gert (1975): *Translation und Translationslinguistik.* Halle: Niemeyer.

Jäger, Ludwig. (1975): *Zu einer historischen Rekonstruktion der authentischen Sprachidee F. de Saussures.* Diss. Düsseldorf.

Japp, Uwe (1977): *Hermeneutik. Der theoretische Diskurs, die Literatur und die Konstitution ihres Zusammenhangs in den philologischen Wissenschaften.* München: Fink.

Jakobson, Roman (1959): "On linguistic Aspects of Translation". In: Brower, R.A. (Hrsg.): *On Translation.* Cambridge/Mass.: Harvard University Press, 232-239.

Jakobson, Roman (1960): "Closing Statement: Linguistics and Poetics". In: Sebeok, Thomas. A. (Hrsg.): *Style in Language.* Cambridge/ Mass., 350-377.

Kade, Otto. (1980): *Die Sprachmittlung als gesellschaftliche Erscheinung und Gegenstand wissenschaftlicher Untersuchung.* Leipzig: Verlag Enzyklopädie.

Kallmeyer, Werner (Hrsg.) (1994): *Exemplarische Analysen des Sprachverhaltens in Mannheim.* Berlin/ New York: de Gruyter.

Kallmeyer, Werner (1996): „Unsere Schbroch is a e Schbroch“. In: *Sprachreport,* 1996, H. 2, 14-15.

Keller, Rudi (1987): „Handlungen verstehen“. In: *Zeitschrift für Germanistische Linguistik (ZGL)* 4, 1-16.

Kimmerle, Heinz (1988; [3]1992): *Derrida zur Einführung.* Ham burg: Rowolth.

Kimmerle, Heinz (1991): „Gadamer, Derrida und kein Ende“. In: *Allgemeine Zeischrift für Philosophie* 16, 59-69.

Kimmerle, Heinz (Hrsg.) (1974): *F.D.E. Schleiermacher, Hermeneutik.* Nach den Handschriften neu herausgegeben und eingeleitet v. H. Kimmerle. Heidelberg.

Kimmerle, Heinz ([3]1992 [1988]): *Derrida zur Einführung.* Hamburg: Junius [Rowohlt].

Klein, Josef (1991): „Kann man Begriffe besetzen?“ In: Liedke, Frank/ Wengeler, Martin/ Böke, Karin (Hrsg.): *Begriffe besetzen. Strategien des Sprachgebrauchs in der Politik.* Opladen: Westdeutscher Verlag, 44-69.

Klein, Josef/Fix, Ulla (Hrsg.) (1997): *Textbeziehungen. Linguisti sche und literaturwissenschaftliche Beiträge zur Intertextualität.* Tübingen: Niemeyer.

Koller, Werner (2001): *Einführung in die Übersetzungswissen schaft*. 6. durchgesehene u. aktualisierte Aufl. Wiebelsheim: Quelle & Meyer.

Krause, W. (1890): „Geschichte des Instituts der missi dominici". In: *Mitteilungen des Instituts für Österreichische Geschichtsforschung,* II, 193-300.

Krings, Hans P. (1986): *Was in den Köpfen von Übersetzern vorgeht. Eine empirische Untersuchung zur Struktur des Übersetzungsprozesses an fortgeschrittenen Französischlernern.* Tübingen: Narr.

Kupsch-Losereit, Sigrid (1996): „Kognitive Verstehensprozesse beim Übersetzen". In: Lauer, Angelika et al. (Hrsg.): *Überset zungswissenschaft im Umbruch.* Festschrift für Wolfram Wilss zum 70. Geburtstag.Tübingen: Narr, 217-228.

Ladmiral, Jean René (1981): "La traduction comme linguistique de l'intervention". In: Pöckl, W. (Hrsg.): *Europäische Mehrsprachigkeit*. Festschrift zum 70. Geburtstag von Mario Wandruszka. Tübingen: Narr, 375-400.

Lakoff, George: *Women, Fire and Dangerous Things. What Cate gories Reveal about the Mind.* Chicago: University of Chicago Press, 1987.

Lakoff, George/ Mark Johnson (1980): *Metaphors We Live By*. Chicago: University of Chicago Press, 1980.

Laruelle, Francois (1984) : *Anti-Hermes*. In: Ph. Forget (Hrsg.): *Text und Interpretation.* München: Fink, 78-114.

Lenz, Max (1910): *Geschichte der königlichen Friedrichs-Wilhelms-Universität zu Berlin*. Erster Band: *Gründung und Ausbau*. Halle: Verlag der Buchhandlung des Waisenhauses.

Liebert, Wolf-Andreas (1995): „Metaphernbereiche der virologischen Aidsforschung". In: *Lexicology* 1 (1995), 142-182.

Liebert, Wolf-Andreas (2003): „Verständigung in der Vielfalt. Eine Erörterung über Differenz als Grundlage menschlicher Kommunikation". In: Wächter, Hartmut/Vedder, Gunther/Führing, Meik (Hrsg.): *Personelle Vielfalt in Organisationen*. München u. Mering: Rainer Hampp: 29-44.

Luther, Martin (1530): „Sendbrief vom Dolmetschen". In: *Werke in Auswahl*. Hrsg. von Otto Clemen u.a. 4. Bd. 5. verb. Aufl.

Berlin: de Gruyter, 1959, 179-193.
Lyons, John (1963): *Structural Semantics.* Oxford: Blackwell.
Marillier, Jean-Francoise, Martine Dalmas und Irmtraud Behr (Hrsg.) (2007): *Text und Sinn.* Tübingen: Stauffenburg.
Nassen, Ulrich (Hrsg.) (1979): *Studien zur Entwicklung einer materialen Hermeneutik.* München: Fink.
Nowak, Kurt (2001): *Schleiermacher. Leben, Werk, Wirkung.* Göttingen: Vandenhoek & Ruprecht.
Oevermann, Ulrich/T. Albert/H. Gripp et al. (1976): „Beobachtungen zur Struktur sozialisatorischer Interaktion. Theoretische und methodologische Fragen der Sozialforschung. In: Auwärter, M./E. Kirsch (Hrsg.): *Seminar: Kommunikation, Interaktion, Identität.* Frankfurt/M.: Suhrkamp, 371-421.
Paul, Hermann (1920): *Prinzipien der Sprachgeschichte.* Halle: Max Niemeyer.
Peirce, Charles S. (1965): Collected Papers of Charles Sanders Peirce, ed. by Charles Hartshorne and Paul Weiss and Arthur W. Burks. Vol. 1-8. Cambridge, Mass.: Belknap Press.
Putnam, Hilary (1979): *Die Bedeutung von 'Bedeutung'.* Hrsg. und übersetzt von W. Spohn. Frankfurt/M.: Suhrkamp.
Ramge, Hans (1978): *Alltagsgespräche.* Frankfurt/M.: Diesterweg.
Rath, Rainer (1975): „Kommunikative Paraphrasen". In: *Linguistik und Didaktik* 22, 103-118.
Regener, Sven (2003): *Herr Lehmann.* München.
Reiß, Katharina/ Vermeer, Hans J. (1984): *Grundlegung einer Allgemeinen Translationstheorie*. Tübingen: Niemeyer.
Ricoeur, Paul (1979): *Le Conflit des Interprétations*. Paris: Seuil.
Ryle, Gilbert (1949; dt. 1966): *Der Begriff des Geistes*. Stuttgart: Reclam.
Sievers, Eduard (1876; 1979): *Grundzüge der Lautphysiologie zur Einführung in das Studium der Lautlehre der indogermanischen Sprachen.* Hildesheim: Olms [Reprint].
Schlegel, Friedrich (1877): „Über die Sprache und Weisheit der Indier. Ein Beitrag zur Begründung der Altersthumskunde." In: ders., *Vermischte kritische Schriften,* 217-319. Bonn: Lempertz.
Schleiermacher, Friedrich D. (1977): *Hermeneutik und Kritik.* herausgegeben und eingeleitet von Manfred Frank. Frankfurt:

Suhrkamp.
Schleiermacher, Friedrich D. (1977 [1942]): *Dialektik.* Im Auftrag der Preußischen Akademie der Wissenschaften aufgrund bisher unveröffentlichten Materials hrsg. von R. Odebrecht. Leipzig. Auszugsweise in: Schleiermacher, F.D. (1977), 412-467.
Schleiermacher, Friedrich D. (1977 [1812/13]): *Ethik.* Auszugsweise in: Schleiermacher, F. D. (1977), 371-386.
Schleiermacher, Friedrich D. (2012): *Vorlesungen zur Hermeneu tik und Kritik,* hrsg. von Wolfgang Virmond unter Mitwirkung von H. Patsch. Berlin/ Boston: de Gruyter.
Schmidt, Siegfried J. (1994): *Kognitive Autonomie und soziale Ordnung. Konstruktivistische Bemerkungen zum Zusammenhang von Kognition, Kommunikation, Medien und Kultur.* Frankfurt/M.: Suhrkamp.
Schmitter, Peter (1993): „Der ‚romantische‘ Forschungsansatz. Seine Entfaltung und Reduktion in der deutschen Sprachwissenschaft des frühen 19.Jahrhunderts“. In: *Münstersches Logbuch zur Linguistik (MLL)* 4, 87-111.
Schnotz, Werner (1985): *Elementaristische und holistische Theorieansätze zum Textverstehen.* Tübingen: Deutsches Institut für Fernstudien. (= Forschungsbericht Nr. 35).
Schöndorf, Kurt Erich (2000): „Luther als Übersetzer in Theorie und Praxis“. In: Fabricius-Hansen, Cathrine/Ostbo, Johannes (Hrsg.): *Übertragung, Annäherung, Angleichung. Sieben Beiträge zu Theorie und Praxis des Übersetzens.* Frankfurt: Peter Lang, 135-148.
Sontag, Susan (1989): *AIDS und seine Metaphern.* München/ Wien: Hanser.
Steinthal, Heymann (1855; 1968): *Grammatik, Logik und Psychologie, ihre Prinzipeien und ihr Verhältnis zueinander.* Hildesheim: Olms [Reprint].
Varela, Francisco J. (1990; ^{3}1993): *Kognitionswissenschaft – Kognitionstechnik. Eine Skizze aktueller Perspektiven.* Frankfurt/M.: Suhrkamp.
Winch, Peter (1972; dt. 1975): „Was heißt „eine primitive Gesellschaft verstehen“. In: Wiggershaus, Rolf (Hrsg.): Sprachanalyse und Soziologie. Die sozialwissenschaftliche Relevanz von Wittgensteins Spätphilosophie. Frankfurt/M.: Suhrkamp, 59-102.

Wittgenstein, Ludwig (1967): *Philosophische Untersuchungen.* Frankfurt/M.: Suhrkamp.

Wittgenstein, Ludwig (1973): *Philosophische Grammatik.* Frankfurt/M.: Suhrkamp.

Wright, Georg H. von (1974): *Erklären und Verstehen.* Frankfurt/M.: Athenäum.

Zeitschrift für Semiotik Bd. 1, H. 2/3 (1979): *Verhaltenspartituren: Notation und Transkription.*

Zwirner, E./ W. Bethge (1958): *Erläuterung zu den Texten. Laut bibliothek der Deutschen Mundarten.* Heft 1. Göttingen: Niemeyer, 126-163 (= Reihe Germanistische Linguistik 245).

In der Reihe ‚Sprachwissen' sind zuletzt erschienen:

Sprachwissen 4 (Neuauflage)

Biere, Bernd U.: *Deutsch als Fremd- und Zweitsprache. Grammatik – Wortschatz - Orthographie. Mit einem Anhang zur Behandlung von Varietäten des Deutschen im DaF-Unterricht.* Brey: mykum 2017, 136. S.; 9,80 €. ISBN: 978-3-9818173-6-2

Sprachwissen 2 (Neuauflage)

Biere, Bernd U.: *Ein Europa -Viele Sprachen. Mehrsprachigkeit in Europa.* Brey: mykum 2017, 96 S.; 8,90 €. ISBN: 978-3-9818173-1-7

Bestellungen nur über den Buchhandel (auch online): Druck bei Bestellung (‚print-on-demand') in Zusammenarbeit mit ‚Books on Demand (BoD)'.

Autoren und Autorinnen, die zur Fortführung der Grünen Reihe ‚Sprachwissen' beitragen möchten, wenden sich bitte brieflich oder per e-mail an den mykum Verlag:

mykum Verlag
Auf der Bornau 29
56321 Brey
GERMANY

info@mykumverlag.de